Maria Barankow
Christian Baron (Hrsg.)
Klasse und Kampf

Inhalt

Vorwort

Was von Menschen geschaffen wurde, kann von Menschen verändert werden. Leider ist das alles andere als selbstverständlich, denn der zentrale Mythos der marktkonformen Demokratie ist auch ihr Erfolgsrezept. Viele Leute glauben tatsächlich, die Ökonomie sei nicht dem Willen der Gesellschaft unterworfen, sondern den Naturgesetzen. Wer von der Ungerechtigkeit profitiert, biegt sie sich zurecht. Das Leben sei nun mal unfair. Ungleichheit sei ein wichtiger Anreiz, sich anzustrengen. Wer reich sei, habe sich etwas erarbeitet; und wer arm sei, eben nicht. Es könne nur ausgegeben werden, was zuvor erwirtschaftet worden sei. Ohnehin sei Deutschland längst eine in Milieus ausdifferenzierte Gesellschaft durchlässiger Schichten, in der alle bei entsprechender Leistung alles erreichen könnten.

Was diese Sätze außer Acht lassen: Es gibt sehr wohl noch immer soziale Klassen. Zieht man die Trennung von Produktionsmitteln und die abhängige Lohnarbeit als Kriterien heran, dann war der Grad an Ausbeutung in der Geschichte der Bundesrepublik Deutschland sogar nie größer als heute. Ausbeutung ist dabei keine moralische Kategorie. Gemeint sind damit also nicht nur niedrige Löhne oder schlechte Arbeitsbedingungen. Es geht vielmehr darum, dass die Lohnabhängigen lediglich einen Teil des von ihnen neu produzierten Wertes erhalten. Ausbeutung bedeutet nicht, wie häufig angenommen, einen Verstoß gegen kapitalistische Regeln, sondern resultiert notwendig aus der Befolgung dieser Regeln.

Dazu zählt auch die sekundäre Ausbeutung: Für Menschen in Städten haben die drastisch gestiegenen Mieten eine existenzbedrohende Bedeutung gewonnen. Umgekehrt verfügt, wer viele Immobilien besitzt, über die Macht, Menschen ohne Wohneigentum zu vertreiben. Das führt dazu, dass die Lebensrealitäten sozialer Gruppen immer homogener werden. Lehrer oder Unternehmensberaterinnen haben heute fast keinen direkten Kontakt mehr zu Bauarbeiterinnen oder Altenpflegern.

Bei allen feinen Unterschieden gibt es also nach wie vor den Widerspruch zwischen Kapital und Arbeit, mit sich einander unversöhnlich gegenüberstehenden Interessen. Wer Eigentum an Kapital hat, macht nur deshalb Profit, weil er oder sie andere Menschen dazu zwingen kann, für sich zu arbeiten. Das führt immer wieder zu Konflikten mit ungleichen Verhandlungspositionen. Weil dieser Zustand historisch gewachsen und strukturell ist, sind Klassenunterschiede auch Herrschaftsverhältnisse, die sich reproduzieren.

Neun Prozent aller Erwerbstätigen leben unterhalb der Armutsgrenze, weil Deutschland einen der größten Niedriglohnsektoren Europas hat. Wohlhabende Frauen leben acht, wohlhabende Männer sogar zehn Jahre länger als in Armut befindliche Menschen. Dreißig Prozent aller von Armut betroffenen Männer werden nicht älter als fünfundsechzig Jahre. Die Corona-Krise hat diese soziale Ungleichheit noch sichtbarer gemacht und verschärft. Der Kapitalismus ist eine Modernisierungsmaschine, die den absoluten Wohlstand mehrt, aber ihre Güter systematisch ungleich verteilt. Der Schriftsteller Dietmar Dath veranschaulichte das in seinem Buch *Maschinenwinter* (2008) so: »Selbstverständlich ist eine Gesellschaft schweinisch, die einerseits für ihre Spitzensportler Laufschuhe mit eingebauten Dämpfungscomputern bereitstellt, andererseits aber alten Frauen mit Glasknochen die Zuzahlung zum sicheren Rollstuhl verweigert und einen Pflegenotstand erträgt, für den sich tollwütige Affenhorden schämen müssten.«

Die Literaturwissenschaftlerin bell hooks schrieb in ihrem kürzlich ins Deutsche übersetzten Buch *Die Bedeutung von Klasse*: »Heutzutage ist es angesagt, über Themen wie Race und Gender zu sprechen; das weniger coole Thema ist Klasse. Es ist das Thema, bei dem wir alle verkrampfen, nervös werden, nicht sicher sind, wo wir stehen.« Und es stimmt: Bei der Forderung nach Diversität im Bildungssystem, in der Politik, in der Arbeitswelt geht es oft um die ethnische und kulturelle Herkunft, um das Geschlecht. Die soziale Herkunft wird meist vergessen, sie ist ein blinder Fleck. Deutschland gibt sich gerne als ein Land, in dem Klasse keine Rolle spielt. Aber wie viele Leute aus armem und / oder nicht akademischem Eltern-

haus sitzen denn in den Macht- und Entscheidungs-
positionen der Dax-Konzerne, des Kulturbetriebs, der
politischen Parteien?

Die Kategorien »Race«, »Gender« und »Class« sind
eng miteinander verbunden. Die Philosophin Frigga
Haug spricht vom »Herrschaftsknoten«. Den erklärt
sie anhand eines Schuhs mit Schnürsenkeln. Zwei
Stränge sind hier so zusammengebunden, dass sie sich
möglichst nicht von selbst lösen können. Um das ab-
zusichern, macht man einen Doppelknoten. Je mehr
Stränge, umso schwerer ist der Knoten lösbar. Wer nur
an einem Strang zieht und die anderen ignoriert, läuft
Gefahr, den Knoten fester und die Lösung noch schwerer zu machen. Darum kommen im vorliegenden Buch
vierzehn Menschen mit unterschiedlichen Blickwinkeln,
Hintergründen und Erzählweisen zu Wort. Die hier ver-
sammelten Stimmen sind so vielfältig wie unsere Gesellschaft.

Der von uns gewählte Titel *Klasse und Kampf* verspricht
auf den ersten Blick eine Programmschrift, ein Manifest,
eine Anklage. All das ist diese Anthologie nicht, und all
das ist sie irgendwie doch. Die Beiträge finden für unsere
widersprüchlichen Leben im Kapitalismus literarische
Mittel. Sie setzen sich mit den Klassenstrukturen auseinander, verorten sich in ihnen, wollen sie überwinden –
doch sie machen sich nicht zum Sprachrohr einer Gruppe, einer politischen Partei oder Strömung. Wir wollen
durch persönliche Perspektiven die Missstände greifbar
machen und damit eine Einladung zur Empathie aus-
sprechen. Wir möchten aber auch Probleme benennen.

Bremsklotz

Von Arno Frank

Mit dreizehn Jahren war ich von *Die Rückkehr der Jedi-Ritter*
so begeistert, dass ich mich an eine eigene Fortsetzung
machte. Die ersten Seiten hämmerte ich in eine mecha-
nische Flohmarktschreibmaschine von Olympia, bis sich
da irgendwas heillos verhedderte. Weiter schrieb ich auf
einer elektrischen IBM Model B Executive, Baujahr 1959,
tonnenschwer und aus Beständen der US-Armee. Als darin irgendwas durchbrannte, tippte ich auf einer elektro-
nischen Thermoschreibmaschine von Brother weiter, die
hatte schon ein LCD-Display. Das Gerät war wunderbar,
aber eine evolutionäre Sackgasse. Als mir das Thermo-
papier ausging, schrieb ich die letzten Seiten von *Das Geheimnis des Todessterns* per Hand mit dem Kugelschreiber.
Nicht alles ist eine Frage der Produktionsmittel.

1984 sitze ich erstmals an einem Commodore, im
neuen Computerraum meiner Schule. Ich sehe keinen
Rechner, kein Werkzeug zum Programmieren. Ich sehe
eine Schreibmaschine. Und tippe an diesem Nachmittag eine peinliche Kurzgeschichte, die ich komplett vergessen habe – bis auf ihren Anfang. Was daran liegt, dass
ich die erste Seite versehentlich im Drucker liegen lasse.

Dort muss Angelika aus der Neunten sie gefunden haben. Ich kenne das ältere Mädchen nur vom Sehen und bis dahin nicht einmal ihren Namen. Wohl aber erkennt Angelika eine Blöße und tut, was manche Gemüter dann offenbar tun müssen. Sie fotokopiert die Seite und hängt sie in der Schule auf. Und so ist, was ich nur für mich auf-geschrieben hatte, anderntags auf den Korridoren, am Schwarzen Brett, in den Klassenräumen, einfach *überall* zu lesen:

Ein Baske aus Galicien
Von Arno Frank

Ebenso gut hätten Sätze aus meinem Tagebuch verbreitet, hätte ich beim Stehlen oder Onanieren erwischt werden können. Es ist die einzige einschneidende Ausgrenzung und Ächtung, an die ich mich erinnern kann. Eine absolu-te Demütigung, die nicht auf mein Geschlecht, mein Ge-wicht, meine Hautfarbe, Herkunft, Religion oder sexuelle Orientierung zielte – auf nichts, was ich zu diesem Zeit-punkt *war*. Sondern darauf, was zu *werden* ich mir damals noch diffus erträumte: einer, der schreibt.

Die Attacke war perfide, die Katastrophe komplett, meine Scham abgrundtief – aber nicht bodenlos. Auf ih-rem trüben Grund fand ich ein goldenes und grimmiges Gefühl, das ich heute mit »Na, das wollen wir doch mal sehen!« übersetzen würde. Mit diesem Gefühl konnte ich damals recht schnell die totale Entmutigung in eine dauerhafte Ertüchtigung verwandeln.

Die Hoheit darüber, wer ich war, bin oder sein werde, liegt nicht bei Angelika aus der Neunten, sie liegt nicht einmal bei »der Gesellschaft«. Sie liegt bei mir. Und ich bin erst dann ein Opfer, wenn ich mich in dieser Rolle einrichte. Wenn diese Resilienz ein Privileg ist, dann habe ich es mit zwölf Jahren erstmals genossen.

Mein Elternhaus stand seltsam schräg zu jeder Form von Klasse. Mein Vater war ein talentloser Teilzeitganove. Mal kam was rein, mal nicht, derweil meine Mutter uns als Schulbusfahrerin leidlich über Wasser hielt. Wir wohnten außerhalb der Stadt, weil es dort günstiger war. Und auch das nur von Räumungsklage zu Räumungsklage, weil die Eltern oft die Miete schuldig bleiben mussten. Es war auch kein Geld da für unvergessliche Urlaube, lustige Kindergeburtstage, passende Schuhe. Wir waren »Asoziale«. Leute, mit denen etwas nicht stimmt.

In ein Leben im toten Winkel der Gesellschaft kann man leicht hineinwachsen und dort eine unbehelligte Kindheit verbringen. Sichtbarkeit wäre peinlich, Anerkennung absurd. Mit der Pubertät wird es schwieriger. Du kannst lesen, um zu werden, wer du bist. Und du kannst malochen, damit du dir deine Bücher und Schallplatten leisten kannst. Du hast Anspruch auf einen Scheißdreck, aber worauf wolltest du ihn auch erheben?

Wer diesen Anspruch geerbt hat, lebt in der gelassenen Erwartung, dass ihm das Gute schon in den Schoß fallen wird. Und tut es das endlich, liegt's da genau richtig. Andere verbringen ihr ganzes Leben in ständiger Angst, dass man ihnen eines Tages auf die Schliche kommt.

Das bin ich.

Spielzeug

Ich bin siebzehn, als sich mir erstmals das Gesicht des Kapitalismus zeigt. Es sieht für mich aus wie eine ulkige Giraffe namens Geoffrey.

Geoffrey lebt in einem Leuchtturm an der US-Ost-küste und fährt in einem mit Kartoffelchips betriebenen Doppeldeckerbus durch die Welt, um Kinder glücklich zu machen. In meiner Heimatstadt tauchte das Maskottchen gegen Ende der Achtzigerjahre im Gewerbegebiet auf, um eine der ersten Toys »R« Us-Filialen in Deutschland zu eröffnen – und mir Gelegenheit zu geben, erstmals eigenes Geld zu verdienen.

Mit Glück nimmt den Ungelernten jemand unter seine Fittiche. Bei mir ist das Marco, Lagerarbeiter. Einräumen, ausräumen. *Eigentlich* ist Marco der Gitarrist von Vanden Plas, einer in Kaiserslautern weltberühmten Metalband. Sogar auf den Plastiksaiten einer Kindergitarre für »nur 9,99 Mark« kann er die ersten Akkorde von »Wish You Were Here« spielen. Er macht den Job, um sich eine Stratocaster leisten und darauf eines Tages auch das Solo von »Comfortably Numb« spielen zu können.

Stratocaster kenne ich von den coolen Kerlen an meinem Gymnasium. Die Coolen verachten das Establishment und damit ihre nach ökologischen und organischen Gesichtspunkten erbauten Elternhäuser. Die Eltern kaufen ihnen Instrumente von Fender und Ibanez und Zildjian und Roland, damit die Coolen der Verachtung für das Milieu, in dem sie wurzeln, einen adäquaten Ausdruck verleihen können: Punk. Ihre Band heißt Helmut Honecker.

Marco und ich räumen Windeln und Rasseln und Bauklötze und Flugzeuge und Pistolen und Barbies und Brettspiele und Süßigkeiten und Kindergitarren ein. Das ist gut. Schlimm ist es, an der Kasse zu hocken. Ihr Piepen verfolgt mich bis in den Schlaf. Einmal müssen wir ein ganzes Regal demontieren, weil dahinter eine Ratte verwest. Das gefällt Geoffrey der Giraffe gar nicht.

Im Büro hängt über der Kaffeemaschine das Porträt eines älteren Herrn mit Brille und Stirnglatze. Das ist Charles Lazarus, der legendäre Erfinder von Geoffrey und Toys »R« Us. Die Filialleiterin ist Lisa, eine sportliche Frau mit kurzen Haaren. Ich bin ein bisschen verliebt. Sie verehrt Lazarus wie einen reichen Großvater und hofft, demnächst eine Fortbildung in der Firmenzentrale machen zu können. Wayne, New Jersey. Alle sind per Du, die Hierarchie ist flach. Unten »wir«, oben Lazarus. Und darüber Geoffrey, die grinsende Giraffe. Als Marco sich erkundigt, warum wir keinen Betriebsrat haben, schmeißt Lisa ihn raus.

»Arbeite beständig«, schreibt Marc Aurel, »betrachte die Arbeit wie eine Plage, und wünsche dir dafür weder Lob noch Teilnahme.«

Als die Ferien vorbei sind, geben Helmut Honecker ein Konzert auf dem Schulhof. Mit neuen Titeln, die sie in den vergangenen Wochen eingeübt haben. Sie sind toll.

Müll

Ich bin achtzehn, und mein erster Ferientag ist wieder ein erster Arbeitstag, diesmal »beim Becker«, der örtlichen Müllabfuhr, erstmals in der frostigen Dunkelheit eines klammen Oktobermorgens. Ich steige in einen orangen Overall und bekomme Handschuhe, dazu wuchtige Schuhe mit Stahlkappen. Arbeitsschutz! Nicht einfach nur früh, sondern »in aller Herrgottsfrühe« dieseln wir mit einem Dinosaurier von Müllwagen durch die Abgeschiedenheit des Pfälzer Berglands.

Im überhitzten Führerhaus hocke ich zwischen zwei vollberuflichen Kollegen. Der Egon mit seiner Wampe und den dicken Brillengläsern bleibt immer am Steuer. Der Schorsch geht raus mit mir auf die stählerne Plattform hinten am Wagen. Beim innerdörflichen Gegondel von Wertstoffbeutel zu Wertstoffbeutel haben wir beim Atmen die Wahl zwischen Skylla und Charybdis. Halten wir die Gesichter in den eisigen Wind, atmen wir die Dieselwolken aus dem Auspuff. Halten wir sie im Windschatten, atmen wir die Verwesung aus dem Inneren der Müllpresse.

Schorsch ist Profi. Er trägt nur Turnschuhe und zeigt mir, wie eine glimmende Roth-Händle im Mundwinkel beide olfaktorischen Zudringlichkeiten bannt. Er zeigt mir auch, wie die federleichten Wertstoffbeutel während der Fahrt einzusammeln sind, eine Hand am Griff, die andere ausgestreckt nach den Säcken, die in regelmäßigen Abständen aus der Dämmerung auftauchen.

Einmal schleiche ich alleine durch dichten Nebel die Auffahrt zu einem Bauernhof hinauf, als plötzlich ein sehr *entschlossener* Schäferhund auf mich losgeht.

In wenigen Schritten bin ich wieder auf der Plattform, brülle: »Fahr! Fahr!«, während Egon am Steuer vor Lachen kaum die Kupplung findet, bevor er endlich Gas gibt, der Köter hinterher, fliegende Speichelschlingen um die Lefzen, und ich mit meinen Stahlkappenschuhen ins Leere trete. Als ich endlich wieder ins Führerhaus umsteigen kann, wischt sich der Schorsch mit schwieligen Handballen die Tränen aus dem Gesicht, vor Lachen. Da musste er auch mal durch vor langer Zeit, als »Frischling«. Aber jetzt ist Schorsch stolzer Müllmann mit Leib und Seele. Er stinkt, das schon, macht aber »rischtisch Asche«.

Neue Schneidezähne will er sich nicht leisten, und *ohne* kann er im Vorbeifahren den Frauen besser hinterherpfeifen, mit der eingedrehten Zunge zwischen den Lippen, was den Pfiff noch obszöner macht. Und wenn sie sich nach uns umdrehen, die Frauen, stehe ich auch auf der Plattform, wo es kein Verstecken gibt vor diesen Blicken zwischen Ekel und Empörung. Einer von zwei asozialen Müllmännern halt.

Erst am letzten Tag verrät mir Schorsch, warum er auch auf den Arbeitsschutz pfeift. Sollte der Laster mit dem Zwillingsreifen versehentlich über seine Turnschuhe rollen, könnten ihm höchstens die Zehen brechen. Die Stahlkappe der Sicherheitsschuhe aber würde unter dem Gewicht umknicken und meine Zehen guillotinieren. Schorsch sagt nicht »guillotinieren«. Er macht einfach mit der hohlen Hand eine zuschnappende Bewegung.

»Schlimm ist der Zwang«, schreibt Epikur, »aber es gibt keinen Zwang, unter Zwang zu leben.«

Holz

Ich weiß nicht mehr, ob's Wiebke oder Vivian war, jedenfalls legte ein Orkan mit W oder V die Wälder westlich von Kaiserlautern flach, als ich siebzehn war.

Was stürzte, musste weg, weil andernfalls der Borkenkäfer käme. Also verdingen wir uns als Holzfäller, Deniz, Olli und ich. Verdingen muss sich nur, wer nichts Richtiges kann. So wie nur der Schuft wirklich »schuften« muss. Richard verdingt sich nicht. Richard hat »den Hut auf«, einen gelben Helm, und sitzt im Führerhaus des Harvesters.

Der Harvester ist der hydraulische Gegenspieler des Borkenkäfers. Ein Harvester ist mit seinen stählernen Greifarmen und Kreissägen in der Lage, binnen weniger Minuten mächtige Bäume in glatte Latten zu verwandeln. Er ist nicht in der Lage, ineinander verflochtene Wälder zu entwirren, die ein Sturm gefällt hat. Da müssen Deniz und Olli und ich ran.

Deniz ist der erste Türke, den ich kennenlerne, der nicht Sohn von Apothekern oder Zahnärzten ist. Er spricht kein Deutsch, lächelt aber viel. Mich nennt er lächelnd Ahmak, warum auch immer, und Olli grinsend Salak. Olli ist der erste Mensch, den ich kennenlerne, der von »drüben« kommt. Er fährt einen Opel Corsa mit Konföderiertenfahne im Heckfenster und schuftet, als

20

wäre er auf der Flucht. Vielleicht ist er das auch. Einmal frage ich ihn, was er eigentlich hier im Wald treibt, wo die DDR doch schon untergegangen ist, wovor er denn flieht: »Kapierste nicht, Kleiner«, keucht er und schwitzt weiter.

Unser Job besteht darin, die riesigen Mikadostäbe der gestürzten Tannen, Fichten, Kiefern, Linden und Eichen mit einer Motorsäge von Husqvarna in handlichere Teile zu zerlegen – damit der Harvester sie sich holen kann. Allerdings stehen die Stämme unter Spannung. Beim Durchtrennen kann es sein, dass sie mit Urgewalt in eine unvorhersehbare Richtung federn.

Ich warte darauf, dass etwas passiert; dass eine Tanne ausschlägt und Deniz die Beine wegsäbelt; dass Olli sich an die Brust greift und in die Misteln kippt. Am Ende ist es der Harvester, den es erwischt. Am Greifer ist ein Schlauch gerissen und tanzt, das Hydrauliköl pulst in die Landschaft, als wäre einem Tyrannosaurus Rex die Arterie geplatzt. Richard versucht verzweifelt, den Schlauch zu fassen zu bekommen: »Helft mir!«, brüllt er. »Helft mir doch, ihr Arschgeigen!«

»Man muss den Punkt kennen«, schreibt Ernst Jünger, »bis zu dem man zurückweichen kann.«

Bau

Mit zweiundzwanzig musste ich ranklotzen, um mir dieses fensterlose Altbauzimmer leisten zu können, wo ich mich wie in einem auf Grund gelaufenen U-Boot fühle.

Wer als Student in Marburg richtig Geld verdienen will, muss zu »Farben Schütz«. Schütz malt, streicht, lackiert, verputzt, macht Böden, Trockenwände und Gerüste. Wobei der Chef, besagter Schütz in dritter Generation, sich nur hin und wieder auf den Baustellen blicken lässt und darauf achtet, dass sein Lodenmantel nicht schmutzig wird. Er ist okay, so als Typ: »Wenn du der Chef in diesem Betrieb wärst«, sagt er mir einmal, »mit meinen Sorgen und mit meiner Verantwortung, dann würdest du auch CDU oder FDP wählen.«

Wenn ich keine Zementsäcke schleppe, Gerüste mit Dübeln verankere oder Glaswolle hinter Gipsplatten stopfe, studiere ich Politik und Germanistik. Baustelle und Seminar sind oft nur eine Viertelstunde voneinander entfernt – und liegen doch auf verschiedenen Planeten. Bald bin ich mir nicht sicher, auf welchen ich gehöre.

Mein bester Freund Frank könnte die väterliche Fabrik für Kugellager übernehmen. Will er aber nicht. Er will Komparatist und Kommunist sein, verehrt Durs Grünbein und ist allein vier Semester mit seinem Coming-out beschäftigt. Er hat einen roten VW Golf und am Zündschlüsselanhänger ein Porträt von Stalin. Es ist nicht leicht, das richtige Leben im falschen zu leben.

Andere Freunde von mir leben in besetzten Häusern und schlafen miteinander auf nackten Matratzen, die auf dem Boden liegen. Tina trägt einen abgerissenen Mercedes-Stern um den Hals, weil: »Das ist ein Rüstungskonzern!« Sie fährt einen alten R4, obwohl Renault ebenfalls ein Rüstungskonzern ist. Johannes kämpft gegen Rassismus. Schwarze, wie ich sie aus meiner Heimatstadt kenne, sind Respektspersonen mit weißen »Military Police«-Helmen.

Johannes weiß auch, was »der Arbeiter« lesen müsste, um endlich zum Bewusstsein seiner eigenen Klasse zu finden, sich zu befreien von der Ausbeutung. Brecht und Marx, klar. Auf der Baustelle sehe ich täglich, was »der Arbeiter« in der Frühstückspause wirklich liest. Er liest die Bild und glaubt kein Wort: »Ist eh alles gelogen, aber diese Alte auf Seite eins ... Mann, Mann, Mann, oder?« Im Urlaub fahren sie »in die Domrep, mol rischtisch figge«. Wovon genau sollten sie sich befreien?

Bauarbeitern muss man nicht vortänzeln, dass man diesen Job machen will. Wollen wollen sie selbst nicht, es ist eine ätzende Arbeit. Es genügt zu beweisen, dass man etwas Simples kann und das dann auch macht – und sei es nur, tagelang eimerweise Wasser in die Betonmischmaschine zu kippen.

Pausen im Stehen sind erlaubt. Hinhocken oder Hände in den Hosentaschen sind es nicht. Wer studiert, glaubt »wunnersch, wer er is'!« und gilt so lang als Weichling, bis er das Gegenteil bewiesen hat. Das reale oder angenommene Bildungsgefälle ist schnell in ätzendem Witz aufgelöst und damit eingeebnet: »Was schtudierschen du? Pornografie? Haha!«

Kein anderer Deutscher arbeitet hier auf meinem – niedrigen – Niveau. Mein bester Freund ist bald Sergej aus Moskau, der »Makroökonomie« studiert und zum Frühstück gerne Schweinskopf in Aspik aus einem Glas löffelt. Seine winzige Butze im Studentenwohnheim ist komplett von einem grotesk cheffigen Chefsessel ausgefüllt. Weil er genau das sein wird eines Tages: Chef.

»Alle großen Ideen«, schreibt Brecht, »scheitern an den Leuten.«

Türklinken

Mit fünfundzwanzig stelle ich Türklinken her, im Akkord.

Der »hidden champion« liegt versteckt im Wald und ist Meister, vermutlich sogar Marktführer bei der Herstellung von Türklinken. Niemand achtet auf Türklinken, dabei sind sie alle von »Hoppe«. Steht auch drauf, immer.

Ich bin an der Herstellung mehrerer Lkw-Ladungen dieser Klinken beteiligt. Zu diesem Zweck stehe ich mit einem Kollegen am Eloxierbad. Das Fließband fördert nackte Klinken an, die per Hand auf ein paar Haken gesteckt werden, die der Roboter dann ins Eloxierbad taucht. Nach einer Weile hebt er sie wieder heraus, und die Klinken sind eloxiert. Was immer das sein mag.

Mein Kollege ist Elvis. Er trägt einen Blaumann. Elvis macht diese Arbeit seit dreiundzwanzig Jahren und wird sie noch dreiundzwanzig Jahre machen. Falls ihm kein Roboter das Draufstecken der Klinken auf die Haken abnimmt, ist er dann dreiundsechzig und »fein raus«, wie er sagt. Elvis heißt Elvis, weil er Elvis mag. Dass ich Student bin, findet er faszinierend. Er habe auch Bücher zu Hause, sagt er. Drei Bildbände über Elvis und eine Sammlung von »Disney's Lustigen Taschenbüchern«.

Unsere Arbeit ist so simpel, dass es wehtut. Elvis macht

sie gewissenhaft und konzentriert. Nach einer Weile wird sein Gesicht ausdruckslos, seine Züge entspannen sich. Und ganz langsam schiebt sich seine Zunge aus dem Mund, hängt als feuchter Lappen über der Unterlippe. So steht er da und verrichtet seine Handgriffe, selbstvergessen und der Entfremdung völlig ergeben. Ist vermutlich nicht einmal unglücklich in seiner Trance.

»Der Arbeiter legt sein Leben in den Gegenstand«, schreibt Marx, »aber nun gehört es nicht mehr ihm, sondern dem Gegenstand«, und der Gegenstand ist eine Türklinke.

Wache

Mit siebenundzwanzig fahre ich nachts durch München. Zu gewissen Stunden sind beruflich nur noch die Polizei und das Taxigewerbe unterwegs. Wir von »Raab Karcher Sicherheit« sehen uns als Ersatzpolizei ohne Befugnisse. Wir fahren von Sonnenuntergang bis Sonnenaufgang nach festgelegter Route von Milbertshofen bis Untergiesing, von Pasing bis Bogenhausen. Ich »überwache« Liegenschaften, von der Baustelle bis zum Hochhaus einer Versicherung. Mit den Schlüsseln in meiner Tasche kann ich die ganze Stadt aufschließen.

Festgelegt ist auch meine Route durch einzelne Gebäude, von der Tiefgarage bis zur Dachterrasse. Was anderswo die Stechuhr, das ist hier ein unscheinbarer Ableser aus schwarzem Plastik, durch den ich mein Meldegerät ziehe und damit elektronisch meine Anwesenheit markiere. Darum geht's. Die komplette Branche verdankt ihre Existenz einer Klausel in den Versicherungen, die billiger sind, solange regelmäßig jemand nach dem Rechten sieht. Den Job brauche ich, weil ich nach dem Abbruch des Studiums in Marburg kein BAföG mehr bekomme. Zwischen wenig Geld und gar keinem Geld besteht ein feiner Unterschied. War mir nicht klar.

Kollegen treffe ich nur am Abend, bei der Vorbereitung. Dann übernehmen wir alle unsere Fahrpläne und Schlüsseltaschen – alle bis auf den »Russenlurch«. Der Name ist Unsinn, weil jeder, der diesen Job eine Weile macht, zum »Lurch« wird, blass wird wie ein Grottenolm. Weil er kein Tageslicht mehr zu sehen bekommt. Und seine Familie auch nicht.

Der Russenlurch heißt Leonid und weigert sich, den praktischen »Raab Karcher«-Schlüsselbeutel zu benutzen. Ersatzweise schleppt er eine Umhängetasche für professionelle Foto-Ausrüstung mit sich herum. Ein halbes Berufsleben hat er für die sowjetische Nachrichtenagentur TASS Raketenstarts in Baikonur fotografiert, Sojus auf Sojus. Manchmal fährt er zum Flughafen in Erding und fotografiert die Morgenmaschinen, wie sie abheben.

Mitternachtspause mache ich gerne beim Bayerischen Blinden- und Sehbehindertenbund e. V. am Hauptbahnhof. Eine herrlich verschnarchte Etage, menschenleer und dunkel. An einem Schreibtisch am Fenster zum Innenhof schalte ich die Lampe ein, darunter steht ein Kassettenrekorder. Ich drücke auf »Play«, dann läuft immer Hans Söllner: »Und do drauß'n fahrt de Polizei zum dritten Moi vorbei!« Wenn ich meinen Döner verputzt habe, spule ich die Kassette wieder zurück, lösche das Licht und fahre weiter.

Ungefährlich ist es nachts in Tiefgaragen, Lagerhäusern und Rohbauten nicht. Manche Kollegen haben sich mit Klappmessern bewaffnet, andere mit Pfefferspray. Bei der offiziellen Einweisung wird uns geraten, in düsteren Räumen unsere Taschenlampe so zu tragen, dass wir sie notfalls als Schlagstock benutzen können. Die Batterien darin sind sehr schwer.

Einmal kommt es fast zum Unglück, auf einer Baustelle in Haidhausen. Draußen regnet es, drinnen ist es dunkel und stinkt nach mehr als feuchtem Beton. Plötzlich raschelt's rechts von mir, ich fahre erschrocken herum. Im Lichtkegel meiner Schlagstocktaschenlampe blinzelt ein Penner auf seiner Matratze aus Glaswolle. Abwehrend hat er die Arme erhoben und strampelt sich panisch weg von mir. Ich weiche zurück und brülle ihn an, froh, nicht zugeschlagen zu haben.

Drei Stunden später in der Journalistenschule bin ich mir nicht ganz sicher, habe aber den leisen Verdacht, dass meine Müdigkeit sich in gewisser Weise von der Müdigkeit meiner Mitschüler unterscheidet, die die vergangene Nacht im »Atomic Café« durchgemacht haben.

»Die Menschen arbeiten gemeinhin zu viel«, schreibt Cioran, »um noch sie selbst sein zu können.«

Wohin?

Zwölf solcher Jobs habe ich gemacht in mehr als zehn Jahren. Paketdienst, Küchenhilfe, Erdhubarbeit, Tankstelle, Milchfabrik, den ganzen Quatsch. Einfach, um nicht unterzugehen. Um nicht aus der Wohnung zu fliegen oder auf die Schnauze. Um nicht betteln zu müssen, und sei's beim Amt. Wenn man in der Mühle steckt, fehlt die Draufsicht. Du kommst zwar über die Runden, aber nie auf einen grünen Zweig. Du wirst dabei nicht einmal schlauer. Du lernst nichts. Wer über Wasser bleiben muss, hat dafür keine Hände frei. Du empfindest darüber keine Wut, im Gegenteil. Nur diffuse Dankbarkeit. Das ist gerade der Clou bei der Ausbeutung.

Dabei ist jede dieser Tätigkeiten ein biografischer Bremsklotz. Wenn du nichts anderes als Physis und Präsenz zu Markte tragen kannst, bleibt der Sinn stumpf. Du merkst höchstens, dass du im Sumpf dieses Stumpfsinns nicht dein Leben zubringen möchtest. Also schärfst du deine Sinne an wahllos *allem*, was sich als Wetzstein anbietet. Deshalb bleibt, was du lernst, lebenslang lückenhaft. Du liest, wenn überhaupt, immer das Falsche.

Auf diese Weise, als Vorübergehender, wirst du weder stolzer Proletarier noch stolzer Intellektueller. Du steckst zwischen zwei Dünkeln fest. Ein Arbeiter sieht deine Bücher und erkennt, dass du dich für etwas Besseres hältst. Eine Akademikerin sieht deine Bücher und erkennt, dass du es nicht bist. Beide haben recht, und beide irren sie sich. Du bist unterwegs und weißt nicht, wohin.

Es ergibt sich, im Gegenteil, ein tiefes Misstrauen gegen jede Form von Manifest. Gegen jede Form von angemaßter Anwaltschaft für das Glück anderer Leute. Wer »im Namen von« egal wem spricht, zeige mir sein Mandat – andernfalls möge er oder sie die Klappe halten. Van Morrison hat 1986 ein Album veröffentlicht, dessen Titel mir Programm geworden ist: No Guru, No Method, No Teacher.

Deshalb kann ich nur für mich sprechen, und das nur leise. Keine Texte schreiben, die etwas wollen. Ich glaube auch nicht, dass es einen Anspruch auf Sichtbarkeit gibt. Und »Sichtbarkeit« alleine ändert keine Verhältnisse. Ich glaube auch nicht, dass »jeder es schaffen kann, wenn er nur will«.

Ich wüsste zu gerne, was dieses »es« eigentlich sein soll. Der Aufstieg in eine höhere Klasse? Wenn man dieses Spiel namens »Meritocracy« auf der PlayStation durchgespielt hat, wo landet man dann? Auf einer Stelle als Professorin, auf dem Sessel des Ressortleiters, einer Jacht im Mittelmeer, dem Titel der Bunten? Ist das dann, am Ende aller Runden, der grüne Zweig?

Wenn ich heute an Arbeit denke, fallen mir nicht zuerst meine lächerlichen Jobs ein. Sondern Würde und Scham.

Wenn ich an Arbeit denke, bin ich wieder auf dieser strapaziösen Busfahrt zwischen Leh in Ladakh und Manali in Himachal Pradesh. Irgendwo auf halber Strecke tauchen da in trostlosester Mondlandschaft plötzlich die schwarzen Männer auf. Schwarz, als wären wir in einen Albtraum von Hieronymus Bosch geraten. Sie sind wirklich schwarz von Kopf bis Fuß, wie die Nacht, wie Schatten oder eben der Teer, mit dem sie da im Himalaja gerade eine Straße bauten. Unser Busfahrer fährt ein wenig langsamer, damit die Bauarbeiter auf die Trittbretter springen und aufs Dach klettern können, um eine Weile mitzufahren, kostenlos. Ein weißeres Weiß als das ihrer Zähne, wenn sie lachten, habe ich nie wieder gesehen.

Wenn ich an Arbeit denke, letzte Geschichte, denke ich an Obey, meinen Taxifahrer auf Jamaika. An einer staubigen Kreuzung in Kingston Town baut sich einer dieser Fensterputzer vor der Kühlerhaube auf. Er ist gegen die Abgase komplett vermummt, bedrohlich wie eine Figur aus *Mad Max*. Fragend hebt er Sprühflasche und Flitsche. Mir ist das peinlich, ich schaue weg. Obey stöhnt, beugt sich vor, schüttelt den Kopf und wedelt abwehrend mit dem Zeigefinger. Kein Bedarf! Der Vermummte besprüht trotzdem unsere Windschutzscheibe und zieht sie mit der Flitsche trocken. Dann klopft er gegen die Seitenscheibe, hält die Hand auf. Ich bin erleichtert, als die Ampel endlich auf Grün springt.

Aber Obey fährt nicht los. Obey, der in einem Monat weniger verdient als ich mit meiner Schreiberei an einem Tag und mehr als der Fensterputzer in einem ganzen Jahr, bleibt stehen. Und kurbelt jetzt sogar die Scheibe runter: »Ma'n! Jetzt hast du dir die Arbeit ganz umsonst gemacht! Ich wollte keine Reinigung! Das hatte ich doch deutlich gemacht, oder? Nein, ich werde dich nicht bezahlen. Verzeih! Aber ich wünsche dir viel Glück, Bruder, ich muss jetzt wirklich weiter! *God bless!*«

Wohin also? Nie nach oben, so viel ist sicher. Es ist schon ein Privileg, sofern dort überhaupt welche wachsen, sich seitwärts in die Büsche schlagen zu können. Um dort zu werden, wer man ist. Und sei's auch nur ein erfundener Baske aus Galicien.

Fischfabrik

Von Lucy Fricke

Es soll keinen Verrat geben, kein Selbstmitleid, keinen falschen Stolz. Ein kluger Schriftsteller sagte mir einmal, die besten Texte schreibe man, nachdem die Eltern tot sind, und wahrscheinlich stimmt das. Ich habe den Fehler gemacht, zu denken, über die eigene Herkunft ließe sich leicht schreiben. Vielleicht wäre das so, wenn ich rücksichtslos sein könnte und wenn ich mich nicht so weit von meiner früheren Welt, meinem früheren Ich entfernt hätte. Aber dann wäre niemand auf die Idee gekommen, mich um einen solchen Text zu bitten, dann würde ich überhaupt nicht schreiben, sondern immer noch in einer Fischfabrik in einem Hamburger Randbezirk stehen. Erst jetzt, da ich glaube, dem entkommen zu sein, den sogenannten Aufstieg geschafft zu haben, wage ich es. Jetzt, da ich eingeladen werde zu Empfängen, Preisverleihungen, Dinnerpartys, bei denen das Gefühl des Fremdseins trotzdem nicht verschwindet. Ich traue ihm nicht, dem Platz, auf dem ich sitze, unbedingt sitzen wollte.

Ich versuche mich zu erinnern an das siebzehnjährige Mädchen, das in der Fischfabrik stand. An eine Jugend, die nichts anderes war als ein Absturz, von dem ich nur

in Fetzen berichten kann. Mir ist die Chronologie ab-
handengekommen, als wären jene Jahre ein Strudel, aus
dem nur ab und zu mein Kopf auftaucht. Nur von diesen
Momenten kann ich erzählen. Es gibt keine Fotos dieser
Jugend. Als hätte sie im Verborgenen stattgefunden, auf
dieses Mädchen hat niemand eine Kamera gerichtet. Es
gibt auch keine Freunde aus der Zeit, ich habe irgendwann entschieden, alles und alle hinter mir zu lassen. Ich
habe das vollzogen, was man einen Schnitt nennt. Mein
Leben zerfällt in zwei Teile.

In Gummistiefeln und mit schwerer Plastikschürze starrte das Mädchen in diesen riesenhaften Kübel voller Frutti
di Mare. Es stach eine kleine Schaufel hinein und begann
die vorbeifahrenden 100-Gramm-Schalen zu füllen. Neben ihm das Fließband, vor ihm 200 Kilo Meeresgetier.
Das Schlimmste war nicht der Ekel, das Schlimmste war
die Angst, dass alles so bleiben würde, wie es in diesem
Moment war. Das Mädchen machte diese Arbeit nicht,
um sein Taschengeld aufzubessern, um im Sommer nach
Spanien in den Urlaub zu fahren. Sondern weil es nichts
anderes konnte – weil es mitten im Leben stand, ohne
Ausbildung und Schulabschluss. Weil es keine Richtung
mehr sah, in die es hätte gehen können. Das Mädchen
fühlte sich genauso erloschen wie all die Menschen, die
es bisher verachtet hatte. Es verstand, dass stumpfe Arbeit die Kraft besaß, einen komplett auszuschalten, so
mürbe zu machen, dass man sogar den Gedanken daran
verlor, etwas zu ändern. Jeden Morgen stand es um sechs
Uhr in der Fabrik, panisch vor Angst, so zu sein wie all

jene, mit denen es verwandt war. Angst, dass sich nie etwas ändern würde, dass es ein Entkommen nicht gab.

Eine Variante jener Angst treibt mich heute noch um, als könnte ich jederzeit wieder dort stehen. Als könnte sich das jetzige Leben als Missverständnis oder Illusion herausstellen, als könnte ich alles Erreichte jederzeit wieder verlieren, als würde es mir am Ende gar nicht gehören. Ein einziger falscher Schritt, eine falsche Entscheidung, und ich binde mir wieder die Plastikschürze um. Die Angst vor dem Absturz ist eine andere, wenn man von dort unten kommt.

Wenn ich mich an jenes Mädchen erinnere, denke ich das Wort *ausgeträumt. Es hat sich ausgeträumt, kleine Dame.* Ich weiß nicht, ob jemand diesen Satz zu mir gesagt hat, ob ich ihn mir selbst gesagt habe, jedenfalls fühlte ich mich damals so. Willkommen in der Realität, willkommen an dem Platz, der dir zusteht. Diese Angst, dass das stimmte, dass mehr einfach nicht drin war. Angst kann einen lähmen, sie kann aber auch der Beginn eines Aufbegehrens sein. Ein Anlass zur Flucht.

Damals habe ich meine Kraft überschätzt, vielleicht auch nur die Widrigkeiten unterschätzt, die zahllos sein können bei dem Versuch zu entkommen. Hätte ich gewusst, wie schwer es sein würde, wäre ich vielleicht geblieben, und das wäre mein größter Fehler gewesen.

Es war ein Nachmittag im Winter, als das Mädchen davonlief, weg von der Gewalt, dem Schnaps und dem Unsagbaren, wie es schon oft davongelaufen war, in einem Park die Nächte verbracht hatte, bis die Polizei es aufgriff und in den Wagen bugsierte. Die Mutter es abholte vom Revier, wütend, verzweifelt und irgendwann nur noch stumm. Doch jetzt war das Mädchen sechzehn Jahre alt geworden, und es rannte los, wusste nicht, wohin, schlief auf irgendeinem Sofa, in seinem Schlafsack auf dem Boden eines fremden Zimmers, in Wohnungen von Familien, die ihre Ferien im Süden verbrachten, manchmal blieb nur der Park oder der Tresen einer Bar, die niemals schloss.

Das Mädchen verstand langsam, dass ein Absturz auch nur die logische Folge von Abläufen war, jeder Absturz war ein Prozess, doch was es nicht verstand, war die fehlende Kontrolle, der Verlust der Disziplin, die es immer gehabt hatte, die Erste in der Familie, die aufs Gymnasium ging, eine Streberin, allein in ihrem Zimmer, die sich immer mehr entfernte von den Menschen in den anderen Zimmern, die fest daran glaubte, dass sie mit besten Noten abschließen und an die Uni gehen würde.

Das Mädchen, das sich für etwas Besseres gehalten hatte, sah sich jetzt beim Fallen zu.

Jeden Tag war es mit seinem großen Rucksack in die Schule gegangen, immer öfter viel zu spät, dann tagelang gar nicht, zu müde war es von den Jobs, abends die Küche eines Restaurants auf St. Pauli, nachts eine McDonald's-Filiale am ZOB.

Von den Eltern gab es kein Geld, die Mutter konnte nicht, der Vater wollte nicht, und so schnell wurden keine Eltern verklagt. Das Jugendamt hatte mit den Schultern gezuckt und gesagt: Bis wir das alles durchhaben, sind Sie volljährig. Das Mädchen war nie wieder hingegangen.

Ich erinnere mich an Monate der Wut, eine unkontrollierbare Wut, die sich auf den Straßen, in Kämpfen gegen das System und gegen die Staatsgewalt entlud, es wurden Steine geworfen und Autos angezündet. Es war ein Hass auf Institutionen, zu denen auch die Familie zählte. Ein Hass, der aus Hilflosigkeit erwuchs, aus dem Gefühl, längst nicht mehr dazuzugehören, nie dazugehört zu haben. Wenn man einmal aus der Kurve fliegt, lassen sie einen nicht so einfach mehr rein. Niemand fragt nach den Gründen, wenn du dich nicht anständig benimmst.

Noch heute erkenne ich mich in jedem, der auf seinem Schlafsack am Straßenrand oder in U-Bahnhöfen hockt und nach Geld fragt, die jungen und die alten Frauen, und immer denke ich: Das bin ich gewesen. Das könnte ich sein. Warum bin ich es nicht?

Ich werde die Verwunderung nicht los, die Distanz zu dem, was ich bin, und dem, was ich war, und vielleicht auch zu der Welt im Ganzen, als hätte ich keine Basis, keine Wurzeln, keinen Halt. Ich stehe immer ein wenig staunend und irritiert am Rand mit einer sanften Ungläubigkeit, und seltsamerweise verdiene ich genau damit mein Geld.

An den Raum, in den man mich einlud, kann ich mich nicht erinnern, nur dass die Tische da drinnen zu einem Quadrat angeordnet waren und das Mädchen an einer Seite Platz zu nehmen hatte, die Lehrer auf der anderen Seite kamen ihm wie Figuren aus einem fernen Leben vor. Es wird der Direktor gewesen sein, der dem Mädchen mitteilte, dass es wegen Fehlstunden der Schule verwiesen wurde, es waren 185 Stunden in einem halben Jahr, und es hatte Warnungen gegeben, immer wieder, die hatte es gehört, gelesen und verstanden – es hatte nur nichts ändern können. Ihm war die Kraft ausgegangen. Nicht mal mehr ein Jahr bis zum Abitur, und jetzt verließ es die Schule ohne Abschluss. Man wünschte ihm alles Gute.

Woran ich mich heute noch erinnern kann, ist ein überwältigendes Gefühl von Trotz. Eine wütende, bockige Energie. Ein einziges: Das wird euch noch leidtun!

Ich erinnere mich an dieses Gefühl so genau, weil es mich seitdem nie verlassen hat. Noch immer reagiere ich auf Ablehnung, Scheitern, Misserfolg mit demselben Trotz, mit einer immensen Gegenwehr und Selbstbehauptung. Noch immer weiß ich nicht, woher das kommt, diese leichte Arroganz, sich für etwas Besseres zu halten, nach jedem Fall stärker zu werden, auch wenn es Jahre dauert. Diese verbissene Energie, wenn sich vor mir der Weg versperrt, die Entschiedenheit, einen anderen zu suchen.

Der Wille ist, wie eigentlich alles, ungleich verteilt. Bis dieser Wille jedoch zu etwas Greifbarem wurde, verging eine Zeit, von der ich kaum sagen kann, ob es Monate oder Jahre waren.

Ich weiß nicht, was aus mir geworden wäre, wenn man mich nicht regelrecht von der Straße aufgesammelt hätte.

Ich sehe das Mädchen unter einem Hochbett hocken, in einem zehn Quadratmeter großen Zimmer. Es fühlte sich nicht gerettet, es fühlte sich ganz unten angekommen, in einer betreuten Wohngemeinschaft. Bei seinem Einzug hatte es die Drogen und die Waffe abgeben müssen, die letzten zehn Gramm und die Gaspistole, die es immer bei sich getragen hatte.

In der WG waren sie zu fünft, plus zwei Sozialpädagogen, die mit dem Mädchen zum Sozialamt gingen, zur Therapeutin, zum Arbeitsamt, Wiedereingliederung in die Gesellschaft, so nannten sie das.

Als es einmal allein zum Sozialamt ging, wurde es im Fahrstuhl von einem Obdachlosen angepinkelt, von oben bis unten, von der ersten bis zur fünften Etage stand es in einem Urinstrahl und dachte, dass es diesen Geruch niemals vergessen würde, dass Scham von nun an immer nach Urin stinken würde. Im Zimmer ihrer Sachbearbeiterin holte das Mädchen die durchnässte Liste aus der Jackentasche, auf der Kleidungsstücke standen, die es dringend brauchte. Zur Liste kam dann noch das, was es am Körper trug. Zurück nahm es die Treppe und ging zu Fuß nach Hause. Noch Wochen später hatte es das Gefühl zu stinken, seine Mitbewohner machten Witze darüber bei den gemeinsamen Abendessen, die verpflichtend waren, jeden Dienstag. Es war eine Notfamilie, sie gab ihm eine Sicherheit, die es nie gekannt hatte. Und zum ersten Mal hatte es das Gefühl, Glück gehabt zu haben, gerade eben noch Glück.

Mit den beiden anderen Mädchen sprach es über Väter, Stiefväter und eingerissene Polöcher. Die Frage, wie alt man war, als man diesen Schmerz zum ersten Mal hatte. Es war wie Quartett spielen, sechs, sagte die eine, vier, sagte die andere, und das Mädchen schämte sich für seine dreizehn. Ein Jahr älter war der Mitbewohner, als der Vater im Wohnzimmer erst die Mutter erschoss und dann sich selbst, während er auf dem Sofa saß. Der Fernseher lief einfach weiter, erzählte er.

Es gibt Dinge, die lassen sich nicht überleben, es gibt Kindheiten, die einem keine Chance lassen. Meine gehörte nicht dazu.

Zehn Jahre später wurde ich an einer Uni zugelassen. Ich hatte mich an den wenigen Hochschulen beworben, die ausdrücklich darauf hinwiesen, dass ein Studium auch ohne Abitur möglich sei, das war ausschließlich bei künstlerischen Studiengängen der Fall. Es sah so aus, als würde mir ohne Schulabschluss nur die Kunst bleiben. Einzig das Leipziger Literaturinstitut schickte mir eine Einladung zum Auswahlgespräch.

Als ich bei einer Filmhochschule nachfragte, warum man mich trotz jahrelanger Berufserfahrung in der Filmbranche nicht mal eingeladen hatte, wurde mir erklärt, dass die Bewerbungen bei Eingang sortiert würden, und die ohne Abitur würden direkt mit *Minus zehn* gekennzeichnet. Sie sagten mir, ich hätte besser sein müssen als der Rest, aber ich war eben nur genauso gut. Selten enthielt ein bürokratischer Vorgang derart viel Wahrheit.

Als ich in Leipzig meinen Studentenausweis in den Händen hielt, war das der größte Triumph. Ich behielt das Stück Plastik den ganzen Abend in den Händen, allein in meiner neuen Leipziger Wohnung.

In den drei Jahren, die folgten, sagte ich in den Semi-
naren kaum je ein Wort. Ich hatte das Gefühl, die Sprache
nicht zu beherrschen, ich notierte mir die Wörter, die ich
nicht verstand, ich übernahm den Job in der Bibliothek,
wo ich die ganze Zeit las, und behielt trotzdem das Gefühl, dass mir alle anderen überlegen waren, was umso
beschämender schien, da ich in meinem Jahrgang die Äl-
teste war. Ich tat also, was ich konnte, ich organisierte die
Partys und Lesungen, ich schleppte die Bierkästen und
reparierte den Fotokopierer. Nie werde ich den Tag vergessen, nachdem ich den Open Mike in Berlin gewonnen
hatte, einen Literaturwettbewerb, für den sich fast das
gesamte Institut beworben hatte. Ich kam in den Semi-
narraum, und alle schwiegen mich an, bis irgendjemand
leise sagte: herzlichen Glückwunsch, und ein anderer
fragte, ob ich heute Geburtstag hätte. Nein, gestand ich,
ich habe den Open Mike gewonnen. Ach, ich wusste gar
nicht, dass du schreibst. Die Stille, die folgte, war bru-
tal. Ich hatte das Gefühl, einen größeren Verrat hätte ich
nicht begehen können.

Zwei Jahre später erschien mein erstes Buch, ein Roman
über meine Jugend. Er verkaufte sich 600-mal, im Feuilleton gab es eine einzige Kritik, in der von einer stereo-
typen Kellerkindbiografie die Rede war, die durch all das
Elend wenig glaubwürdig sei. Später, viel später habe ich
den Kritiker einmal getroffen, bei einem Abendessen in
einem Luxushotel, nachdem ich ein Stipendium gewonnen hatte, in dessen Jury er saß. An seine Kritik konnte
er sich nicht erinnern, an den Roman erst recht nicht. Er

lächelte mich an und schenkte mir Champagner nach. Doch Champagner hilft nur bedingt gegen die alte Wut.

Sie ist immer noch da, kommt in Wellen zurück, wenn ich von *bildungsfernen Schichten* lese oder, noch schlimmer, von einem *Haushalt ohne Bücher. Sie ist aufgewachsen in einem Haushalt ohne Bücher.* Dieser Zynismus bringt mich um den Schlaf.

Wenn die Freunde ihre Kinder auf die besten Kindergärten und Schulen schicken, wenn immer mehr Stadtviertel nur für Besserverdienende bewohnbar sind, wenn die Separierung stetig weiter voranschreitet. Wenn sich Milieus nicht mehr vermischen, sondern immer weiter abschotten.

Wenn Lehrer und Sozialpädagogen immer noch derart unterirdisch bezahlt werden, dass sie kaum die Kraft haben können, genau hinzusehen, dabei sind sie oft die Einzigen, die einen vorbestimmten Weg ändern könnten.

Wenn ich auf einer Bühne über meine Herkunft spreche und die Moderatorin sich für meine Offenheit bedankt. Man stelle sich das umgekehrt vor, jemand erzählt von seiner bildungsbürgerlichen Familie, seiner Zeit an einer Privatschule, dem nachfolgenden Studium, der Promotion. Da dankt niemand für seine Offenheit.

Wenn das eine als normal gilt und das andere nicht.

Wenn für den Zugang zu Universitäten immer noch das Abitur entscheidend ist, durch das so viele von ihren Eltern und dem finanzierten Nachhilfeunterricht getragen werden, und nicht die Ausbildung, die Berufserfahrung, die Aufnahmeprüfung.

Wenn Lebenswege von Geburt an entschieden sind,

wenn man schon mit sechzehn Jahren aussortiert wird, wenn eine Gesellschaft sich verlässt auf den ureigenen, gestählten Willen Einzelner.

Wenn ein Freund mir vorwirft, ich würde meine Seele verkaufen, weil ich ein paar Artikel für die Springer-Presse, also für Geld, schreibe, und dieser Freund in einer Kreuzberger Eigentumswohnung sitzt, die ihm seine Eltern finanziert haben.

Dann ist die Wut immer noch da.

Vor zwei Jahren, also mit fast vierundvierzig, habe ich die letzte BAföG-Rate zurückgezahlt. Gerade noch rechtzeitig vor der Menopause, es gibt merkwürdige Ziele im Leben.

Ein paar Monate später machte ich ein Bildschirmfoto von meinem Kontostand, der zum ersten Mal in meinem Leben fünfstellig war. Ich hatte einen Bestseller geschrieben und so etwas noch nie gesehen. Ich halte Geld und Erfolg für einen vorübergehenden Zustand. Einen Ausrutscher. Als ich kurz darauf meinen Geburtstag feierte, riet mir mein Vater, ich solle bloß keinen teuren Wein kaufen, damit die Leute nicht denken würden, ich sei reich. Denn wenn man Geld habe, wollten alle was davon abhaben. Doch er blieb der Einzige. In meinem Kühlschrank stapelten sich die mitgebrachten Champagnerflaschen der spendablen Freunde.

Fangfragen

Von Christian Baron

Jeden Abend, wenn Mann und Katzen längst schliefen, riss Tante Juli das Fenster auf. Draußen war es bitterkalt, aber ihr war das egal, sie wollte die Züge hören, die bis kurz nach elf im Halbstundentakt drüben an der Galgenschanze über die Gleise pfiffen. Dazwischen schloss sie die Augen und lauschte der Stille, spürte sie, gewährte ihr bewusst Einlass, sonst zog sie wieder unbemerkt vorbei. Jetzt lass' doch mal gut sein, hatten sie ihr gesagt, seit Tagen schon. Gönn dir 'ne Auszeit, endlich mal, haste dir doch verdient. Diese Klugscheißer, dachte Tante Juli. Was haben die gut reden. Nach mehr als zwei Jahren permanenter Raserei sollte sie 'ne Vollbremsung hinlegen, mir nichts, dir nichts, einfach so? Nee, das hätte sie aus der Bahn geworfen, in hohem Bogen wäre sie ins Nirgendwo geschleudert worden, von wo sie ganz allein wieder hätte zurückfinden müssen, wie immer.

Eine Woche war Opa Willy jetzt tot. Seit der Diagnose vor fünfundzwanzig Monaten und neunundzwanzig Tagen hatte Tante Juli keine freie Minute gehabt, keine einzige. Das sagte sie, wieder und wieder. Aber nicht, um zu jammern, nein, für sie war das selbstverständlich, und es war notwendig, denn wem hätte sie diese Arbeit schon überlassen sollen, wem denn? Als der Arzt ihr sagte, ein Mann von achtundachtzig Jahren könne mit Krebs im Darm und Metastasen in Leber und Lunge nicht allzu lange überleben, verfiel sie nicht in Panik, nein, für so was hatte Tante Juli sowieso keine Zeit, sie dachte sofort darüber nach, wie sie die Zielgerade im Leben ihres Vaters gestalten könnte. Natürlich würde sie das übernehmen, keine Frage, aber wie war das mit der Pflegestufe, mit seiner Wohnung, mit ihrem Job?

Tabak, Hülsen und Stopfgerät lagen vor ihr auf dem Tisch wie dieses sorgfältig aufgereihte Fischbesteck auf den Tafeln der Reichen. Und genau so, wie diese Leute fast nie dazu kommen, ihr sorgfältig aufgereihtes Fischbesteck auch wirklich zu benutzen, so rauchte Tante Juli fast nie eine selbst gestopfte Zigarette. Sie mochte ihre Pall Mall aus der Packung lieber, das Stopfen war eher eine Art Beschäftigungstherapie, wenn sie mitten in der Nacht wieder keine Ruhe fand, weil der Alte jederzeit um Hilfe rufen konnte. Inzwischen war Opa Willy also gegangen, doch das Kippenstopfen war geblieben. Wenn Tante Juli das braune Zeug aus der rot-weißen Blechdose grub, es in den engen Schacht des Stopfgeräts drückte und sich der Tabak unter diesem Ritsch-ratsch-Geräusch in die Hülse schob, konnte sie gut nachdenken.

Klar, es ist immer zu früh, aber im Grunde war es eine Erlösung. Ritsch-ratsch. Wobei, die Frage lautet doch: Für wen war das eine Erlösung, für Opa Willy oder für sie selbst? Ritsch-ratsch. Immerhin hatte er ein langes, erfülltes Leben. Wer in der Familie war denn sonst noch einundneunzig Jahre alt geworden? Ritsch-ratsch. Wieso hatte sie ihn sechzehn Jahre lang in dieser Einzimmer-baracke am Fischerrück hausen lassen? Bis zur Diagnose hatte er sich gegen den Umzug gewehrt, aber hätte sie ihn nicht einfach früher vor vollendete Tatsachen stellen müssen? Ritsch-ratsch. Wie viele weitere schöne Jahre wären möglich gewesen in der geräumigen Wohnung di-rekt über Tante Juli auf dem Bännjerrück? Ritsch-ratsch. Na gut, wir können die Zeit nicht zurückdrehen, leider, und nun geht's darum, den Mann mit Würde unter die Erde zu bringen. Ritsch.

Würde. Überforderndes Substantiv und Möglichkeits-form. Unmöglichkeitsform müsste es in diesem Fall hei-ßen, denn für Würde fehlte Tante Juli das Geld. Sie wollte weinen, weiß Gott, wie sehr sie sich nach einem Heul-krampf sehnte, aber er kam nicht, sie konnte nicht, sie konnte einfach nicht, stattdessen schwirrten ihr dunkle Gedanken durch den Kopf. Wie zur Hölle sollte sie diese Scheißbeerdigung bezahlen? Über dreitausend Tacken wollten sie, und wenn nicht bis übermorgen die ersten achthundertfünfundsechzig auf dem Konto der Stadt-verwaltung eingingen, dann gäbe es keine Bestattung im Ruheforst, sondern ein Armengrab im Leichenacker.

Immerhin war Opa Willy im Glauben gestorben, es sei für alles gesorgt. Macht euch keinen Kopf, hatte er am letzten Tag seines Lebens gesagt, um ihn herum am Sterbebett stand seine trauernde Familie mit Schulden-berg und Dauerdispo, ist alles schon erledigt, hatte er sie mit rasselndem Atem beruhigt, da war in seinem blassen Gesicht schon das Todesdreieck zu sehen gewesen, die

Versicherung übernimmt das, ich bin keine Last mehr für euch, ihr müsst nur ein paar Blumen für's Grab kaufen. Zwei Tage später rief Tante Juli bei der Bank an. Der freundliche Mann am anderen Ende der Leitung fing an zu stottern, da ahnte Tante Juli schon, was los war. Vor vielen Jahren habe eine Sterbeversicherung bestanden, die sei aber aufgelöst, seit dreizehn Jahren. Tut mir leid, alles klar, mein Beileid, auf Wiederhören, alles Gute, verdammter Mist.

Jetzt wusste Tante Juli, woher er damals mal eben mehrere Tausend Euro für einen seiner in die Privatinsolvenz gerutschten Neffen gehabt hatte. Und Tante Juli war die Angeschmierte. Mit Würde hatte das nichts zu tun, ebenso wenig mit Erlösung, für sie nicht und für Opa Willy schon mal gar nicht. Aber was blieb ihr übrig? Sein Lebtag hatte der Mann vor lauter Stolz keine Geschenke angenommen, nicht mal eine Schachtel Pralinen zum Geburtstag. Er gab sein letztes Hemd für andere, wollte aber selbst niemandem etwas schulden, niemals. Wie gut, dass die erste Schuld seines Lebens erst nach seinem Sterben fällig geworden war. Ratsch.

*

Alle gegen einen. Und Opa Willy lachte. Nicht schadenfroh, nicht amüsiert, auch nicht hämisch. Sondern desillusioniert, wissend, beinahe verhärmt. Auf dem Fernsehbildschirm hatte gerade ein Affenmensch einem anderen Affenmenschen einen Knochen gegen den Kopf gedonnert. Die Horde fiel über den am Boden Liegenden her, drosch auf ihn ein, immer wieder und immer fester, auch als er längst tot war. Opa Willy rückte an die Kante der Sitzfläche seines braunen Cordsessels, hob den Zeigefinger, ganz langsam, so wie auf der Mattscheibe der Knochen in Zeitlupe nach oben flog, den der siegreiche Affe im Triumphgeheul emporgeworfen hatte. Ein Schnitt, und das Bild wechselte ins Weltall, wo erst ein dem Knochen formgleicher Erdsatellit und dann das Gleiten der Maschinen durch den Orbit zu sehen war, begleitet von den Klängen des Walzers An der schönen blauen Donau.

Nicht zuletzt wegen dieses Schnitts gilt 2001. Odyssee im Weltraum als Meisterwerk. Eigentlich ist der Schnitt unpräzise wie ein unreiner Reim, denn der Satellit ist nach dem Überblenden schon um neunzig Grad verdreht und damit nicht deckungsgleich mit dem Knochen, der sich außerdem in Drehung befindet, während der Satellit statisch schwebt. Was soll's, der Film kam 1968 raus, vor einer Ewigkeit also, und trotz meiner Klugscheißerei und obwohl ich diesen Film schon zigfach gesehen hatte, blieb mir auch diesmal der Mund offen stehen vor Staunen darüber, wie Stanley Kubrick hier mit einem Kunstgriff die ganze Menschheitsgeschichte kommentiert.

Opa Willy, neunzig Jahre alt, sah 2001 zum ersten Mal. Erstaunt schien er nicht zu sein, überwältigt erst recht nicht, stattdessen sagte er lakonisch: So seien die Menschen nun mal, damals wie heute, immer das Recht des Stärkeren, Ellenbogen raus, da habe sich nicht viel geändert, kein anderes Tier sei sich selbst so spinnefeind wie der Mensch.

Drüben in der Küchenzeile wischte Tante Juli den

Boden. Ihr hektisches Putzen passte so gar nicht zur getragenen Musik, die aus dem Fernseher drang, ziemlich laut sogar, weshalb Tante Juli nicht mitbekam, was Opa Willy gerade gesagt hatte, was wiederum gut war, denn wenn sie es verstanden hätte, dann wäre sie nur wieder besorgt gewesen über die Schwarzmalerei eines sterbenden alten Mannes. Eigentlich sah ich es genau wie Opa Willy, aber ich hielt dagegen, damit er nicht am frühen Morgen wieder anfing, an seinen Tod zu denken. Seit der Ära des Keulenaffen habe sich doch so was wie Zivilisation entwickelt, wandte ich ein. Opa Willy seufzte: »Ach ja.« Wahrscheinlich werde ich dieses »Ach ja« besonders vermissen, wenn er nicht mehr da ist, dachte ich.

Sein Nachsatz, die Zivilisation habe ja überhaupt erst das möglich gemacht, was die Nazis angerichtet haben, ging unter in Tante Julis routinierten Anweisungen. Der Stiel des Wischmopps lag noch in ihrer Handfläche, da hatte sie schon den Ton des Fernsehers leiser gedreht. Sie schüttelte das Pillenkästchen. Es stehe alles genau drauf, sagte sie, die blauen hier müsse er um zehn nehmen, um zwölf dann die weißen, aber nicht die runden, sondern die langen, die runden seien erst am Nachmittag dran, ob er ihr überhaupt zuhöre, das sei wichtig, er solle sie jetzt mal ansehen, hallo, zuhören bitte, die Glotze könne warten, er dürfe die Tabletten auf keinen Fall verwechseln, sonst kriege er wieder Bauchweh und die Scheißerei sowieso, das wolle er nicht und sie genauso wenig, und nachher müsse er sich noch mal hinlegen, ein kleiner Vormittagsschlaf rege den Appetit an, also, ob er das verstanden habe, ob er das genau verstanden habe.

Mehr als ein braves »Ja« bekam Tante Juli nicht zu hören, und mehr wollte sie auch gar nicht hören, denn sie war zu spät dran, wieder mal, vor zehn Minuten hätte sie schon zur Arbeit gemusst, aber das Geschirr spüle sich halt nicht von alleine, und die Mittagssuppe habe länger geköchelt, helfe ja alles nix.

Das hätte ich doch alles machen können, sagte ich, aber Tante Juli zog eine Schnute. Nix da, murrte sie, ich sei selten genug hier, und da solle ich nicht auch noch putzen, außerdem wolle Opa Willy sich in Ruhe mit seinem Enkel unterhalten, mit seinem Enkel aus der großen Stadt, ich könne nachher gern die Suppe aufwärmen und darauf achten, dass er seine Pillen nehme, also dann, bis später. Sie drückte Opa Willy einen Kuss auf die Stirn, nahm ihre Tasche und verschwand.

Dem Drang, den Ton lauter zu drehen, widerstand ich. Auf dem Bildschirm sahen wir viele Männer und wenige Frauen in einem intergalaktischen Konferenzraum. Ohne mich anzusehen, sagte Opa Willy: »Heute Nacht hab ich geträumt, dass ich achtundneunzig werd'. So alt wie meine Mutter. Mach dir mal 'nen Begriff, dann hätte ich noch acht Jahre.«

Wieder mal brachte ich nicht mehr zustande, als ihn ermutigend anzusehen und rhetorische Fragen zu stellen. Warum er denn nicht mindestens so alt werden solle wie seine Mutter, zäh, wie er sei, da brauche man doch gar nicht erst drüber reden. Meine eigene Falschheit trieb mir einen Kloß in den Hals, als ich sah, wie er in den Fernseher starrte, der Anblick seines eingefallenen Gesichts und sein leeres Fixieren des Flatscreens trafen mich unvorbereitet, obwohl auch mir klar war, dass wir alle nur Theater spielten, seit Monaten schon. Jahrelang hatten wir uns darüber lustig gemacht, dass viele deutlich jüngere Leute um einiges älter aussahen als Opa Willy. Seit seiner Diagnose war es damit vorbei. Mit jeder vergeblichen Bestrahlung verlor er mehr Lebensmut, dieser unverwüstliche Koloss war binnen kürzester Zeit zu einem Häufchen Elend geworden, abgemagert und kaum mehr zum Gehen fähig. Ohne es auszusprechen, wussten wir alle, dass es nicht mehr war als Verzweiflungstaten, wenn wir immer weiter diese Witzchen rissen, so als hätte sich nichts geändert.

»Wenn ich die einundneunzig noch schaff, bin ich froh«, murmelte er.

Dann griff er nach seinem Stock, nahm seine Zehnuhrtabletten, stapfte ins Schlafzimmer und legte sich noch mal hin. Ich drehte den Ton etwas lauter und sah mir 2001 bis zum Ende an. Der Astronaut Bowman ist in einer weit entfernten Galaxie angekommen, wo er sich selbst begegnet. Scheinbar zeitlos geht sein Leben vom mittleren Alter in den Tod über. Mit rasselndem Atem liegt er auf dem Totenbett, uralt und auf die Erlösung wartend. Und dann, völlig unvermittelt, hebt er mit letzter Kraft den Zeigefinger. Schnitt. Der Monolith ist zu sehen – ein schwarzes Gebilde, gebaut von einer außerirdischen Spezies. Schnitt. Die Kamera will sich aus dem Staub machen, sie fängt Bowman und den Monolithen aus der Distanz ein. Schnitt. Wir sehen den Monolithen ganz nah. Schnitt. Musik brummt, auf dem Bett liegt ein in eine Blase eingeschlossener Embryo. Schnitt. Sein rechtes Auge funkelt.

Schnitt. Die Kamera fährt hastig in Richtung Monolith. Schnitt. *Also sprach Zarathustra* von Richard Strauss dröhnt, Mond und Erde erscheinen, von links nähert sich der Embryo in der Blase seinem Heimatplaneten. Schnitt. Nahaufnahme des Kindes, es wirkt gefährlich und possierlich zugleich. Abspann. Wiedergeburt.

Von rechts näherte sich Opa Willy, den ich wegen des Stockpolterns hörte, bevor er zu sehen war. Die Vögel begannen zu zwitschern, die Vögel in ihrem Käfig. Ich brachte Opa Willy seine Zwölfuhrtabletten und die Mittagssuppe. Schlürfend sah er mich an, dann wieder weg, dann wieder zu mir und wieder weg. Was er denn auf dem Herzen habe, fragte ich, da deutete er auf die Fernsehzeitung. Ich nahm das Heft, es war an der Stelle aufgeschlagen, wo das Programm der Sky-Cinema-Sender aufgelistet war.

»Das hätt ich so gern«, sagte Opa Willy.

»Das da?«, fragte ich mit erhobener Fernsehzeitung und auf die Bezahlsender tippend.

»Das da«, sagte er, sich vorbeugend und auf den Klassikerkanal zeigend. »Da laufen gute Filme, vieles mit Bud Spencer.«

Er sprach den Namen pfälzisch aus: »Batt Schpennser«. Mehr musste er gar nicht sagen, denn da predigte er zu einem Mitgläubigen, ich liebte die Filme mit Batt Schpennser ebenso sehr wie Opa Willy. Ein Jahr zuvor hatten Tante Juli und ich zusammengelegt und ihm das Sportpaket bei Sky klargemacht, damit er rund um die Uhr seinen Fußball verfügbar hatte – Bundesliga, Pokal, Champions League, Premier League, einfach all das, was er sich in den Jahren zuvor nie gönnen konnte, nie gönnen wollte, weil er seine karge Rente fast vollständig an seine Kinder und Enkelkinder verteilt hatte.

Jetzt war das unmöglich geworden, weil sein ganzes Geld für die Pflege draufging. Ständig wurden Zuzahlungen fällig, für den Rollstuhl, die Aufbaunahrung, das Beatmungsgerät, die Medikamente, das Pflegebett. Ins Heim kommt der Mann mir nicht, hatte Tante Juli schon zu Beginn der Krankheit geschworen. Weißt du, hatte sie mir gesagt, wie hoch der Anteil der Leute ist, die nach dem Einzug in ein Altersheim nach nicht mal einem Jahr tot sind? Sechzig Prozent. Sechzig!

Als Opa Willy sich am Nachmittag noch mal hingelegt hatte und Tante Juli schon wieder feudelschwingend durch die Wohnung lief, setzte ich Kaffee auf und überredete sie, eine Pause einzulegen. Auf dem Balkon klopfte sie eine Pall Mall aus der Schachtel, schritt auf dem engen Boden hin und her und nahm Riesenschlucke aus ihrer Tasse. Wir müssten für Opa Willy noch das Filmpaket bei Sky dazubuchen, sagte ich. Was das koste, fragte Tante Juli. Ich nannte den monatlichen Preis, und sie atmete tief ein und tief aus. Seit sie nur noch drei Stunden am Tag in der Spielothek putzen könne, fehle ihr für so was das Geld. Wie um alles in der Welt sollte sie das bezahlen? Um meine Finanzen stand es zu dieser Zeit auch ziemlich schlecht. Ich schlug vor, dass wir es uns teilen könnten, das wären zusätzlich zum Sport-Paket für jeden noch einmal zwölf Euro pro Monat. Dieses elende Sky-Cinema-Abo müssten wir jetzt stemmen, verdammt noch mal, sagte ich. Wer wisse schon, wie viel Zeit dem alten Mann noch bliebe. Tante Juli zögerte. Sie drückte die Kippe im Aschenbecher aus und rannte runter in ihre Wohnung. Keine fünf Minuten später war sie mit einem randvollen Aktenordner und einem Taschenrechner zurück. Sie tippte und tippte, und nach einem tiefen Zug an der nächsten Pall Mall sagte sie, ich solle das dann gleich bestellen. Während ich mit meinem Smartphone die Option »Cinema« auswählte, schärfte mir Tante Juli wie im Jahr zuvor ein, mich bloß nicht zu verplappern, wenn ich mit Opa Willy darüber spreche. Wir einigten uns auf die Sprachregelung, dass es eine Rentenerhöhung gegeben habe.

*

Hätte er doch nur Schauspieltalent, wenigstens ein bisschen! Tante Julis Lippen bebten, ihre Hände hielt sie unterm Tisch versteckt. Am Grinsen der Frau vom Pflegedienst erkannte sie, dass Opa Willy seine Rolle schlecht spielte. Wer denn unser Bundeskanzler sei, hatte die Frau ihn gefragt. Anstatt, wie besprochen, darauf einfach nicht zu antworten, hatte er an die Decke gestarrt, »die Merkel« gepispert, dann sofort mehrmals viel zu lang gezogen »ach nee« und »äääh« gemacht, danach »der Dicke« gesagt, »der Kohl«. Die Frau verkniff sich ein Lachen. Steif und aufrecht saß sie da und hackte Buchstaben in den auf ihrem Schoß rauschenden Laptop hinein. Offenbar arbeitete sie einen vorbereiteten Fragenkatalog ab.

»Treffen Sie manchmal Ihre Freunde beim Einkaufen?«

Opa Willy sah Tante Juli fragend an, sie setzte ihr Pokerface auf, dann sagte er: »Ajo.«

Er log. Schon wieder. Seit mindestens einem halben Jahr war dieser Mann nicht mehr in einem Supermarkt gewesen. Er log, weil Tante Juli ihm zuvor eingeschärft hatte, es sei besser, an manchen Stellen nicht die ganze Wahrheit zu sagen. Allerdings log er gerade zu seinem Nachteil, ohne es zu merken.

»Ich hab Ihnen vorhin gesagt, dass mein Vater nicht mehr einkaufen gehen kann. Er geht fast gar nicht mehr vor die Tür«, sagte Tante Juli. »Sie haben doch eben bei den Übungen mit den Händen über dem Kopf und dem Fassen an die Nasenspitze gesehen, wie schwer ihm so was fällt.«

Die Frau tat so, als hätte sie den Einwand nicht gehört, und ging zur nächsten Frage über: »Was haben Sie denn heute gefrühstückt?«

Diesmal kam die Antwort wie aus der Pistole geschossen: »Hab mir ein Brot gemacht.«

»Er kann nicht mehr kochen, das muss ich jeden Tag für ihn machen«, mischte Tante Juli sich wieder ein, »das ist was anderes, als sich mal eben ein Butterbrot zu schmieren.«

»Lassen Sie Ihren Vater bitte für sich selbst sprechen«, sagte die Frau, »offenbar kann er das sehr gut.«

»Sie haben ihn doch vorhin durch die Wohnung gehen lassen, da müssten Sie bemerkt haben, dass er ohne Hilfe den Haushalt nicht geregelt bekommt.«

»Bitte lassen Sie mich mit Ihrem Vater sprechen, sonst muss ich das hier abbrechen, und wir können über Ihren Antrag frühestens in ein paar Wochen entscheiden.«

Die Frau stellte noch mehr Fangfragen. Sie spitzte ihre

überschminkten Lippen und tippte jede Antwort gewissenhaft ein, war sie auch noch so kryptisch. Am Ende wollte sie, dass er ihr etwas über sein Leben erzählt. Wo er geboren sei, was er gearbeitet habe. Und er fing an zu reden, ohne Unterlass betete er herunter, was er der Familie seit vielen Jahren wieder und wieder berichtet hatte. Mit Daten und Details. Dass er mal bei der Fremdenlegion gewesen sei. Wie er seine Lehre zum Zimmerer begonnen hatte. Dass bis 1970 auf den Erzhütten kein Haus gestanden habe, an dem er nicht eigenhändig mitgebaut habe. Welchen Tieren er im Laufe seines Lebens ein Dach über dem Kopf geschenkt hatte. Dabei gestikulierte er wie eine italienische Großmutter. Manchmal lachte er sogar, was Tante Juli besonders entsetzte. Sie trat ihm unter dem Tisch gegen das Schienbein.

Die Frau war schon im Begriff zu gehen, da zog Tante Juli im Hausflur die Tür hinter sich zu und flüsterte: »Mein Vater hat heute Morgen zum ersten Mal ein Morphiumpflaster bekommen, das muss ihn irgendwie high gemacht haben. So, wie Sie ihn gerade erlebt haben, war er seit Monaten nicht drauf. Er ist depressiv, will eigentlich niemanden mehr sehen und nicht mehr rausgehen, weil er sich wegen seines Gewichtsverlusts schämt. Was Sie eben gesehen haben, ist nicht der Normalzustand. Wirklich nicht. Bitte berücksichtigen Sie das, bitte.«

Nur halb hatte die Frau sich zu Tante Juli herumgedreht, sie lächelte, ohne ihre Hand vom Geländer zu nehmen und sagte: »Machen Sie sich keine Sorgen. Meine Aufgabe ist es nicht, Ihnen zu schaden. Ich würde Ihnen liebend gern eine Erhöhung gewähren. Entscheiden müssen das dann andere. Ihr Vater ist eindeutig mobil eingeschränkt, aber geistig topfit. Mein Chef sagt in solchen Fällen immer: Wir müssen genau sein. Immerhin geht es hier um das Geld der hart arbeitenden Beitragszahler.«

Beitragszahler. Dazu hätte Tante Juli jetzt gern einen Vortrag gehalten. Wieso wird die Pflege überhaupt über Beiträge finanziert? So, als wäre das Alter keine ganz normale Tatsache, sondern ein zu versicherndes Risiko wie ein Sachschaden. Na ja, wenn man die Pflege über Steuern finanzieren würde, hätte die Frau ihr wahrscheinlich etwas von »hart arbeitenden Steuerzahlern« erzählt. Wäre auch nicht viel gewonnen. Aber im Recht fühlte sich Tante Juli trotzdem.

Konsterniert stand sie im Treppenhaus, da hörte sie Opa Willys Gehstock hinter der Tür. Sie ging hinein in die Wohnung, und da stand er vor ihr und knurrte: »Gell, ich hab's wieder vermasselt?«

»Ja, das hast du«, sagte Tante Juli. Sie lachte und nahm ihn in den Arm, so wie sie ihn noch nie in den Arm genommen hatte.

Obwohl Opa Willys Körper voll war mit Krebs, hatte er monatelang keine höhere Pflegestufe erhalten, und er würde sie auch diesmal nicht bekommen. Es würde also bei den fünfhundertnochwas Euro im Monat bleiben, die für das Notwendigste reichen würden, nicht aber für einen ambulanten Pflegedienst, der mindestens dreißig Euro pro Stunde kosten würde, plus Anfahrt. Hätte er sich hingelegt und den sterbenden Schwan gespielt, die Frau hätte ihm wahrscheinlich stante pede die höchste Pflegestufe gewährt. Aber so war Opa Willy nicht. Jahrzehntelang hatte er niemandem zur Last fallen, mit beiden Beinen im Leben stehen und ein nützlicher Teil dieser Gesellschaft sein wollen, da passte das Lügen nicht hinein, denn so was tun nur schlechte Menschen, und ein schlechter Mensch, das wollte er nicht sein, auf keinen Fall, lieber tot als ein Idiot, hatte er immer gesagt.

Es dauerte nicht lange, da kam die erwartete Ablehnung der Pflegekasse. Tagelang war Opa Willy am Boden zerstört. Die Morphiumpflaster durfte er nicht mehr verwenden. Sein Hausarzt hatte sie ihm verschrieben, dabei dürfen Menschen mit so wenig Körpergewicht diese hochdosierten Dinger gar nicht nehmen. Nachts hatte er Herzrasen bekommen, mit letzter Kraft und unter Todesangst hatte er Tante Juli herbeigerufen, sie müsse das Pflaster abmachen, nur weg damit, sonst sterbe er. Sie hatte keine Ahnung, was sie tun sollte, sie fühlte sich hilflos und einsam, warum verdammt noch mal wachte hier kein ausgebildetes Pflegepersonal über diesen todkranken Mann, dachte sie, warum nicht?

*

Wer hätte gedacht, dass ausgerechnet eine Kuh mit Sonnenbrille ihr den Rest geben würde? Tagelang hatte Tante Juli keine Träne verdrückt, keine einzige. Sie hatte Opa Willys Tod verdrängt, so wie Opa Willys Tod sie verdrängt hatte, ihre Aktivität, ihren Wesenskern. Jetzt war auch noch dieses Corona-Virus im Anmarsch. Wenn die demnächst Ausgangssperren verhängen und die Läden dichtmachen würden, müsste auch ihr Arbeitgeber sie entlassen, von heute auf morgen hätte sie dann kaum noch Geld. Und zu allem Überfluss saßen ihr die Kosten für diese verdammte Beerdigung im Nacken. Sie musste ihre Routinen beibehalten, zumindest so tun, als ob, sonst würde sie noch in der Klapse landen. Ihr fehlte die Zeit zum Trauern, weil sie damit beschäftigt war, sich was vorzumachen. Außerdem lenkte die Angst vor diesem Virus sie ab. Und jetzt, nach einer weiteren Nacht mit offenem Fenster, verschlossener Seele und endlosem Kippenstopfen, brachen im Kaufland vor diesem Kühlregal alle Dämme.

Erst kam der Hustenanfall. Der Dampf ihres Atems stieg auf. Es roch nach Käse und Kälte. Tante Juli hielt die Luft an, schloss die Augen, lauschte dem Supermarktgedudel, »Sexy Boy« von Air, und dann sprang ihr ein Regalmeter weiter diese Puddingpackung ins Auge, die mit dieser blöden Kuh, mit dieser blöden gelben Kuh mit den braunen Flecken, wie dumm kann man eigentlich sein, dachte sie, welche Kuh ist schon gelb, hat braune Flecken und trägt eine Sonnenbrille?

Ein Mann im weißen Kittel kam herbei. Da waren sie aber schnell, dachte sie, gleich kommt noch ein anderer und steckt sie in eine Zwangsjacke, da kennen die ja heut nichts mehr, in Zeiten von Corona gilt jeder, der mal kurz hüstelt, sofort als Risiko für die Volksgesundheit. Aber der Typ beachtete sie gar nicht, es war nur ein Angestellter, Tante Juli sah sein Namensschild mit dem Firmenlogo. Zum Glück ist im Kaufland werktags am frühen Nachmittag nichts los, dachte sie, sonst hätte ihr vielleicht eine Horde Paranoiker die frisch von der Fleischtheke erstandenen Hähnchenkeulen übergezogen. Jetzt war sie wieder allein mit dieser dämlichen Kuh. Ihr schossen die Tränen in die Augen, so viele und so schnell wie seit Jahren nicht mehr. Das Schluchzen wurde immer heftiger, je weniger Aufsehen sie zu erregen versuchte.

»Paulas Pudding, Superstar – coole Flecken, alles klar«, das Lied aus dieser Fernsehwerbung schwirrte ihr im Kopf herum, und dazu sah sie vor dem geistigen Auge nicht etwa die spielenden Kinder im idyllischen Garten, die dieses zusammengepanschte Zuckerzeug spachteln, sondern Opa Willy in seinem Krankenbett, der sich freut wie ein kleines Kind, wenn ihm jemand einen Viererpack Paulas Pudding mitbringt.

Eigentlich hasste sie den Schmodder, aber Opa Willy liebte diesen Pudding wie keinen anderen, und alles, was dieser hagere Mann gern aß, das bekam er auch, da gab es überhaupt nichts zu diskutieren, also schleppte die ganze Familie bei jedem Besuch ordentlich Paula-Pudding-Packungen herbei, so viele, dass der Platz im kleinen Kühlschrank oft knapp wurde. Sehr, sehr wichtig war, dass man zur Sorte »Vanillegeschmack mit Schoko-Flecken« griff, denn wenn er »Schoko-Pudding mit Vanillegeschmack-Flecken« in Händen hielt, konnte Opa Willy richtig garstig werden. Beim Gedanken daran musste Tante Juli lachen, sie kicherte und konnte kaum mehr unterscheiden, welcher Atemzug der Freude folgte und welcher dem Trübsinn. Ich komm mir vor wie eine Irre, dachte sie, Lachen und Schluchzen in einem, ich sollte mich vom Acker machen, sonst kommen sie doch noch, die Männer mit der Zwangsjacke.

Am vereinbarten Ort trafen wir uns, ich stand am Zeitschriftenregal in der Nähe der Kassen und blätterte im *Spiegel*. Ich sah ihre verweinten Augen. Allergische Reaktion, sagte sie. Als wir im Auto saßen, fragte ich noch mal. Sie erzählte, was passiert war, und dabei weinte sie, so sehr, dass ich kaum ein Wort verstand, also nahm ich sie in den Arm und tat mit ihr das, was wir als Familie in emotional schweren Situationen am besten können: schweigen. In Wahrheit mochten es nur zehn Minuten gewesen sein, mir aber kam es vor, als hätten wir eine geschlagene Stunde still und leise auf dem Parkplatz gestanden, so viele Gedanken sausten mir durch den Kopf. Vor allem dachte ich an das letzte Wochenende in Opa Willys Leben.

Er dürfe noch einmal nach Hause, hatte Tante Juli mir am Telefon gesagt, so glücklich, wie ich sie lange nicht erlebt hatte. Morgen, wenn ich am Hauptbahnhof in Kaiserslautern ankomme, sei er schon in seiner Wohnung und warte auf mich. Der Krankenschwester habe er aufgeregt erzählt, er müsse ganz schnell nach Hause, denn sein Enkel komme aus Berlin, sein Enkel, der ein Schriftsteller sei, ein richtiger Schriftsteller, und er zeige ihm seinen ersten Roman, da könne er doch nicht hier auf der Palliativstation rumliegen, welchen Eindruck würde denn das machen!

Tags darauf war ich auf dem Sprung zum Bahnhof, da rief Tante Juli wieder an. Bevor sie sich meldete, hörte ich, wie hastig sie atmete. Er komme doch nicht mehr nach Hause, sagte sie. Der Arzt habe ihr dringend davon abgeraten, weil der Sterbeprozess schon eingesetzt habe. Es gehe zu Ende, ich solle mich beeilen.

Mit zwei Stunden Verspätung fuhr die Bahn ein, ich nahm das erste Taxi nach Landstuhl und kam am späten Abend an. Das Bett neben Opa Willy war frei, darum durfte Tante Juli bei ihm übernachten. Schön, dass ihr bei mir seid, sagte er, und dann fiel ihm ein, dass er zum ersten Mal kein Abendessen bekommen hatte. Ob das so sein müsse, fragte er. Tante Juli nickte.

Am nächsten Morgen war ich der Letzte, der ankam. Um Opa Willy standen neun Menschen, seine Lieblingsmenschen, und nachdem ich ihn mit einem Kuss auf die Stirn begrüßt hatte, fragte er, ob wir nun vollzählig seien. Tante Juli nickte. Er wollte mein Buch sehen. Seine langgliedrigen Finger glitten über das Cover, sie streichelten das Bild meiner Mutter, seiner Tochter, die vor fünfundzwanzig Jahren gestorben war, an Krebs.

Fast den ganzen Tag schlief Opa Willy, die Schwestern erhöhten die Morphiumdosis fast stündlich, bis es ab dem frühen Abend über eine Kanüle kontinuierlich in seinen Körper floss. Als er noch einmal aufwachte, fragte Tante Juli, was sie für ihn tun könne. Bier und Buch, röchelte er. So gern würde er noch mal ein Bier trinken, so wie früher, und dabei sollte ich ihm aus meinem Buch vorlesen. Das Krankenhauscafé war längst dicht, und in den Getränkeautomaten gab es nichts Alkoholisches. Eine Schwester hatte am Empfang noch ein Radler im Kühlschrank entdeckt, von dem wir Opa Willy wenige Tropfen zum Nippen gaben. Langes Aufrechtsitzen war ihm nicht mehr möglich, aber die Erfrischung tat seinem trockenen Mund gut.

Er legte sich hin und sagte: »Lesen.« Also nahm ich

das Buch und schlug eine Stelle auf, an der er vorkommt. Wie mein Bruder und ich als Kinder in seiner kleinen Wohnung in der Berliner Straße zu Besuch waren. Wie wir Schoko-Milch tranken und die Zeichentrickserien auf RTLplus sahen. Wie wir im Biergarten saßen und er seinen legendären Spruch raushaute, mein Bruder werde mal auf dem Bau arbeiten und ich werde mal aufs Büro gehen. Als ich den Satz las, gab Opa Willy einen Laut von sich, den ich nicht deuten konnte, aber als Lachen verbuchte. Ich hörte auf zu lesen, weil seine Augen geschlossen waren und er schnarchte, aber er sagte: »Weiter«, also las ich weiter, immer weiter, bis er wirklich eingeschlafen war.

Der am Rückspiegel hängende Wunderbaum wackelte, als wir uns in den Autositzen aufrichteten, um vom Parkplatz loszufahren, da brach Tante Juli unser Schweigen: »Wie zur Hölle soll ich jetzt die Beerdigung bezahlen?«

»Ich dachte, er hat eine Sterbeversicherung«, sagte ich. Tante Juli klärte mich auf. Ich nahm ihre Hand und sagte, dass ich ein bisschen was auf die Seite hätte legen können, weil der Verlag für mein Buch einen Vorschuss gezahlt habe, vor ein paar Wochen schon. Sei also gar kein Problem. Das könne sie nicht annehmen, sagte sie, so als wäre all das allein ihre Sache, aber ihr blieb keine Wahl. Ich schämte mich wegen dieser sich so plötzlich umkehrenden Finanzhierarchie zwischen den Generationen. Meine Familie war zuvor immer aus allen Wolken gefallen, wenn wir mal wieder über mein Gehalt gesprochen hatten. Als Journalist, bei einer überregionalen Zeitung, mit Prestige, in Berlin, nach jahrelangem Studium, da müsse man doch viel mehr verdienen, wie sei das nur möglich? Dass das heute anders sei als früher, musste ich dann jedes Mal sagen, als Journalist müsse man oft Geld mitbringen in einen Job, durch Eltern oder Erbschaften oder besserverdienende Partner, Selbstverwirklichung müsse man sich leisten wollen oder können. Deshalb gebe es im Journalismus ja so wenige Menschen mit Malocherhintergrund.

Opa Willy hatte sich darüber immer besonders stark geärgert. Immer wieder hatte er nachgefragt, ob ich denn nun endlich »eine Funktion in meinem Betrieb« hätte. Er wollte etwas Vorzeigbares sehen, mich ökonomisch abgesichert wissen. Als Doktor in der großen Stadt werde ich doch wohl keine Sorgen haben! Ja, er wusste nicht einmal, dass ich meine Promotion nach Jahren noch immer nicht abgeschlossen hatte. Irgendwann griffen wir zu einer Notlüge: Meine Visitenkarte bearbeiteten wir mit Photoshop so, dass vor meinem Namen ein »Dr. phil.« stand. Das perfekte Verbrechen. Wochenlang lag diese fingierte Visitenkarte auf seinem Wohnzimmertisch, jeden Tag nahm er sie in Augenschein, aufmerksam und voller Stolz.

Plötzlich und unerwartet hatte ich jetzt also von Opa Willy die Funktion des Familiengönners übernommen. Ich spendierte dem alten Herrn sein Grab. Tante Juli weinte wieder und gab mir das Gefühl, ich sei der Retter der Familienehre. Dabei hatte ich einfach Glück, wie so oft. Ein Glück, das jedem anderen Familienmitglied bislang verwehrt geblieben war.

»Ich hätte am Ende mehr Zeit mit ihm verbringen

müssen«, sagte Tante Juli. »Mehr mit ihm reden sollen. Weniger mit ihm meckern dürfen.«

»Das war eure Art, euch eurer Liebe zu versichern«, sagte ich. »Und gemessen daran, wie oft und gern er mit dir gemeckert hat, muss er dich sehr geliebt haben.«

»Mir hat er das nie gesagt«, flüsterte Tante Juli. Sie sah mich an: »Dass er mich lieb hat, meine ich. Aber in seiner letzten Nacht, kurz nachdem du weg warst und eine Stunde bevor er gestorben ist, da habe ich ihn um Verzeihung gebeten, weil ich ihn in den Jahren davor manchmal angeschnauzt hatte. Weißt du, was er dann gesagt hat?«

»Die Wahrheit?«, riet ich.

In erhabenem Tonfall sagte Tante Juli: »Du bist mein bestes Kind.«

Ich ertappte mich bei dem Gedanken, das sei nicht nur einer der letzten Sätze, die Opa Willy zu seiner Tochter gesagt hatte, sondern zugleich ein Satz, mit dem sie mich meinte, genau in diesem Moment. Fragend blickte ich sie an. Ein Lächeln huschte ihr über das Gesicht. Ich startete den Motor und fuhr los.

geld für DDR-Bürger*innen abzuholen. Eine Bankmit-
arbeiterin drückte mir ein Kuscheltier, so groß wie ich
selbst, in die Hand. Auf seine gewitzte Art schaffte es
mein Vater, das Begrüßungsgeld zweimal abzuholen.

Der Neuanfang gestaltete sich schwierig, ohne Geld
und anerkannte Berufsausbildungen. Mein Vater rutschte schnell in die Langzeiterwerbslosigkeit. Meine Mutter
fing mit siebenundzwanzig ein Studium der Erziehungs-
wissenschaften und Sozialpädagogik an. Sie war die
Erste in ihrer Familie, die studierte. Dann aber wurde sie
chronisch krank, und trotz abgeschlossenen Studiums
und zahlreicher Bewerbungen erhielt sie keine Stelle auf
dem ersten Arbeitsmarkt. Auch sie rutschte in die Sozialhilfe.

Die prekären Wohnverhältnisse setzten sich fort. Eine
kurze Zeit lebten wir zusammen mit meinem Vater, der
aber war oft betrunken, qualmte die Wohnung voll, hörte
laut Musik und war von mir genervt. Nach der Trennung
waren meine Mutter und ich wohnungslos. Zum Glück
bekamen wir als Überbrückung eine Wohnung für von
Wohnungslosigkeit bedrohten Familien in Berlin-Neukölln. Unsichere Wohnverhältnisse zwangen uns, oft um-
zuziehen, etwa wegen eines Küchenbrandes oder wegen
Mietsteigerungen. Bis zu meinem achtzehnten Lebens-
jahr lebte ich in zehn verschiedenen Wohnungen in
Kreuzberg, Neukölln und Friedrichshain. Freund*innen
unterstützten uns tatkräftig bei den Umzügen.

Dass unsere Umzüge trotzdem so lange dauerten, lag
an den vielen Bücherkisten. Ich wuchs als Kind mit Un-
mengen an Büchern auf. Meine Mutter interessierte sich

für soziale Ungleichheit, und so las ich schon früh soziologische Klassiker. Auch mein Vater las viel, außerdem malte er. In meiner Familie wurde Theorie gelesen, um die Welt und die eigene soziale Situation zu verstehen, und nicht, um auf dem Bildungsweg weiterzukommen. Viele andere Gegenstände, die ich aus Haushalten der Mittelklasse kenne, hatten wir hingegen nicht. Wir hatten keine Waschmaschine, sondern gingen in den Waschsalon; wir hatten keine Geschirrspülmaschine, oft eine Ofenheizung, einen Badeofen, und ich erinnere mich an das Geschleppe beim Einkaufen, wenn wir lange Wege zu Fuß mit vollen Tüten gehen mussten.

Wie lässt sich mein Klassenhintergrund beschreiben? Ein Arbeiter*innenkind bin ich nicht, da meine Mutter studiert hat. Bin ich deshalb Akademiker*innenkind? Meine Eltern arbeiteten immer in niedrig entlohnten Arbeiter*innenberufen, nach der Wende waren sie langzeiterwerbslos. Ich bezeichne meinen Klassenhintergrund als Armutsklasse. Wir waren reich an Bildung und arm an Einkommen und gesellschaftlicher Anerkennung. Die Gruppe der Menschen, die in materieller Armut leben, ist divers, es gibt darin Personen mit akademischen Abschlüssen und ohne; dass Bildungsabschlüsse in jedem Fall zu einem sozialen Aufstieg verhelfen, ist ein Klischee. Die Realitäten meiner Herkunftsklasse lassen sämtliche Klischees über »die Hartz-IV-Bezieher« oder »die Arbeiter« scheitern. Mein Herkunftsmilieu war geprägt von Freiraumschaffer*innen, meine Mutter ist eine langjährige Aktivistin. Sie hat immer viel zu tun; sie organisiert eine Vielzahl an Veranstaltungen, und meine Workaholic-

Tendenzen habe ich sicherlich von ihr. Von ihr lernte ich auch, den Begriff »erwerbslos« zu verwenden, nicht aber »arbeitslos« zu sagen, da viele Erwerbslose genug Arbeit hätten, aber wenig Geld. Kritik an Sprache ist ein wichtiger Aspekt in der Selbstorganisation armer Menschen, in die meine Mutter involviert ist.

In dem alternativen Kindergarten und Schülerladen, den ich besuchte, gab es Eltern, die waren Ärzt*innen, Sozialarbeiter*innen oder Schauspieler*innen, andere arbeiteten als Verkäufer*innen, waren erwerbslos oder prekär beschäftigt. Ich fing an, Klassenunterschiede zu beobachten: Wie sieht diese oder jene Wohnung aus im Vergleich zu unserer? Ebenso früh bekam ich Abwertungen zu spüren. Als ein Junge aus dem Kinderladen, seine Eltern waren Beamte, bei uns zu Besuch war, sagte er entsetzt: »Hier sieht es ja aus wie im Kohlenkeller.« Wenn ich bei meiner Freundin Katharina übernachtete, deren Eltern als Regisseurin und Chirurg arbeiteten, stand ich vor einer räumlichen Herausforderung: Wie soll ich, wenn ich nachts auf die Toilette muss, den Weg zurück ins Kinderzimmer finden? Ich fühlte mich orientierungslos in Wohnungen, die mehr als zwei oder drei Zimmer hatten. Ich sehe die unzähligen Zimmer im Haus meiner Freundin noch immer vor mir, über Jahre verfolgte mich diese Situation als Albtraum: Ich wache in einem Haus auf, bin unglaublich müde, aber finde mein Bett nicht.

Katharinas Eltern standen meinen Besuchen ambivalent gegenüber. »Du trampelst zu viel«, sagten sie. Immer wieder führten sie mir vor, wie ich – ganz vorsichtig – über ihren abgeschliffenen Dielenboden gehen solle, ohne Geräusche zu hinterlassen. Unsere gegenseitigen Besuche endeten, als Katharinas Mutter mich zur Ballettstunde ihrer Tochter mitschleifte, wo ich an meiner Haltung arbeiten sollte. Dort wurde ich beschämt: »Schaut euch diese Fingernägel an«, sagte die Ballettlehrerin vor allen anderen Kindern und hob meine Hand. »Die sind zu lang und schmutzig.« Zudem gab sie mir zu verstehen, dass ich mich zu plump bewege. Weinend kam ich zu Hause an. Meine Mutter war auf meiner Seite und wütend. »Ich habe dich doch nicht in einen alternativen Kinderladen geschickt, damit du mit solchen Spießern zu tun hast«, sagte sie empört. Ballett, so versicherte sie mir, brauche kein Mensch. Inzwischen habe ich eine Klassenreise hinter mir und bin als Anti-Klassismus-Trainer*in geübt darin, die Gleichung »Armes Kind = schmutzig und unerzogen« zu entlarven – und doch ertappe ich mich noch immer dabei, mich in Räumen der sogenannten Hochkultur als zu laut und ungepflegt zu empfinden.

Meine Mutter und ich standen im Schülerladen unter Beobachtung, nachdem meine Mutter in die Sozialhilfe gefallen war, alternativer Schülerladen hin oder her. Eine Erzieherin fragte mich einst, was ich am Wochenende gemacht hätte; als ich erwähnte, dass ich mit meiner Mutter in einer Pizzeria gewesen war, rümpfte sie die Nase: »Dabei bezieht ihr Sozialhilfe. Ich arbeite hier hart und kann mir das nicht leisten.« Seitdem hielt ich mich zurück und merkte mir: Wer Sozialhilfe bezieht, darf nicht ins Restaurant.

Die sozialen Hintergründe meiner Freund*innen waren vielfältig. Meine damalige beste Freundin, bei der ich oft übernachtete, lebte mit ihren Eltern in einer Altbauwohnung in Kreuzberg. Diese war viel größer als unsere, aber nicht so groß wie die von Katharina. Auch hier gab es Dielenböden, hohe Decken, viele Pflanzen und abstrakte Bilder an den Wänden. Ihre Mutter war Schauspielerin, die meiste Zeit arbeitete sie aber als Verkäuferin in einem Kaufhaus, wo wir oft vorbeischauten. Ihr Vater war Fotograf bei einem angesehenen Magazin.

Ich erinnere mich auch daran, dass viele Kinder aus wohlhabenden Elternhäusern gerne bei uns zu Besuch waren – insbesondere wenn es bei ihnen penible Essensregeln gab, wenn sie dort zum Beispiel keinen Zucker konsumieren und keine Fruchtsäfte trinken durften. Bei uns konnten sie eine gewisse Freiheit genießen, und es gab weniger Regeln, wie man zu reden oder sich zu bewegen hatte.

Auch wenn ich als Kind Klassismus erlebte und aufgrund meiner sozialen Herkunft diskriminiert wurde, bin ich doch froh darüber, in einem so heterogenen Klassenumfeld aufgewachsen zu sein. Das wird immer seltener. In den Bildungsinstitutionen, in denen ich mich seitdem bewege, wird der Raum umso stärker von Schüler*innen und Student*innen aus der Mittelklasse geprägt, je weiter ich komme.

Ich spürte in meiner Kindheit und Jugend den Hass gegen erwerbslose Familien, die wie wir Sozialhilfe bezogen. Da ich mit meiner Mutter in einer sogenannten Bedarfsgemeinschaft lebte, musste ich in meiner Kindheit und Jugend mit zum Sozialamt oder Jobcenter. Dass ich an diesem oder jenem Tag eigentlich zur Schule hätte gehen müssen, darauf wurde keine Rücksicht genommen. Ich erinnere mich an die langen Schlangen vor dem Jobcenter Berlin-Neukölln. Wir wurden nicht namentlich, sondern als Nummer aufgerufen, dazu durcheinander. Man wusste nicht, wann man drankam, und durfte deshalb stundenlang nicht aufs Klo gehen. Da in der Schule niemand wissen sollte, dass meine Mutter erwerbslos war, mussten wir ein Attest besorgen.

In der zehnten Klasse lud mich das Jobcenter mal wieder vor. Die Sachbearbeiterin fragte mich nach meinen beruflichen Vorstellungen. »Ich will Abitur machen. Ich gehe aufs Gymnasium«, antwortete ich. »Du willst Abitur machen?«, fragte sie irritiert. »Füll doch lieber den Vermittlungsbogen aus. Wir vermitteln dich lieber sofort in einen Job.« Kinder aus armen Familien, so gab sie mir damit zu verstehen, gehörten nicht auf die Universität. Ihrer Meinung nach wäre Abitur eh nichts für mich. In meiner Grundschule und später auf meinem Kreuzberger Gymnasium waren viele Kinder wie ich von Klassismus betroffen, viele zusätzlich von Rassismus. Auch hier wurde uns häufig mitgeteilt, dass bereits ausgemacht sei, wo wir später einmal stehen würden: »Aus euch wird ja eh nichts.« Wir würden, wie unsere Eltern, Sozialhilfebezieher oder Hartz-IV-Bezieher. In der zehnten Klasse hatte ich genug von dieser Abwertung und ich bewarb mich an einem Gymnasium im Prenzlauer Berg, das eine ehemalige Kinderladenfreundin besuchte. Ich musste mich mündlich beim Direktor vorstellen. Er mochte wohl meine Direktheit, ich bekam einen der wenigen Plätze, obwohl ich nicht die besten Noten hatte. Den Kontakt zu den Freund*innen aus meiner alten Schule verlor ich bald; sie dachten wohl, ich hielte mich nun für etwas Besseres.

Vor einem bestimmten Schultag fürchtete ich mich jedes Jahr aufs Neue. Es war der Tag, an dem wir die kommende Klassenfahrt besprachen. Alle Kinder, deren Eltern Sozialhilfe bezogen, mussten sich melden, um einen Zuschuss zu erhalten. Wir lebten von Sozialhilfe, trotzdem meldete ich mich nicht. Meine Mutter war überzeugt davon, dass es meine Schullaufbahn ruinieren würde, als Teil dieser Gruppe wahrgenommen zu werden. Deswegen lieh sie sich das Geld lieber oder überzog ihren Dispo. Ich schämte mich dafür, dass ich mich nicht meldete. In diesen Momenten gehörte ich nirgends dazu, nicht zur Gruppe derer, die sich gemeinsam meldeten, zu den anderen aber gehörte ich eben auch nicht. Gleichzeitig wuchs die Wut in mir. »Was ist schlimm daran, Sozialhilfe zu beziehen?«, wollte ich von meiner Mutter wissen. An einem dieser gefürchteten Schultage entschied ich mich, nicht mehr auf meine Mutter zu hören, und redete darüber, dass wir kein Geld hatten. Auch heute, wenn ich akademisch und in der politischen Bildung zum Thema Klassismus arbeite und dabei meine biografischen Erfahrungen einbeziehe, fragt meine Mutter oft ängstlich nach: »Wird es dir nicht schaden?« Auch bei diesem Text war das der Fall.

»Wir sind doch nicht arm«, diesen Satz hörte ich in meiner Kindheit oft von meiner Mutter, und er verwirrte mich. Auch heute sagt sie: »Wir waren doch eigentlich gar nicht arm.« Arm, das sind immer die anderen. »Natürlich waren wir arm«, sage ich dann immer. In Vorbereitung dieses Textes fragte ich bei meiner Mutter nach, wie es sein könne, dass ihre Scham so präsent gewesen sei – »Sag es bloß niemanden« –, während sie zugleich Proteste mit Tausenden anderen Erwerbslosen organisierte. Meine Mutter war in der Erwerbslosenbewegung gegen die Einführung von Hartz IV aktiv und hatte die Erwerbslosengruppe »Hängematten« mit gegründet. Die Scham, so erzählte sie mir, sei nicht immer da gewesen, anfangs war da Wut. Je größer die Schere zwischen Arm und Reich im Westen geworden sei und je mehr sie beschämt wurde, desto mehr habe sie sich dafür geschämt, arm zu sein. Auch andere Erwerbslose schämen sich. Eine Bekannte treffe ich manchmal bei Fortbildungen für Hochschullehrende. Dort behauptet sie, eine feste Stelle an einer Universität zu haben. Sie ist seit vielen Jahren erwerbslos, mittels schlecht bezahlter Lehraufträge kann sie sich nicht selbst finanzieren. Sie geht jeden Morgen um sieben aus dem Haus und kommt um achtzehn Uhr zurück, damit ihre Nachbar*innen denken, sie arbeite Vollzeit.

Ich ärgerte mich in meiner Jugend über die Scham meiner Mutter und ihre Aufforderung, unsere Armut zu verstecken. Aber vielleicht hatte meine Mutter recht. Bei meinen Anti-Klassismus-Fortbildungen für Lehrer*innen bekomme ich oft berichtet, die Aussage »Aus Hartz-IV-Kindern wird eh nichts« gehöre im Lehrer*innenzimmer zum Alltag. Ich weiß nicht, wie mein Weg verlaufen wäre, wäre ich damals in der Schule in diese Schublade gesteckt worden.

Nicht so arm und abgehängt zu sein wie die anderen, dieser Kampf fand auch zwischen meiner Mutter und ihren Geschwistern statt. Meine Mutter, die neben mir als Einzige in der Familie studiert hatte, aber langzeiterwerbslos war, schaute auf meine Onkel herab. Diese arbeiteten als Maurer und Lastwagenfahrer, lasen neben der *Ostseezeitung* auch die *Bild* und schauten neben der *Tagesschau* auch Schlagersendungen. »So ein Scheiß«, kommentierte meine Mutter die *Bild*-Zeitung, die auf dem Küchentisch lag, wenn wir zu Besuch waren. Meistens hielt sie sich mit einem Stapel Bücher in deren Wohnzimmern auf. Meine Onkel wiederum werteten meine Mutter ab: »Wann geht die denn endlich mal arbeiten?« Ein Studium galt nicht, das bringe nichts, habe man schließlich bei meiner Mutter gesehen: »Hält sich für was Besseres und ist trotzdem arm.« Häufig vermischten sich in den Abwertungen Klassismus, Sexismus und Pathologisierung. Auch meine Onkel berichteten, dass sie sich als Maurer und Lastwagenfahrer erst im Westen abgewertet fühlten, in der DDR waren es anerkannte Berufe. Mir empfahlen sie, lieber eine Ausbildung als Sekretärin zu machen, anstatt zu studieren, »oder such dir einen reichen Mann in den USA«. Dann könne aus mir noch was werden. »Lies nicht so viel«, sagte meine Oma, wenn ich zu Besuch war, das sei schlecht für die Augen.

Wenn ich sehe, wie in Medien und Gesellschaft über »die Hartz-IV-Familien« gesprochen wird, bringe ich das nicht mit meiner Familie zusammen. Das dürfte vielen so gehen. Es sind immer die gleichen Klischees: ungebildet, faul, erziehungsunfähig, homophob. Meine Mutter ist einkommensarm und gebildet. Meine Onkel sind Maurer und Lastwagenfahrer, schauen täglich die *Tagesschau* und sind Fans der lesbischen Schlagersängerin Kerstin Ott, die früher Handwerkerin war. Zu betonen, wir hätten zu den »guten Erwerbslosen« gehört, zu den Gebildeten, bringt uns nicht weiter. Solche Klischees sind dazu da, das System zu stabilisieren. Mittlerweile wird in Deutschland zwischen dreißig und fünfzig Prozent des Gesamtvermögens über Erbe weitergegeben und nicht über Lohnarbeit.

Meine Fähigkeit, Klassenunterschiede wahrzunehmen, steigerte sich schlagartig in der fünften Klasse, als ich wegen der Krankheit meiner Mutter für ein halbes Jahr zu einer Pflegefamilie zog. Meine Pflegefamilie kannte ich bereits, es waren die Eltern einer Kinderladenfreundin, der Vater Arzt, die Mutter Sozialarbeiterin. Besonders in Erinnerung ist mir der Geburtstag meines Pflegevaters geblieben. Dessen Geschwister, Professor*innen und Co., nutzten die Gelegenheit, in schicken Anzügen ihre neuesten Bücher zu präsentieren. Wenn ich als »unser Pflegekind« vorgestellt wurde, bemerkte ich die Unsicherheit des Gegenübers. Ich hatte früh lernen müssen, selbstständig zu sein, und brauchte keine Hilfe bei den Hausaufgaben. Meine Pflegeschwester litt unter meiner Durchorganisiertheit. Eines Abends legte sie sich komplett angezogen ins Bett, um morgens wenigstens einmal vor mir für die Schule fertig zu sein. Es gelang ihr nicht.

Ich wusste früh, dass es für mich kein soziales Sicherheitsnetz gibt. Also lernte ich, mich selbst zu organisieren und zu finanzieren. Von Menschen aus dem Bürgertum, die chillen oder einjährige Auszeiten nehmen, wird das gerne als Angespanntheit oder Karriereorientierung bezeichnet. Dabei entspricht es schlicht der Realität vieler Akademiker*innen aus der Armuts- oder Arbeiter*innenklasse. Wir können uns nicht entspannt in ein Netz fallen lassen, das wir nicht haben.

Nach dem Tod meines Vaters lernte ich das gnadenlose Gesicht unserer Klassengesellschaft kennen und welcher Platz ihm darin zugedacht war. Er starb mit fünfundvierzig Jahren, nach jahrelanger Erwerbslosigkeit, allein. Er wurde anonym bestattet. Das zuständige Ordnungsamt entsorgte in kürzester Zeit all seine Sachen, auch seine Gedichte, Texte und Bilder sind für immer verloren. »Da war eh nichts von Wert dabei«, teilte uns die Person aus der Nachlassverwaltung mit, die sein Hab und Gut im Auftrag des Ordnungsamts weggeschmissen hatte. Diese Erfahrung veranlasste mich zu meinem Buch *Recht auf Trauer* (2017). Dafür sprach ich mit anderen Zugehörigen, denen ebenfalls vermittelt worden war, dass das Leben ihrer Verstorbenen weniger wert gewesen sei als das Gutverdienender. Unsere Klassengesellschaft ist gnadenlos. Um das zu ändern, reicht es nicht, Vorurteile abzubauen gegenüber »den einfachen Leuten«. Es geht um Leben und Tod. So ist die Lebenserwartung von einkommensarmen Menschen zehn Jahre kürzer als die von wohlhabenden. Die Wahrscheinlichkeit, an Covid-19 zu erkranken, ist für Hartz-IV-Bezieher*innen um vierundachtzig Prozent höher als für regulär Beschäftigte, wie eine Studie des Instituts für Medizinische Soziologie des Uniklinikums Düsseldorf zeigt.

In meiner Herkunftsklasse erlebte und lernte ich auch Solidarität. Als meine Mutter in meiner Kindheit eine psychische Krise hatte, zog eine Familienfreundin für Wochen mit in unsere kleine Zweizimmerwohnung, um uns zu unterstützen. Ich weiß nicht, wo ich heute ohne sie wäre. In der Mittelklasse wird Unterstützung oft eingekauft, etwa für die Kinderbetreuung oder den Haushalt.

Nach meinem MA-Studium fand ich zunächst keinen Job und musste ALG II beziehen. Ich schrieb eine Bewerbung für ein Promotionsstipendium. Als ich in der grauen Eingangshalle des Jobcenters in Berlin-Kreuzberg ankam, fühlte ich mich an meine Kindheit erinnert. Auch heute gab es eine lange Schlange. Nach einer Stunde des Wartens nahm die Person im Eingangsbereich meine Daten auf. Nachdem sie meinen Namen eingetippt hatte, schaute sie auf: »Ach, wir haben hier ja Ihre Daten bereits. Willkommen zurück.« Die Jahreszahl, die sie nannte, lag fast zwanzig Jahre in der Vergangenheit. Mein zuständiger Sachbearbeiter begrüßte mich mit den Worten: »Auch Professorinnen können Laub harken oder Klos putzen.« Er gab mir damit zu verstehen, dass ich trotz meiner Bildungsabschlüsse in jeden Job gesteckt werden konnte. Die nächsten Monate ließ er mich in Ruhe, trotzdem hatte ich jedes Mal Angst, den Briefkasten zu öffnen.

Heute bin ich, was mein Einkommen angeht, in einer anderen Klasse angelangt, ich habe eine Klassenreise hinter mir. Im Moment habe ich eine Vertretungsprofessur (Soziologie und Sozialarbeitswissenschaft) an einer Hochschule im Fachbereich Soziale Arbeit, Bildung und

Erziehung inne. Was mein Einkommen und meinen Status angeht, bin ich damit weit oben angelangt, jedenfalls zeitweise.

Heute gelte ich gesellschaftlich als erfolgreich. Wenn ich sage, dass ich zu Klassismus schreibe, merken viele an, ich hätte den »Klassenaufstieg« doch längst hinter mir. Ja. Aber. Er bleibt eine Frage der (zugeschriebenen) Leistungsfähigkeit: Solange ich als leistungsfähig gelte, kann ich mich in meiner neuen Klasse behaupten. Das aber kann sich ändern, zum Beispiel falls ich schwer erkranken sollte. Wie schnell ein Klassenaufstieg durch Bildung vorbei sein kann, habe ich in meiner Herkunftsfamilie erfahren. Dass ich eine Klassenreise hinter mir habe, merke ich vor allem daran, wie viel bequemer vieles ist. Ich habe eine Waschmaschine. Ich brauche mir selten Gedanken darüber machen, ob mein Geld für den Monat reicht oder ob ich mir die Reparatur meines Fahrrads leisten kann. Ich brauche keine Angst vor den Kosten eines Zahnarztbesuchs zu haben und ebenso wenig davor, dass Leute denken, ich würde stinken.

Viele Orte, die in meiner Jugend meine Orte waren, sind mir heute fremd: das Shoppingcenter in Neukölln, wo ich mir heute bürgerlich vorkomme, ebenso wie das Jugendzentrum in Kreuzberg. Ich lebe in einem Zwischenraum. In bürgerlichen Räumen – wo mir bisweilen gesagt wird, meine Sprache sei »einfach« – fühle ich mich unwohl, in den Räumen meiner Herkunftsklasse fühle ich mich ebenso fremd. Aus dem Englischen gibt es dafür den Begriff »Straddler«: mit einem Fuß in der einer Klasse, mit dem anderen in der anderen.

Zeige deine Klasse, so lautet der Titel eines biografischen Buchs von Daniela Dröscher. Diesen Aufruf möchte ich teilen. Lasst uns unsere Klassengeschichten erzählen – in all ihrer Komplexität, mit all ihren Klischees, aber auch mit all jenen Momenten, die diese Klischees Lügen strafen. Wir sollten uns nicht spalten lassen in die guten und die schlechten Armen, die guten und die schlechten Arbeiter*innen. Wir sollten uns nicht erzählen lassen, dass man die eigene Klassenherkunft, »weil man aufgestiegen« sei, nicht mehr spüre, und ihr nachspüren.

In der Debatte zu sozialer Ausgrenzung und Klasse wird häufig nur jenen zugehört, die es »geschafft haben«. In den vergangenen Monaten war ich an einem Projekt beteiligt, das erarbeiten soll, wie der soziale Status als Diskriminierungskategorie im Berliner Landesantidiskriminierungsgesetz umgesetzt werden kann. Involviert sind sowohl Fachexpert*innen als auch Erfahrungsexpert*innen. Für Akademiker*innen mit Fachwissen war ein Stundenlohn vorgesehen, der zehnmal über jenem für Erfahrungsexpert*innen lag. Das ist leider typisch: Erfahrungswissen soll oft schlecht bezahlt, meistens sogar kostenlos zur Verfügung gestellt werden. Ich selbst werde mittlerweile für meine Arbeit zu Klassismus oft gut bezahlt, zu Vorträgen eingeladen und in Hotels untergebracht. Aktivist*innen aus Erwerbsloseninitiativen hingegen werden selten angefragt, und wenn, wird erwartet, dass sie unbezahlt arbeiten und sich zu dritt ein Zimmer in einer Jugendherberge teilen – als erwachsene Menschen, mit chronischen Krankheiten! Wer hat, dem wird gegeben. Diesen Umgang und diese Prioritäten

Nun ging das klassische Prozedere los: Aus der ganzen Türkei reisten die Arbeiter*innen nach Istanbul, wo sie zahlreiche würdelose medizinische Untersuchungen über sich ergehen lassen mussten, bevor es in einem vollgepferchten Zug weiter nach München ging. Ein Luftschutzbunker unter dem Münchner Hauptbahnhof fungierte jahrelang als Knotenpunkt, um die Gastarbeiter*innen in ganz Deutschland weiterzuverteilen.

Der Eingang zu diesem Bunker befindet sich heute noch unter dem Gleis 11. Die Treppen führten in neun große, gefliese Räume, die damals voller Bänke und Tische oder Regale für Koffer waren, und in zwei Büros. Im Bunker befand sich eine Dienststelle des Landesarbeitsamts Bayern mit insgesamt 25 Mitarbeiter*innen. Ihre Aufgabe war es, für den Weitertransport der Gastarbeiter*innen zu den jeweiligen Firmen zu sorgen. Die Mitarbeiter*innen der Weiterleitungsstelle erhielten zwei bis drei Tage vor Ankunft des Zugs ein Fernschreiben von der im Ausland ansässigen Verbindungsstelle mit der genauen Anzahl der anreisenden Arbeitnehmer*innen und mit einer Auflistung der Firmen und Zielorte, an die die Gastarbeiter*innen vermittelt worden waren. Aus insgesamt acht Anwerbeländern kamen fünfundsiebzig Prozent über München; nur die Arbeitskräfte aus Spanien und Portugal reisten aus geografischen Gründen über den Kölner Hauptbahnhof ein.

Nach einer tagelangen Fahrt (mein Vater erzählt gerne die Geschichte, wie einer seiner Kollegen in seinem Pyjama kurz aus dem Zug ausstieg, um sich die Beine zu vertreten, der Zug dann einfach weiterfuhr und der Kollege mitten im Nirgendwo zwischen Istanbul und München verloren ging) kamen also Hunderte Menschen gleichzeitig in diesem Bunker an, mussten ihre Koffer und ihren Namen aufgeben, denn ab jetzt waren sie nur noch Nummern.

Viele ehemalige Gastarbeiter*innen können sich noch gut an den Moment erinnern, als sie nicht, wie erwartet, in einen Saal, sondern in einen Keller geführt wurden.

Mein Vater erhielt die 407. Die Nummer wurde in großen roten Ziffern auf seinen Arbeitsvertrag gestempelt. Nummer 407 bekam ein Lunchpaket mit einem Apfel, einem Keks, einem Trinkpäckchen und einem belegten Brötchen mit Rindfleisch, welches 407 nicht aß, weil er in der Türkei gehört hatte, dass alle Deutschen nur Schweinefleisch aßen. Nach einigen Stunden Warterei wurde 407 aufgerufen. Er bekam seinen Koffer wieder und wurde in einer neuen Gruppe zu einem Zug geführt. Im Zug schaute 407 auf seinen Arbeitsvertrag: Die zuvor leeren Stellen waren nun ausgefüllt. In Schreibmaschinenschrift stand da sein neuer Arbeitgeber: Textilfirma Kühn und Vierhaus in Rheydt. Deswegen die Nummer 407; es waren die ersten Ziffern der damaligen Postleitzahl der Stadt Rheydt, heute ein Stadtteil von Mönchengladbach.

Der erste Arbeitsvertrag war »für mindestens ein Jahr« ausgestellt. Mein Vater schaffte ganze achtzehn Monate, danach wurde ihm gekündigt. Er scherzt heute darüber, dass er kein guter Mitarbeiter war, weil er einfach keine Ahnung von den großen Maschinen der Textilfirma hatte.

Die Gastarbeiter*innen mussten in Baracken leben, welche in klassischer Wohnheimstruktur organisiert waren. Es gab ein Badezimmer und eine Küche für acht bis zehn Zimmer. Pro Zimmer wohnten drei bis vier Arbeiter, die alle in unterschiedlichen Schichtdiensten arbeiteten. Die Zimmer waren simple Containerbauten, die aneinandergereiht einer Länge von vielleicht fünfzig Metern entsprachen. Das erste Wohnheim war sauber, weil es neu aufgestellt worden war. Es war so neu, dass es im ganzen Wohnheim keinen Kühlschrank gab, sodass einer der Kollegen meines Vaters seinen geliebten Käse im Winter in einer Tüte aus dem Fenster hängte. Über einen Freund aus seiner Baracke bekam mein Vater eine Anstellung in einer Kabelfabrik. Erneut überstand er – wieder ohne jegliche Vorkenntnisse – achtzehn Monate in der Fabrik.

Eines Tages, als er seinen türkischen Führerschein in Deutschland anerkennen lassen wollte, ging mein Vater ins Rathaus. Auf dem Amt sprach niemand Türkisch und er kein Deutsch. Ohne ein Wort zu verstehen, bekam er einen Zettel in die Hand gedrückt, auf dem er nur ein einziges Wort lesen und verstehen konnte: Mittwoch.

Am Mittwoch sollte also etwas passieren. Aber was? Er fragte eine Gruppe türkischer Männer, aber keiner konnte ihm den Zettel übersetzen. Einer von ihnen gab ihm den Tipp, zum Kaufhof zu gehen. Unten in der Eisdiele gebe es einen Landsmann, der fließend Deutsch spreche. Als mein Vater in der besagten Eisdiele ankam, sah er einen Mann an einem Stehtisch, der alle Gäste begrüßte:

»Hallo, Dieter«, »Hallo, Fräulein Annette«, »Grüß Sie, der Herr«. Obwohl dieser Mann den Eindruck erweckte, mit allen Gästen bekannt zu sein, stellte sich schnell heraus, dass er der deutschen Sprache nicht mächtig war. Das war der Moment, in dem mein Vater verstand, dass er es ohne Sprachkenntnisse sehr schwer haben würde.

Das Prinzip *Gastarbeiter* beruhte darauf, dass die Gäste zum Arbeiten nach Deutschland geholt wurden, um sie dann im Schnitt nach zwei Jahren wieder »nach Hause schicken« zu können. Das Problem an diesem Gedankenspiel war nur, dass nach zwei Jahren Nachkriegsdeutschland nicht zu Ende aufgebaut war und die Arbeitskräfte nun so eingearbeitet waren, dass sie zu kostbar wurden, um durch neue Ressourcen ersetzt zu werden.

An Integration, geschweige denn an eine Form der Inklusion, dachte damals niemand. Die einzige Kommunikationsform der deutschen Vorarbeiter war »Mach das!«, »Bring das hier rüber!« und so weiter. Mein Vater bezahlte seine Deutschkurse von seinem eigenen Geld. Er wusste, er musste die Sprache beherrschen, um eine Chance in diesem Land zu bekommen. Ich habe in meiner Kindheit gerne seine alten Berlitz-Kassetten gehört. In den Sechzigern und Siebzigern lernte man Deutsch als Fremdsprache mit Geschichten wie der über Lieselotte, die mit achtzehn Jahren beim Ausparken einen Unfall baut. Über das Garagentor hinaus hat es Lieselotte nie geschafft. Ich habe sie mir immer mit aschblonden Zöpfen und Brille in einem braunen Auto vorgestellt. Ein braunes Auto hatten wir dann auch in den Neunzigern. Einen Peugeot, den meine Mutter gerne mit einem Porsche verwechselte, weil sie einfach den Unterschied nicht kannte. Das mochte ich.

Die Deutschkurse waren teuer, weswegen mein Vater Jobs mit besserer Bezahlung brauchte. Ein Freund half ihm, eine Arbeit auf dem Bau zu finden – mein Vater hielt es nur einen Monat auf der Baustelle aus. Zu hart war der Job, zu unwürdig die Behandlung.

Zufällig sah er die Stellenanzeige einer Fabrik, die einen Kranfahrer suchte. Als der Vorarbeiter ihn fragte, mit welchen Kränen er sich auskenne, sagte mein Vater einfach: »Fünfzehntonner.« Er arbeitete acht Jahre lang als Kranführer.

In der Fabrik fängt es an zu brennen. Der Vorarbeiter ruft: »Alle Mann raus! Alle Mann raus!« Alle Mitarbeiter stürmen aus der Fabrik, nur einer bleibt zurück. Der Vorarbeiter rennt zurück und schreit: »Ali, was machst du da? Komm raus hier!«

Ali antwortet: »Ich nix Allemann, ich Türke!«

Parallel zu seiner Anstellung in der Fabrik hatte mein Vater sehr viele Nebenjobs. Einer der wichtigsten war die Akquise von türkischen Kund*innen für eine Bank. In der türkischen Community sprach sich schnell herum, dass mein Vater Deutsch sprach, Verbindungen zu günstigen Flugtickets in die Türkei hatte, einem helfen konnte, was Versicherung, Kontoführung und vor allem die deutsche Steuererklärung anging. Schnell wurde er zum Ansprechpartner und zu einer Art Don Corleone in der Community – leider ohne Al Pacino und ohne finanziellen Reichtum.

Nach zwölf Jahren verschiedenster Jobs und nach diversen »Behauptungen« arbeitete mein Vater von 1980 bis zu seiner Rente im Jahr 2004 als fest angestellter Bankkaufmann, übrigens ohne Ausbildung. In den Achtzigern und Neunzigern waren so gut wie alle Türk*innen aus der Community Kund*innen seiner Bank – aus dem simplen Grund, dass es die einzige Bank in der Stadt war, die einen türkischsprachigen Mitarbeiter hatte.

Für mich als Jugendliche war die Diskrepanz zwischen dem Standing in der türkischen Community als »die Tochter von« und dem Unsichtbarsein in der deutschen Mehrheitsgesellschaft sehr spannend. Wir Geschwister haben immer Deutsch miteinander gesprochen, hatten und haben Freund*innen mit und ohne sogenannten Migrationshintergrund. Über meine Herkunft, die Herkunft meiner Eltern und deren Eltern machte ich mir damals keine Gedanken. Dies hat sich leider in den vergangenen Jahren stark geändert.

Oft werde ich von jungen PoC-Schauspiel- und Regiekolleg*innen gefragt, wie ich das alles schaffe. Die Widerstände in diesem Beruf sind bereits für eine *weiße* Frau* sehr groß, aber für eine PoC-Frau sind sie unermesslich.

Zu Beginn meiner ersten Regieassistenz sagte mir die Regisseurin Christine Umpfenbach: »Wenn du Regisseurin in Deutschland werden willst, dann musst du doppelt so hart kämpfen: erstens, weil du eine Frau bist, und zweitens, weil du einen Migrationshintergrund hast.«

Als ich mich nach meinem Studium für die Stelle der Regieassistenz an den Münchner Kammerspielen bewarb, gab mir ein Dramaturg (*weiß*, männlich) ungefragt folgenden Rat: »Ich verstehe nicht, wieso du dich hier auf eine Regieassistenz bewirbst. Du wirst niemals in einer Stadt wie München inszenieren können. Geh doch lieber an das Ballhaus Naunynstraße zu Shermin Langhoff. Da hast du eher eine Chance.« Das war 2012. Jetzt ist 2021, und ich bin Teil des Leitungsteams der Münchner Kammerspiele. Dieser Weg war kein einfacher. Aber er wurde mir auch geebnet durch großartige Frauen wie Shermin Langhoff, die 2013 das postmigrantische Theater ausgerufen und damit einen Perspektivwechsel bewirkt hat, und Jahre später durch Barbara Mundel, die Intendantin der Münchner Kammerspiele, die sich zum Ziel gesetzt hatte, veraltete, patriarchale Theaterstrukturen noch weiter aufzubrechen.

Ich kämpfe jeden Tag, wenn ich auf die Straße gehe, U-Bahn fahre, ein Theater betrete, allein schon mit meiner Präsenz für Chancengleichheit, für Frauen* und für alle BIPoCs.

Du hast nicht die gleichen Chancen, wenn du trotz eines guten Zeugnisses die Empfehlung für das Gymnasium nicht bekommst.

Du hast nicht die gleichen Chancen, wenn du per se

einfach immer die schlechteren Noten im Deutschunterricht hast und im Politikunterricht aufgefordert wirst, über Zwangsehen und Ehrenmorde zu referieren.

Du hast auch nicht die gleichen Chancen, wenn du in einer normalen Konversation Wörter wie »korrekt« oder »auf jeden Fall« verwendest und daraufhin sofort in Kanak-Sprak parodiert wirst.

Du hast nicht die gleichen Chancen, wenn du seit 9/11 regelmäßig gefragt wirst, ob du Islamistin seist.

Du hast nicht die gleichen Chancen, wenn du parallel zu deinem Studium ein unbezahltes Praktikum machst und trotz BAföG zwei Nebenjobs haben musst, um dir die Miete in München leisten zu können.

Du hast nicht die gleichen Chancen, wenn dir gesagt wird, du könntest keine Theaterregisseurin werden, weil du keine Geschichten und keine Themen hättest.

Du hast nicht die gleichen Chancen, wenn du nur wegen deines Namens die Wohnung nicht bekommst.

Du hast nicht die gleichen Chancen, wenn du Angst hast, öffentliche Verkehrsmittel in gewissen Regionen dieses Landes zu nehmen, und lieber eine Stunde früher zu Fuß losgehst.

Die Liste an Rassismen und Sexismen ist unendlich und unerschöpflich.

Besonders interessant finde ich, dass mir jahrelang gesagt wurde, dass ich keine Jobs am Theater bekommen könnte, weil ich *migrantisch* sei. Seit einiger Zeit muss ich mir anhören, dass ich Jobs am Theater bekäme, nur weil ich *migrantisch* sei. Ganz abgesehen davon, dass meine größte Migrationserfahrung die »Auswanderung« von Nordrhein-Westfalen nach Bayern war, bleiben die Kategorisierung und das Kastensystem in den Köpfen der Mehrheitsgesellschaft bestehen. Wir Kinder der zweiten, dritten und vierten Gastarbeitergeneration sind große Schritte gegangen, die Mehrheitsgesellschaft ist es leider nicht. Ein respektvolles Miteinander und eine Begegnung auf Augenhöhe würden uns als Gesellschaft stärken.

Ich fühle mich nicht zweitklassig. Es gab natürlich Momente in meiner Kindheit, als Jugendliche, in denen ich gerne zur Miss-Sixty-Gang gehört hätte oder es cooler gewesen wäre, die original *Destiny's Child*-CD zu haben, anstatt sich die Songs aus dem Radio auf Kassette zu überspielen. Aber immer, wenn ich nach Hause kam, war es irgendwie wieder egal. Wenn meine älteren Geschwister, die in ganz Deutschland verstreut studierten oder schon Jobs hatten, zu Besuch kamen und – ohne es zu merken – den Weg für eine neue Generation ebneten. Mein Vater, der – ohne es zu merken – zu Hause entpatriarchalisiert wurde. Meine Mutter, die gefühlt immer für ein ganzes Inaugurationsdinner kochte und nonstop türkische Geschichten und Fabeln erzählte. Unsere leicht gestörte bilinguale Katze, die sowohl auf Türkisch als auch auf Deutsch alles verstand, aber eigentlich nur das machte, worauf sie Lust hatte.

Bei all dem Nichts, von dem wir so viel hatten, hatten wir auch gleichzeitig ganz schön viel. Ich fühle mich nicht zweitklassig, ich fühle mich privilegiert. Meine Privilegien liegen nicht in einer kapitalistischen Ordnung, meine Privilegien liegen darin, dass ich die große Chance hatte, in frühen Jahren zu lernen, für meine eigene Freiheit zu kämpfen. Ich habe früh gelernt, was es bedeutet, nicht wirklich dazuzugehören, aber sich irgendwie immer wieder den Raum zu nehmen, um dann doch wieder dabei zu sein. Ich sage nicht, dass ich es verstanden habe, wenn in den Neunzigern eine seltsame Atmosphäre der Angst zu Hause herrschte, nachdem die rechtsradikalen Anschläge in Mölln und Solingen passiert waren. Ich habe nur verstanden, dass jeder Schritt, den wir weitergehen, als die Spielregeln es scheinbar erlauben – egal ob in der türkischen Community oder in der deutschen Mehrheitsgesellschaft –, es nicht nur uns, sondern jeder folgenden BIPoC-Generation erlaubt, noch viele weitere Schritte zu gehen.

Nach *ayıp* (ein komplex konnotiertes Wort, über das junge Frauen durch ein pervertiert aufgeladenes Schamgefühl dem patriarchalen System beugsam gemacht werden) war *idare et* wahrscheinlich das Wort, welches ich in meiner Kindheit am häufigsten hören musste. *Halt es aus.* Diese Worte fielen, wenn es kein Geld gab, um mit den Freunden ins Kino zu gehen, um Süßigkeiten zu kaufen, um neue Klamotten zu kaufen oder sogar in den Urlaub zu fahren. Der Moment des Aushaltens wurde somit zu einer Art Grundsituation meines Lebens. Was mich schon von klein auf störte, war der Zustand des Haltens, also des Wartens und damit des Stillstands, welchen ich bis heute nicht ertragen kann.

Da waren wir also in den Nullerjahren, nach all dem, was meine Eltern und meine älteren Geschwister schon erlebt hatten in diesem Land, und nun sollte ich aushalten und warten, auf was auch immer. Das tat ich aber nicht, ich arbeitete und kämpfte jeden Tag aufs Neue. Ich lernte schnell, dass das, was ich heute als Privileg bezeichne, eigentlich von der Mehrheitsgesellschaft als defizitär gelesen wird. Es bringt dir nichts, zu warten und unterm Radar durchzufliegen. Akzeptiert wirst du eh nie, und wirklich mitspielen sollst du auch eigentlich nie. Deswegen musst du doppelt so hart arbeiten und die Spielregeln ändern.

Um es in Shangelas Worten zu sagen: »Everything that I've had, I've worked for, and I've worked for to get and I build myself. So I need you to know that 100 %. I don't have a sugar daddy, I've never had a sugar daddy. If I wanted a sugar daddy, yes, I could probably go out and get one because I am what?! Sickening!«

Plastikteile

Von Anke Stelling

Vor vier Wochen ist meine Schwiegermutter umgefallen und hat sich den Kopf an der Heizung angeschlagen. Mein Schwiegervater musste den Notarzt rufen, obwohl normalerweise, wenn überhaupt, dann meine Schwiegermutter irgendjemanden ruft, aber sie konnte nicht, sie lag am Boden.

Und hatte sich dann auch gar nicht groß was getan, ich meine, so 'ne Platzwunde, ja? Die heilt doch problemlos von selbst. Heilt vielleicht schöner, wenn man sie näht, aber will meine Schwiegermutter mit siebzig noch 'nen Schönheitswettbewerb gewinnen? Nein, will sie nicht, das mit dem Notarzt wäre also gar nicht nötig gewesen.

Durch den Notarzt kam sie aber ins Krankenhaus, und im Krankenhaus kam raus, dass sie ohnehin schon kurz vorm Sterben ist, wegen der Metastasen im Gehirn. Die übrigens auch dafür verantwortlich sind, dass sie ab und zu umfällt, was nämlich, wie sich dann auch noch herausgestellt hat, in den letzten paar Monaten schon öfter mal passiert ist, nur nicht direkt vor der Heizung, weshalb es keinen Anlass gab, den Notarzt zu rufen. Sie ist einfach wieder aufgestanden, oder mein Schwiegervater hat ihr geholfen.

Mein Schwiegervater ist allerdings auch nicht mehr stabil. Beim Hochhelfen ist er deshalb mehrfach auf sie draufgefallen, und anders als sie, die in den letzten Jahren immer dünner geworden ist, ist er, seit er nicht mehr stabil ist, eher dicker geworden und wiegt jetzt ungefähr dreimal so viel wie sie.

Auf der anderen Seite ist sie's natürlich gewohnt, ihn über sich drüber zu haben, in, na ja, ich schätz jetzt mal, mindestens dreifacher Hinsicht. Und hat sich dafür gerächt, indem sie ihm nichts von den Metastasen erzählt hat. Von denen wusste sie nämlich schon längst. Aber was soll sie ihn damit belasten?

Meine Schwiegermutter würde nicht von Rache sprechen, sondern von Schonung; sie würde sagen, sie macht das alles lieber mit sich selbst aus. Macht sich auch lieber selbst weg, was soll da der Notarzt mit drei Mann und Trage anrücken? Und für das Gesicht ist es doch ohnehin schon zu spät, und gegen die Metastasen nützt jetzt ja auch nichts mehr, also.

Ich lass euch mal eben kurz durchatmen.

Solche Zustandsbeschreibungen können Abwehr hervorrufen, und ganz ähnlich wie meine Schwiegermutter bin auch ich für Schonung und will euch auf keinen Fall belasten.

Schon allein das Wort Metastasen macht einen fertig, und Schwiegereltern sind auch nicht jedermanns Sache, und dazu noch Heizung und häusliche Gewalt.

Obwohl er wirklich nur deshalb auf sie draufgefallen ist, weil er ihr helfen wollte, und dann hat er beim letzten Mal ja auch den Notarzt gerufen. Und weiß deshalb jetzt, dass sie stirbt. Und das ist alles andere als einfach für ihn, denn wenn, dann sollte er derjenige sein: in ihren Armen. Die zwar dreimal dünner sind als seine, aber sie kennt die Griffe, sie kriegt ihn jedes Mal wieder hoch.

Ja, ja, ich weiß schon, ich wollte euch durchatmen lassen.

Doch irgendwie ergibt sich hier eins aus dem andern, und außerdem muss es jetzt mal raus. Und es soll ja auch ein Text zum Thema Klassenkampf werden, also zu Machtfragen, also zu Leben und Tod.

Wer nichts hat und nicht zählt, der kann sterben.

Ja, ihr habt recht, ich bin zu nah dran. Ist aber alles kalkuliert, ist alles Absicht! Wenn schon, denn schon, hab ich mir gedacht: mit heißer Nadel gestrickt und mit stumpfer Feder geschrieben. Ich mach euch diesen Ton, diesen Richtig-nah-dran-Ton. Cool und mit Ansprache und Flüchen und so. Damit man die Wut auch spürt. Sex, Metastasen, Heizung, Ranknallen – und Sterben, Sterben kommt immer echt gut.

Gut kommt's, wenn's echt ist, und meine Schwiegermutter lässt sich nicht verfremden. Wer soll das sein, wenn nicht die, die sie ist? Schwiegermutter ist fast so gut wie Mutter, aber Mutter ist nicht mehr bei mir, in zweifacher Hinsicht, meine Mutter ist seit hundert Jahren tot.

Und meine Schwiegermutter hat vielleicht noch acht Wochen, oder auch zwölf, das weiß man ja nie so genau.

Und ich bedien mich hier an ihr, ist das in Ordnung? Nein, ist es nicht, doch woher nehmen und nicht stehlen.

»Mach's ruhig, Anke, sprich's alles aus.«

Hat sie selbst zu mir gesagt, letzte Woche. Da war ich bei ihr im Krankenhaus.

Ist also nicht mein Kopf, den ich hinhalte, sondern ihrer. Ihrer in meinem, muss man wohl sagen, aber meiner stiert nur in den Rechner, statt vor der Heizung zu liegen, also bin ich los und hab mir ihren geholt. So weit, dass jede sich einfach so was ausdenken darf, sind wir nämlich noch nicht. Das Fabulieren ist immer noch den Dichtern und Denkern vorbehalten, der Rest muss authentisch berichten, aus den Niederungen vor der Heizung, und wer kommt da ran? Eine, die da herkommt. Nur muss die zumindest so weit rausgekommen sein, dass sie den Kopf zum Berichten frei hat. Und trotzdem noch was spürt, also: den dazugehörigen Schmerz.

Der Schmerz muss aus dem Kopf von vor der Heizung in den Kopf da überm Rechner und in diesem etwas auslösen, sodass es metastasiert. Und sich niederschlägt aufs Papier, wo ihr es lesen könnt und denken: Oh Mann, was hat sie denn? Vielleicht aber auch: Sie weiß echt, wovon sie spricht. Und das ist dann ein Lob, und ich darf ein paar Runden mitspielen.

Sorry, nein, ich klage nicht, ich mach gleich weiter im Text. Musste mich nur mal eben kurz sortieren, ist nämlich anstrengend mit der Authentizität. Wer war noch gleich wer und wessen Schmerz und was genau das Thema? Wer meine Schwiegermutter umbringt, das war's. Dafür bin ich die Expertin.

Sie hat nur noch drei Zähne. Ansonsten den Mund voller Aphten – da wisst ihr jetzt vielleicht nicht, was das ist. Das ist ekelhaft und schmerzhaft und genau das, was ein Text aus den Niederungen braucht. Ich bin die Expertin – ihr müsst es nachschlagen.

Nee, nee, schon gut. Ihr könnt nichts dafür und interessiert euch immerhin, also: Aphten sind diese fiesen kleinen Entzündungen im Mund. Hattet ihr noch nicht oder zumindest nicht in dem Ausmaß. Weil ihr halt noch eure Zähne habt und einen guten Zahnarzt, vor dem ihr keine Angst haben müsst, und außerdem auch keinen Krebs mitsamt Bestrahlung und insgesamt ordentliche Abwehrkräfte. Und das ist genau das, wovon ich hier erzählen will: Abwehr und Abwehrkräfte und Kraft und wer die hat. Und bei wem sie wie genau aussehen.

Meine Schwiegermutter wiegt noch vierzig Kilo. Richtig schön schlank ist sie, genau so, wie es meinem Schwiegervater gefällt. Der wiederum ein bisschen unter seiner dicker werdenden Erscheinung leidet, normalerweise war er nämlich immer gut in Form. Aber jetzt ist der Bauch gewachsen, vom vielen Sitzen und Warten, wie es gehen soll. Und wer als Erstes geht. Wer geht, damit's dann mal gemacht ist, und das ist in der Regel sie. Sie kocht und putzt und holt die Zeitung, macht die Wäsche, wäscht sich selbst und ihn. Ruft, wenn's sein muss, nach wem anders, fährt jeden Tag einkaufen und alle paar Wochen zum Friseur.

Dass sie jetzt auch als Erste aus dem Leben geht, war nicht vorgesehen, ist ja auch seltsam: Man denkt doch, diejenige, die geht, lebt dafür länger. Länger zumindest als der, der nur wartet, wer geht. Aber nichts da. Er ist stärker. Ihm doch egal, wenn er fett wird! Sieht ja keiner außer ihr. Und sie geht schon.

Sie ist schlank und wird immer schlanker, fällt ab und zu um, er auf sie drauf.

Und sie mag das, wenn er draufliegt, dann macht sie endlich mal nichts.

Ansonsten macht er nichts, und ihr macht's nichts. Macht der Gewohnheit: Meine Schwiegermutter ist nämlich auch Krankenschwester von Beruf. Sie ist die Schwester der Kranken, die Mutter meines Mannes, die Frau meines Schwiegervaters und die Tochter ihres eigenen Vaters, dementsprechend macht es ihr schon ziemlich lange und in alle Richtungen nichts aus, was sie so macht den ganzen Tag.

»Anke«, hat sie gesagt, mit geschlossenen Augen auf ihrem Sterbebett, »ich ruh mich aus, und du erzählst was.«

»Was soll ich denn erzählen?«

Sie antwortet nicht. Hat so was wie ein Lächeln auf dem Gesicht, vielleicht ist's auch nur ein sorgsam geschlossener Mund. Fürs Erzählen bin ich zuständig, doch ich weiß nichts. Ich warte.

»Wartest du?«, frage ich.

»Nein«, sagt sie, »ich lieg einfach nur da. Musste erst mit dem Kopf gegen die Heizung.«

Was wohl heißt, sie weiß schon alles. Keine der Macht- und Ohnmachtsfragen, die ich hier stelle, wäre ihr neu.

Und diese Zärtlichkeit, die da aufkommt: Die gönn ich euch eigentlich nicht. Muss sie aber ausspielen, zum

Wohle für den Text, dessen Bestes auch mein Bestes ist. Kann sein, dass ihr's bestellt habt, doch am Ende mach ich's für mich selbst. Und wer ihr seid, ist außerdem nicht klar, sagt Daniela – meine Freundin und Lektorin, die weiß, wovon sie spricht. Vielleicht seid ihr auch sie oder ich oder gar meine Mutter?

»Anke?«

»Zu Befehl, Käpt'n, was gibt's?«

Ich kann nämlich auch sorglos. Mach nicht nur euch, sondern auch ihr ganz gern den Clown – umsonst natürlich, sie antwortet nicht. Hat schon gesagt, was sie will: Einfach daliegen. Endlich mal durchatmen.

Wem sonst nichts mehr bleibt, der kann sterben.

Sterben kann sie. Im Sterben sorgt sie für sich selbst. Da weiß sie, was sie will, nämlich durchatmen. Einfach nur daliegen.

Nein, Mann, das ist kein Hänger, das ist ein Stilmittel! Eine bewusst eingesetzte Wiederholung. Wie wär's, wenn ihr euch dem Ganzen jetzt mal ergebt? Ihr könnt mir vertrauen, ich sorg schon für euch. Ist mein Job: euch diesen Text zu schreiben.

Und merkt ihr was? Er handelt gar nicht von mir, sondern von meiner Schwiegermutter, einer ausgebeuteten, vorgealterten, krebskranken ehemaligen Pflegeperson.

Ich wollte unbedingt mal von mir absehen, weil mir nämlich eingeleuchtet hat, was da neulich im Feuilleton stand: dass diese ganzen Klassenfragentexte doch immer nur von der Herkunft der Schreibenden handeln und wie heldenhaft sie da jeweils rausgekommen sind. Das sei kitschig, hieß es, und das hat mir eingeleuchtet. Weg mit dem Ich, hab ich gedacht, her mit der Schwiegermutter. Deren Elend baller ich euch ins Gehirn.

Mein Hirn hat kapiert, dass es selbst gar kein Problem hat, meines schwimmt friedlich, frei und ungehindert in seiner Schale in meinem Kopf.

Metastasen sind ohne Frage besser. Ohne Frage, ohne Stimme, ohne Zähne, alte Frau. Echtes Opfer – obwohl. Sie hätte ja schon früher was für sich tun können. Sich zum Opfer machen, zum Beispiel. Zu einer, die Hilfe braucht. Wollte sie nicht: Meine Schwiegermutter fand, dass es ihr gut geht. Das hat man ihr so ins Gehirn geblasen, genau wie mir die Kritiker, sorry, ich weiß, um mich geht's ja jetzt nicht. Sondern um sie, meine Schwiegermutter, der es immer gut ging im Gegensatz zu allen möglichen andern. Für die sie dann wiederum gesorgt hat als Schwester der Kranken, Mutter meines Mannes, Frau meines Schwiegervaters und so weiter und so fort. Für alle hat sie gesorgt, sie war kein Opfer. Und auch nicht so wichtig, um sie ging's schließlich nicht.

So bleibt man am Machen und geht stets als Erste.

Es ist still im Sterbezimmer.

»Gut, dass sie einen hier in Ruhe lassen.«

Ich könnte zu ihr ins Bett kriechen, noch ein bisschen näher ran.

Ich weiß, sie hat mich gern, doch sie will mich von sich fernhalten: Ich soll doch bitte und zuallererst nach mir selbst sehen.

Mein Mann sieht derweil nach seinem Vater.

Die einen retten sich ins Sterben, die andern retten sich ins Schreiben, der Dritte stellt ein paar Mottenfallen auf. Wäscht alles, was befallen sein könnte, einmal durch, zieht von nun an zweimal pro Woche neue Bettlaken auf. Horcht auf das beruhigende Rumpeln der Maschine, das kraftvolle Zischen des Wasserzulaufs. So eine Waschmaschine ist wirklich was Schönes: Wie sie das Eklige annehmbar und aufhängbar macht.

Zwischen den Gängen spricht mein Mann mit seinem Vater.

»Hör mir doch zu!«, schreit er, denn mein Schwiegervater macht nur sein Gesicht und sonst nichts. Wer mit der Wäsche hantiert, war meinem Schwiegervater noch nie ein Ohr wert, doch das will mein Mann nicht wahrhaben. Sagt zu mir, er macht's für seine Mutter – damit die in Ruhe sterben kann.

»Ach«, sage ich, »die stirbt schon.«

Und, weil das mitleidlos klingt: »Ich meine: Sie ist doch schon weg.«

Wie Mitleid funktionieren könnte, weiß ich derzeit nicht. Nur, dass es sich vom Sorgen unterscheiden muss: Also tu ich nichts mehr. Sitze nur noch da, atme ein und aus. Ob sie mich hört? Ob sie mitbekommt, wie gut ich für mich sorge?

Mein Schwiegervater will mir Geld zustecken. Fünfzig Euro für den Einkauf, hundert Euro für die Fahrt. Daran merke ich, dass ich auch für Geld nichts mehr machen will. Was mache ich also noch hier?

Euch anstelle meines Aufstiegs den Ausstieg meiner Schwiegermutter verkaufen.

Schreiben kann ich gut. Und ich mach euch auch lieber die Wut als die Wäsche, dafür bin ich ausgebildet, und weil diese Ausbildung Geld gekostet hat, kann ich auch aus den Niederungen des Niedriglohnsektors berichten und vom Ärger im Amt. Und dann noch vom Armutsfaktor Kinder; kein Geld mal Kinder ergibt noch weniger Geld und noch mehr amtlichen Ärger, dazu das Bildungssystem und die Vererbungslehre, das ist einigermaßen ergiebig, ich muss nur ein bisschen Abstand kriegen, zu euch vor allem, wer auch immer ihr seid.

Ich kriech zu meiner Schwiegermutter ins Bett.

»Bist du stolz auf mich?«

»Ja sicher, Anke.«

»Findest du, ich hab's geschafft?«

Sie hebt mit geschlossenen Augen die Brauen.

Meine Schwiegermutter kann mit den Augenbrauen Verachtung ausdrücken, genau wie Clark Gable, und mein Schwiegervater hat davor Angst. Weshalb er sich beeilt, ihre Verachtung von sich weg auf andere Leute zu lenken, und da findet sich immer wer. So viele sind dumm und faul und nichts wert!

Er selbst kriegt stets mildernde Umstände. Wäre er kein Opfer, könnte sie nicht für ihn gehen. Will sie aber! Denn wer selbst gehen kann, kann sie verlassen.

Ich sage: »Zu sterben ist doch kein Ausweg.«

Sie sagt: »Ich bin genug gerannt.«

Ich werd mich jetzt nicht mit ihr streiten. Reicht ja,

dass ich sie verrate, dünn und klein, wie sie hier liegt. Andererseits hat sie's so gewollt. Sie ist stolz auf mich. Ich sollte's mal besser haben. Sie ist mein Sprungbrett.

Ich könnte statt neben ihr auch gleich noch auf ihr draufliegen, so wie mein Schwiegervater, der aber gerade von meinem Mann gezeigt bekommt, wie man die Wäsche macht. Was nicht das ist, was er wissen will, sein Blick ist glasig, geht über die Waschmaschine hinweg ins Nichts, wo schemenhaft das auftaucht, worauf mein Schwiegervater stolz ist: seine gute Figur und sein Durchsetzungsvermögen. Er hat sich noch nie was sagen lassen, und darauf, dass länger lebt, wer die Waschmaschine bedienen kann, fällt er nicht rein.

Und ich sollte mich da auch besser raushalten: Wer und was meinen Schwiegervater umbringt, ist schon wieder die nächste Geschichte.

Ich bleibe hier bei meiner Schwiegermutter und greife nach ihrer Hand. Besorg ihr was zu trinken, streiche sorgfältig die Decke glatt.

Halt! So was sollte, wollte, darf ich nicht mehr machen. Dafür ist das Personal zuständig, Pflegepersonen, wie sie mal eine war.

Ich bin eine, die's geschafft hat, ich bleibe sitzen, von mir gibt's nur Geschichten, keine tröstliche Geschäftigkeit. Wir befinden uns schließlich im Klassenkampf! In, ich schätz jetzt mal, ungefähr drei seiner Nebenwidersprüche, und da liegt sie, meine Feldherrin mit den Clark-Gable-Augenbrauen, ihren knapp vierzig Kilo und den Aphten im Mund.

Sie hat mich ausgesandt, dummerweise nicht als ihre Soldatin, sondern als Verräterin. Ich sollte überlaufen zum Feind, und der schickt mich zurück, damit ich auf sie runterschaue und ihren Kopf klaue.

Ich mach das nicht mehr mit.

Dieser alberne Abstandshalter, den mir meine Aufstiegsbiografie beschert hat, taugt nichts, und wenn man mal ehrlich ist, haben solche Dinger noch nie was getaugt. Billige orangefarbene Plastikteile, zu montieren hinten am Gepäckträger links. Halten nichts auf und erst recht niemanden ab, sind nichts als ein höflicher Hinweis. Klack!, klappen sie weg, sobald wer Stärkeres vorbeirauscht, der Tod zum Beispiel oder die Liebe.

In der Liebe und im Tod will ich ganz nah bei ihr sein. Und auch bei euch, schließlich weiß ich noch nicht mal, wer ihr seid. Vielleicht hat Daniela recht, und ihr seid sie oder ich oder sogar meine Mutter, vielleicht seid ihr die Kinder, die ich geboren habe und die ich auf keinen Fall aussenden will. Auf dass sie meine Schlachten schlagen – hört ihr mich? Meine Schwiegermutter, das bin ich.

»Besser, du gehst mal.«

»Willst du jetzt schlafen?«

»Ab dafür!« Sie wedelt mit der Hand.

Ich verschwinde durch die Flure, auf denen meine Gummisohlen quietschen. Bin ich vielleicht doch Krankenschwester? Nein, nur in Turnschuhen und zu Besuch. Ich muss, kann, darf hier gar nichts, ich bin die, die berichtet und die froh sein kann – darf, muss –, dass nicht sie es ist, die hier liegt. Nicht sie es ist, die stirbt, jedenfalls noch nicht.

Ich zieh mir ein Snickers, vorn am Automaten.

★

Vier Wochen Aufschub gab es für die Abgabe, deshalb kommt jetzt noch eine Nachschrift: Meiner Schwiegermutter blieben ebenfalls noch vier Wochen. Nicht acht oder zwölf, nur noch vier.

Jetzt ist sie tot, und kein Mensch weiß, wo sie hin ist. Sie scheint überall zu sein, aber offenbar nicht mehr am Leben. Ihre Beerdigung fand letzte Woche ohne sie statt.

Auf ihrer Beerdigung hieß es, sie sei genügsam gewesen. Und sehr friedfertig! Habe sich ihren Teil gedacht, statt zu streiten – für Auseinandersetzungen war sie zu klug.

Das klingt schön, ja, doch ich sage: Fickt euch. Fickt euch, Haltet die Fresse und Wagt es nicht. Wagt es bloß nicht – was auch immer. Das hier ist längst noch nicht vorbei.

Klassensprecher

Von Sharon Dodua Otoo

I

Im März 2020, gleich am Anfang des Lockdowns, setzte ich einen Hilferuf in die Welt. Wie viele freischaffende Schriftsteller*innen in Deutschland sah ich mich mit einer katastrophalen Situation konfrontiert. Alle Veranstaltungen wurden bis auf Weiteres storniert, die Leipziger Buchmesse wurde abgesagt, Buchhandlungen blieben geschlossen, Verlagshäuser waren verunsichert, und die Zukunft der Literaturbranche hing scheinbar in der Schwebe. Selbst als ich später doch Angebote für Online-Lesungen erhielt, waren die fehlende Kinderbetreuung und räumliche Enge zusätzlich zu überwindende Barrieren. Homeoffice und Homeschooling passen unter gewöhnlichen Umständen nur bedingt gut zusammen; beides in Zeiten einer (zunächst) nicht aufzuhaltenden Pandemie zu bewältigen, verlangte ein äußerst stabiles Nervenkostüm. Während ich mich mit dreien meiner Kinder (von denen zwei noch im Schulalter waren) im Hausarrest befand, wurde meine finanzielle Situation immer kritischer.

Ich sah keinen Ausweg. Also schrieb ich sämtlichen mir nahestehenden Personen. Eine der Antworten, die ich auf meinen Hilferuf erhielt, beinhaltete unter anderem folgende Aussage:

> Ich dachte, dass du durch die vielen Lesungen gut
> verdient hast und Rücklagen für schlechte Zeiten
> wie diese bilden konntest.

Auf diese Weise wurde mir noch einmal schmerzhaft klar, wie andere meine finanzielle Situation beurteilen: dass sie tragfähig – um nicht zu sagen luxuriös – sei. Die Annahme ist weitverbreitet, dass sobald ein gewisser Grad an »Berühmtheit« erreicht wird, alle finanziellen Sorgen schlagartig verschwänden. Und weil ich das Privileg habe, eine bekannte Autorin zu sein, wird von mir oft erwartet, flexibel mit meinen Honorarvorstellungen zu sein – vermutlich in der Annahme, dass die Beträge für mich keinen großen Unterschied machen. Es wird über Netto- und Bruttosätze munter gefeilscht, obwohl es gesetzlich klar geregelt ist, dass die Umsatzsteuer von den Auftraggebenden bezahlt werden soll. Aussagen wie »Wir sind nur eine kleine Institution« oder »Wir haben nur ein begrenztes Budget« oder »Unsere Richtlinien lassen mehr nicht zu« werden in Verhandlungen oft als Argumente vorgebracht. Es scheint undenkbar, dass ich ähnliche Engpässe haben könnte. Es scheint undenkbar, dass auch ich eine »kleine Institution« bin, ebenso mit einem »begrenzten Budget«. Dass ich auch gewissen Richtlinien zu folgen habe – wie »die Miete zu zahlen« und »die wöchentlichen Einkäufe zu bestreiten«. Diese falschen Eindrücke über »Erfolg« und »Ruhm« führen zu unnötigen Reibungen, Neid, Frust und fehlender Solidarität.

Jahrelang habe ich gehandelt und reagiert, als wäre dies ausschließlich eine private Angelegenheit. Denn allgemein wird in der hiesigen Gesellschaft nicht gerne über Geld gesprochen, und in der Literaturbranche gibt es tatsächlich viele, die auf solche Gespräche gut verzichten können. Ich schämte mich oft, doch über Geld reden zu müssen. Ich bin jenen wunderbaren Menschen dankbar, die mir während meiner zahlreichen Durststrecken immer wieder zu Hilfe kamen, wenn ich mich traute, mein Schweigen über die Situation zu brechen. Ich weiß ihre Großzügigkeit sehr zu schätzen. Inzwischen sehe ich jedoch strukturelle Zusammenhänge, die meine eigene Situation und die vieler anderer freier Kunstschaffender besser erklären können. Mit einer diskriminierungs-kritischen Brille kann ich erkennen, dass es weniger darum geht, dass *ich allein* Hilfe *gebraucht* habe, sondern dass *vielen von uns* Gerechtigkeit *geschuldet* wird. In vergangenen Situationen, wie der Anfang März 2020, fielen mir die passenden Worte nicht ein. Jetzt kann ich endlich schreiben, was ich sagen wollte.

II

Bisher habe ich mich nicht als eine von Klassismus betroffene Person verstanden. Anfänglich schien mir der Begriff nur für ganz bestimmte Bevölkerungsgruppen zu gelten: Bergmänner, Fabrikarbeiter, Handwerker – alle männlich, alle weiß, alle Gewerkschaftsmitglieder. Bestimmt hatte es damit zu tun, dass ich den größten Teil meiner Kindheit in einem Großbritannien aufwuchs, das von der konservativen Politikerin Margaret Thatcher regiert wurde. Ihre umstrittene Gesellschafts- und Wirtschaftspolitik war für meine und folgende Generationen so prägend, dass sie ihren eigenen Namen erhielt: Thatcherism. Meine ghanaischen Eltern fühlten sich sicherlich mehr von ihrer Aussage »Pennies do not come from heaven. They have to be earned here on earth« (Groschen fallen nicht vom Himmel. Man muss sie hier auf Erden verdienen) angesprochen als von den wütenden Bergarbeiter*innen, streikenden Lehrer*innen oder demonstrierenden Student*innen, die durch die Abendnachrichten marschierten und gegen die Auswirkungen von Thatchers Politik protestierten.

In meiner Jugend lernte ich durch die thatcheristische Staatsrhetorik und auch am Beispiel meiner Eltern, dass finanzielle Sicherheit ein erreichbares Ziel für jede Person sei, die nur bereit ist, hart genug dafür zu arbeiten. Im Falle meiner Mutter bedeutete das jahrelang: Nachtschichten in einer 24-Stunden-Polizeikantine, gefolgt von Frühschichten an der Kasse eines Supermarktes. Im Falle meines Vaters bedeutete das: sämtliche Abendkurse zu belegen, um eine Qualifikation als Bankangestellter zu erlangen. So konnten sie in den Siebzigern ein Reihenhaus am Stadtrand von London und in den Achtzigern einen gebrauchten Ford Cortina kaufen.

Damals wusste ich nicht, dass der Wohlstand der briti-

chengymnasium zu wechseln, dennoch passte ich nicht
dort hinein. Ich hatte die Codes nicht drauf. Mein Humor
war anders; die Fernsehsendungen, die ich kannte, waren
andere; meine Eltern waren tiefreligiös und sehr streng,
die Eltern meiner Klassenkameradinnen eher nicht. Zu
Hause hatte ich einfach zu gehorchen, ohne Widerrede.
In der Schule wurde allerdings von mir erwartet, nicht
nur eine eigene Meinung zu bilden, sondern diese in De-
batten und Aufsätzen vehement zu vertreten.

Mir war auch lange nicht klar, auf welchem Bildungsweg ich mich befand. Meine Eltern hatten uns zwar immer wieder deutlich gemacht, dass meine Geschwister
und ich studieren sollten (vorzugsweise Jura oder Medizin – wie es sich für westafrikanische Kinder gehört),
bei mir war allerdings nicht angekommen, dass ich mit
einem Uni-Abschluss direkt eine Führungskarriere hätte
antreten können, ohne mich erst von der Supermarkt-
kasse hocharbeiten zu müssen. Wie hätte ich das wissen
sollen? Ich hatte keine Vorbilder. In meiner gesamten
Kindheit und Jugend habe ich keine Schwarze Lehrerin
gesehen, keine Schwarze Ärztin, keine Schwarze Juris-
tin. Es hat immer nur die Anweisung gegeben: Fleißig
sein!

Sofern der Klassenbegriff überhaupt auf sie passt, ist es
auf jeden Fall klar, dass meine Eltern es geschafft haben,
von einer »niedrigeren« in eine »höhere« Klasse zu wechseln. Beide Herkunftsfamilien kommen aus ärmeren Verhältnissen. Meine Großmütter konnten weder lesen noch
schreiben. Dennoch haben all ihre Kinder (meine Mutter
hat zehn Geschwister, mein Vater vier) mindestens ihre

Grundschulausbildung abgeschlossen. Ich bin die erste Person in der erweiterten Familie, die jemals studiert hat. Zu welcher Klasse gehöre ich?

IV

Nach Pierre Bourdieu hängt die eigene Klassenposition davon ab, wie viel Kapital eine Person besitzt. Dabei geht es nicht nur um ökonomisches Kapital (zum Beispiel finanzieller Verdienst, Erbschaften, Eigentum), sondern auch um kulturelles (Bildungsabschlüsse, Kunstobjekte, Benehmen/Codes), soziales (Beziehungen und Netzwerke) und symbolisches (Anerkennung/Aufwertung in der Gesellschaft) Kapital. Als freischaffende, preisgekrönte Autorin verfüge ich über mehr kulturelles, soziales und symbolisches Kapital, als meine Eltern je hatten. Ökonomisch gesehen geht es mir allerdings eindeutig schlechter als ihnen.

Dafür gibt es auch persönliche Gründe. Während meine Eltern über fünfundzwanzig Jahre lang eine unglückliche Ehe miteinander ertrugen, bevor sie sich schließlich scheiden ließen, habe ich meine Kinder überwiegend allein aufgezogen. Während meine Eltern sparsam gelebt haben und bis auf die inzwischen getilgte Hypothek nie ernsthafte Schulden angehäuft haben, zahle ich immer noch Kredite ab, die aus meiner Studienzeit stammen.

Ich denke nicht im Traum daran, eine Immobilie zu kaufen. In meiner Generation ist das ein weitverbreitetes

Phänomen. Nach den Ergebnissen einer 2016 veröffentlichten Studie (»The Fading American Dream: Trends in Absolute Income Mobility since 1940«) von Forscher*innen der Universitäten von Kalifornien-Berkeley, Stanford und Harvard verdienten neunzig Prozent der 1940 geborenen Kinder als Erwachsene mehr als ihre Eltern. Bei Kindern, die in den Achtzigerjahren zur Welt kamen, sank diese Zahl auf fünfzig Prozent. Vermutlich sehen die Zahlen für Großbritannien und Deutschland ähnlich aus.

Damals, als meine Eltern ihr Einfamilienhaus kauften, waren die Banken begierig, Menschen wie ihnen das Drei- bis Dreieinhalbfache ihres Jahreseinkommens zu leihen. Zu der Zeit waren die monatlichen Belastungen für die Hypothek nämlich nicht viel teurer als die monatliche Miete für ein Haus in ähnlicher Größe. Der Buy-to-Lease-Markt hatte sich noch nicht durchgesetzt, also war die Lage entspannt. Wenn ich heute eine vergleichbare Wohnmöglichkeit für mich und meine Kinder erwerben wollte, müsste ich ungefähr das Zwanzigfache meines Jahreseinkommens als Kredit aufnehmen.

Apropos Einkommen. Kehren wir zurück zu den am Anfang erwähnten »vielen Lesungen«. Wäre ich eine alleinstehende Person, wäre mein Einkommen tatsächlich sehr gut. Und lebte ich in einem Haushalt, in dem zwei Menschen Geld verdienen, wäre das Leben vermutlich immer noch sehr komfortabel. Jedoch ist mein Einkommen für eine alleinerziehende Mutter alles andere als ausreichend. Wir können das gerne zusammen ausrechnen: Im Idealfall sollte mein Haushaltsnettoeinkommen die Summe des Dreifachen meiner Miete plus Nebenkosten (die sogenannte Warmmiete) nicht unterschreiten. Selbst wenn meine Miete 750 Euro monatlich betragen würde (ich wohne mit dreien meiner Kinder zusammen), müsste ich laut dieser Rechnung 2250 Euro netto verdienen, um die Lebenskosten gut bestreiten zu können. Das entspricht einem Nettobetrag von 27 000 Euro jährlich – oder 45 Lesungen à 600 Euro. Selbst wenn ich ein Jahr lang einmal wöchentlich eine entsprechend vergütete Lesung halten dürfte, wäre ich lange nicht reich. Zudem müssten die Kosten für eine Kinderbetreuung einkalkuliert werden und selbstverständlich auch die Einkommenssteuer. Und natürlich ist meine Miete erheblich teurer als 750 Euro monatlich.

Schriftsteller*innen leben nicht von Lesungen allein. Seit 2016 hatte ich das Glück, einen Buchpreis gewonnen, einen Buchvertrag unterzeichnet und zwei Jahresstipendien erhalten zu haben. Das hat dazu geführt, dass ich seit Anfang 2017 in Vollzeit schreiben kann. Wie bereits gesagt, wäre ich eine alleinstehende Person, wäre mein Einkommen gut. Nach Daten der Künstlersozialkasse lag 2020 das durchschnittliche Jahreseinkommen der 40 897 Personen, die in Deutschland unter Berufsgruppe »Wort« versichert sind, bei 22 349 Euro. Das entspricht einem Bruttomonatslohn von 1862 Euro. Ich habe im Schnitt mehr verdient. Finanziell würde es mir allerdings deutlich besser gehen, wenn ich als alleinerziehende Mutter im vierköpfigen Haushalt Hartz IV beziehen würde. 2020 hätte ich 1410 Euro netto pro Monat plus die Kosten für Unterkunft und Heizung bekommen. Ich spreche allerdings nicht mehr darüber, dass mein Einkommen auf Hartz-IV-

Niveau schwebt. Zum einen, weil das für viele Menschen absolut unvorstellbar ist. Aber zum anderen, weil meine Ausgaben seit Jahren höher sind als mein Einkommen.

V

Ich bin seit fast dreißig Jahren verschuldet. Also ziemlich mein gesamtes Erwachsenenleben. Aufgrund eines Familienkonflikts wurde mir gleich zu Beginn meines zweiten Studienjahres die finanzielle Unterstützung entzogen. Von heute auf morgen stand ich vor der Wahl: mein Studium abzubrechen oder es durch Privatdarlehen, Bankkredite und Kreditkarten zu finanzieren. Eine dieser Kreditkarten zahle ich immer noch ab. Das ursprüngliche Limit betrug 5000 GBP. Bislang muss ich weit über 30 000 GBP an Ratenzahlungen und Zinsgebühren überwiesen haben – und im Dezember 2020 hatte die Karte immer noch einen negativen Saldo von etwa 6000 GBP.

Ich bin seit fünfundzwanzig Jahren Mutter. Also einen sehr großen Teil meines Erwachsenenlebens. Aufgrund anderer Familienkonflikte haben meine Kinder und ich nicht die Unterstützung bekommen, die uns zustünde. Um nur auf die ausbleibenden Unterhaltszahlungen einzugehen – einer sehr groben Kalkulation nach fehlen uns bis dato mindestens 40 000 Euro.

Es mangelt an erschwinglichen, qualitativ hochwertigen Wohnmöglichkeiten, auch an Orten, wo migrantische Familien ihre Kinder ohne Angst aufwachsen lassen können. Es mangelt an Stellen, die ein flexibles Arbeiten ermöglichen. Es mangelt an Kinderbetreuungsangeboten, die sich an den Bedürfnissen moderner Familien orientieren. Es mangelt an Anerkennung und angemessener Vergütung für die Sorgearbeit. All diese Faktoren setzen insbesondere Alleinerziehende unter großen finanziellen Druck. Die Armutsgefährdungsquote von Menschen in Haushalten mit zwei Erwachsenen und Kindern liegt bei elf Prozent – für Alleinerziehende beträgt sie 32,6 Prozent.

Allen, die sich fragen, warum ich bezüglich des fehlenden Unterhalts keine Rechtshilfe in Anspruch genommen habe, möchte ich antworten: Ich lebe hier im Ausland ohne die emotionale und tatkräftige Unterstützung einer Herkunftsfamilie. Als somit ohnehin isolierte alleinerziehende Mutter, die sich als Priorität setzt, eine positive Beziehung der Kinder zum anderen Elternteil und dessen Familie zu fördern, sind der Wunsch und die Notwendigkeit eines gewissen Maßes an Harmonie nicht zu unterschätzen.

Allen, die sich fragen, warum ich keine Schuldnerberatung angenommen habe, möchte ich antworten: Denken Sie bitte an das Monopoly-Spiel! Jedes Mal, wenn ich an »Los« vorbeigehe, ziehe ich ein wenig Gehalt ein. Jedes Mal, wenn ich es schaffe, eine Runde zu beenden, ohne im Knast zu landen, bin ich optimistisch, dass sich mein Glück in der nächsten Runde ändern wird. Gelegentlich ziehe ich sogar eine schöne Ereigniskarte ...

Und allen, die sich fragen, warum ich mich überhaupt bemühe, Geld zu verdienen, wenn ich möglicherweise finanziell mit Hartz IV genauso gut aufgestellt wäre, möchte ich antworten: Ich kann mir für mich kaum etwas

Demütigenderes vorstellen. Ein System, das derart auf Entmündigung aufgebaut ist, das die persönliche Würde angreift, das mit Sanktionen und Unterstellungen arbeitet, ist kein gesundes System. Ich weiß es, weil Hartz-IV-Bezieher*innen von ihren Erfahrungen erzählen. Und ich weiß es auch aus eigener Erfahrung. Ich bin froh und dankbar, eine Möglichkeit gefunden zu haben, mich dem Ganzen zu entziehen.

Klasse verstellt den Blick auf mich. In den drei Jahren, in denen ich auf Transferleistungen angewiesen war, wurde ich von Beamt*innen, Sozialarbeiter*innen, Schulpsycholog*innen und Lehrer*innen gleichermaßen verachtet. Ich wurde als migrantische, erwerbslose alleinerziehende Mutter mit Kindern von unterschiedlichen Vätern stigmatisiert.

Aus meiner beruflichen und aktivistischen Arbeit in Großbritannien weiß ich, dass Schwarze Communitys, migrantische Communitys und sonstige Communitys of Color seltener in den Genuss kommen, unterstützende Sozialleistungen zu erhalten, und eher strafende Maßnahmen bekommen. Ich gehe davon aus, dass die entsprechenden Statistiken in Deutschland nicht existieren, da es hier kein ethnisches Monitoring in der gleichen Weise gibt, wie es in Großbritannien durchgeführt wird. Daher kann ich hier nur von meiner persönlichen Erfahrung berichten. Meine Familie und ich hatten zwar Anspruch auf unterstützende Maßnahmen wie »Hilfe zur Erziehung«, diese wurden uns allerdings halbherzig angeboten und schon gar nicht aus einer rassismus- oder klassismuskritischen Perspektive.

»Ich weiß«, sagte eine weiße Schulpsychologin damals zu meinem zweiten Sohn, »dass es schwer ist für dich. Deine Mama kommt von einem ganz anderen Kontinent!« Mir wurde ein Platz für eine Mutter-Kind-Kur angeboten, aber ich hätte meinen ältesten Sohn, der damals schon über zwölf Jahre alt war, nur mitnehmen können, wenn ich privat für seine Unterbringung und Verpflegung bezahlt hätte.

Irgendwann verriet mir eine andere weiße Sozialarbeiterin, dass im Jugendamt davon ausgegangen wurde, dass ich grundsätzlich mit allen meinen Kindern Erziehungsprobleme haben würde. Es schien eindeutig, dass meine Kinder unter mir zu leiden hätten und mir eigentlich weggenommen werden sollten. Besser heute als morgen. In diesem Fall hatte ich offenbar Glück, dass das Amt bei uns seine Arbeit nicht so ordentlich durchgeführt hat.

Zehn Jahre später werde ich vor allem in meinen ökonomischen Möglichkeiten völlig überschätzt. Seit dem Gewinn des Ingeborg-Bachmann-Preises kann ich mich vor Anfragen kaum retten. Wer schreiben will, braucht allerdings Zeit und Ruhe. Beides ist angesichts der aktuellen Situation Mangelware. Ich kann nur eine begrenzte Anzahl an Lesungs- und Podiumsanfragen annehmen, denn diese bedürfen alle einer Vorbereitung (z. B. Honorarverhandlungen, Vertragsabschluss, Reiseplanung, Pressearbeit, Koordinierung des Haushalts und der Kinderbetreuung) und einer Nachbereitung (Rechnungsstellung, Buchhaltung, Steuern zahlen).

Mein Zugang zur Solidarität wird sowohl durch diese beiden Perspektiven auf mich – also die Unter- und die

Überschätzung – als auch durch meine eigene Scham verhindert. Denn: Wie soll ich über all das berichten, ohne mich bloßzustellen und mich noch verwundbarer zu machen? Andererseits, wie soll es sonst funktionieren? Bei anderen strukturellen Diskriminierungen ist es auch so, dass Menschen viel besser in der Lage sind, einen Sachverhalt kognitiv zu erfassen, wenn er über eine persönliche Erzählung erklärt wird. Vielleicht kann es anderen durch meinen Erfahrungsbericht gelingen, Kontinuitäten zu finden und Strukturen zu erkennen? Vielleicht sind dies die Schritte, die nötig sind, um Solidargemeinschaften zu bilden?

VI

Ich bin pessimistisch. Und sauer. Denn ich sehe, wie – leider erfolgreich – »Teile und herrsche« betrieben wird. Es will mir zum Beispiel nicht einleuchten, warum der Cum-Ex-Skandal – eigentlich der größte Steuerskandal in der Geschichte der Bundesrepublik Deutschland – nicht zu wütenden Protesten geführt hat, denn es handelt sich um ein Verbrechen, durch das dem Staat über Jahre mindestens 31,8 Milliarden Euro entgangen sind. Mit diesem Betrag hätte Deutschland jeder einzelnen der 12 500 schutzsuchenden Personen in Moria locker 2,5 Millionen Euro in die Hand drücken können. Stattdessen erhalten einige Menschen, zum Beispiel die sogenannten »besorgten Bürger«, Empathie und Verständnis für ihre zum Teil explizit geflüchtetenfeindlichen Ansichten, während andere ihre Sammelabschiebung nach Afghanistan als nette Überraschung zum neunundsechzigsten Geburtstag von Horst Seehofer gefeiert sehen. Und während sich die humanitäre Katastrophe weiterhin an den Grenzen Europas abspielt und ernst gemeinte Debattenbeiträge über die Rettung ertrinkender Schutzsuchender unter dem Titel »Oder soll man es lassen?« veröffentlicht werden, sah es lange danach aus, dass Friedrich Merz, dessen Berührungspunkte mit dem Cum-Ex-Steuerskandal nicht vollständig aufgeklärt sind, der nächste deutsche Bundeskanzler würde.

Klassendiskriminierung funktioniert in der Verschränkung mit Rassismus so gut, dass es mir tatsächlich schwerfällt, mich selbst als Teil der Arbeiter*innenklasse zu begreifen. Dabei habe ich eigentlich mehr Gemeinsames als Trennendes mit dem anfangs erwähnten weißen, unterjochten, bildungsfernen Arbeiter, dessen Familie seit Generationen am gleichen Ort lebt. Und gerade in diesen Zeiten, in denen die Covid-19-Krise die gesellschaftlichen Ungleichheiten noch transparenter gemacht hat, sind wir alle, die in Deutschland leben, gefordert, gemeinsame Lösungen zu finden, um die Verletzlichsten unserer Gesellschaft zu schützen und ökonomische Gerechtigkeit einzufordern. Über Geld nicht reden zu müssen ist ein Privileg, das sich viele von uns einfach nicht leisten können.

Ich danke Aischa Ahmed, Manuela Bauche und Sebastian Friedrich vielmals für ihre großzügige Unterstützung und ihre wichtigen Kommentare.

Schinkennudeln

Von Bov Bjerg

Schinkennudeln waren immer mein Lieblingsessen, aber einmal habe ich davon gekotzt. – Es begann in einem kühlen Raum: Herrn Hofers wachsgelbes Gesicht lag in einem weißen Kissen, die Augen hatte er geschlossen, die Hände auf dem Bauch verschränkt und mit einem Rosenkranz verschnürt. Dass Herr Hofer jetzt tot war, bedeutete nichts Gutes, und dass es der Krebs, der den Bauch unter diesen verschnürten Händen so durcheinandergebracht hatte, ohne seinen Wirt wohl auch nicht mehr lange machen würde, war kein rechter Trost.

Herrn Hofers Kaufladen an der katholischen Kirche, der sich damals sogar gegen den ersten Supermarkt im Ort hatte behaupten können, indem er Leberkäs- und Mohrenkopfwecken für ein Zehnerle anbot, blieb geschlossen. Mutter hatte keine Arbeit mehr, und ohne Herrn Hofers Zeitschriftenregal und seine kleine Bücherabteilung war auch ich plötzlich ohne Beschäftigung. Seit ich lesen konnte, hatte ich meine Nachmittage in Herrn Hofers Hinterzimmer verbracht, Comics, Schneiderbücher und immer wieder stapelweise Comics verschlungen, unter-

brochen nur von den freundlichen Besuchen des taub-
stummen Herrn Wagner, von dem ich nie genau wusste, ob er nun junge alleinerziehende Mütter oder kleine
blasse Knaben bevorzugte. Ja, ich wusste nicht einmal,
was mir lieber gewesen wäre. Von Herrn Wagner selbst
war darüber nichts zu erfahren. Zwar war er grundsätzlich in der Lage, von den Lippen abzulesen, solange man
die Laute nur deutlich formulierte. Doch wenn eine Äu-
ßerung geeignet war, seine undurchdringliche Freund-
lichkeit zu erschüttern, dann konnte man beim Sprechen
noch so grimassieren, es war ihm einfach nicht deutlich
genug. In seiner Jackentasche trug Herr Wagner ständig
eine Tüte Nimm-Zwei-Bonbons, er gab mir immer ein
gelbes, obwohl er genau wusste, dass ich die orangen viel
lieber mochte. Dann sah ich ihn beleidigt an, er gab mir
noch ein gelbes, und kichernd tauschten wir die beiden
gelben Bonbons gegen ein oranges.

Es wurde Sommer, der Zettel an der Ladentür: *Wegen
Krankheit geschlossen*, vergilbte, und Mutter fand keine Arbeit. Herrn Wagner sah ich nur noch gelegentlich, morgens auf dem Weg zur Schule oder am Wochenende auf
dem Sportplatz, wenn er am Spielfeldrand stand und die
D-Jugend mit gurgelnden Geräuschen anfeuerte.

Eines Tages war Herr Wagner verschwunden, und seltsamerweise begann meine Mutter, sich gerade da für ihn
zu interessieren.

Ob ich mich denn noch an Herrn Wagner erinnere.

»Ja.«

Ob er mich denn einmal ...

»Nein, ich weiß nicht, was du meinst.« Ob er mich denn einmal angefasst habe.

»Ja.«

Sie schrie auf, und plötzlich benutzte sie Begriffe, die ich zwar kannte, aber dass meine Mutter sie auch kannte, damit hatte ich nicht gerechnet. Neben Schimpfwörtern der allerwüstesten Art handelte es sich vor allem um sämtliche Bezeichnungen für die männlichen Geschlechtsorgane, gekoppelt mit verschiedenen Verben des Entfernens.

»Ich hab ihn aber auch angefasst.«

Sie tobte durch den Flur, kündigte an, sie werde schon herausbekommen, wo Herr Wagner, den nur noch als Schwein zu bezeichnen sie inzwischen offensichtlich mit sich übereingekommen war, wo dieses Schwein säße, das werde sie schon herausbekommen, und dann!

»Öfters?«

»Ja, öfters.«

Das werde sie schon herausbekommen, und wenn sie bis nach Stuttgart fahren müsse oder bis nach Ulm, man könne ja nicht davon ausgehen, dass ein Schwein dieses Kalibers in unserer Kreisstadt sicher verwahrt sei. Sie rannte in die Garage – »im Kühlschrank steht noch Bohnensuppe, wartet nicht auf mich mit dem Essen« –, kam mit dem Fahrrad wieder herausgeschossen und atmete erst wieder tief und hörbar ein, als ich sie fragte, was denn so schlimm daran war, wenn ich Herrn Wagner zur Begrüßung und zum Abschied die Hand gab.

Der Sommer ging vorbei und ich ging jetzt auf die Oberschule in der Stadt, Mutter fand für kurze Zeit eine neue Anstellung auf der anderen Seite der katholischen Kirche.

Es war der sonderbarste Broterwerb, dem sie je nachgegangen war. Sie putzte und kochte. Nicht frühmorgens in Büros oder Ämtern. Nicht in Kantinen oder Gastwirtschaften. Nein, sie putzte und kochte für das Lateinlehrer-Ehepaar Glinka und ihre beiden Söhne Ekbert und Bente. Ekbert war der beste Schüler auf dem besten Gymnasium der Kreisstadt, Bente war etwas zurückgeblieben und brachte vom gleichen Gymnasium nur Zweien nach Hause. Außerdem war er in psychiatrischer Behandlung, hieß es, weil:

»Der Wagner.«

»Was, den Glinka-Bente hat er auch?«

»Ja, auch den Glinka-Bente.«

Frau Glinka war eine große, schlanke Frau. Sie sah aus wie die Flamingos im Stuttgarter Zoo. Jeden Sonntag saß sie allein in der Kirchenbank, ganz ohne Familie. Dabei war sie noch gar nicht so alt wie die zerknitterten Kopftuchwitwen in der ersten Reihe. In der Gemeinde erzählte man sich Unglaubliches: Frau Glinka sei früher evangelisch gewesen. Genausogut hätte man mir erzählen können, sie sei früher ein Mann gewesen. Katholisch war man von Geburt an oder man war es eben nicht. Alle rätselten, was sie wohl dazu getrieben hatte, freiwillig katholisch zu werden. Ich hatte auch eine Vermutung, aber die behielt ich für mich. Es hing mit ihrem Äußeren zusammen. Frau Glinka war so hoch und dünn wie der Turm der katholischen Kirche, ein schlichter Nachkriegsbau. Der Turm der evangelischen Kirche aber, der war kurz und dick. Und so war Frau Glinka eben katholisch geworden, weil sie in unseren Kirchturm besser hineinpasste.

Trotzdem blieb da ein Rätsel um diese hagere Frau, die einmal evangelisch gewesen war, die zu Hause nicht selbst kochte und putzte, und die zu allem Überfluss auch noch Latein unterrichtete, eine Sprache, von der Holger, der Streber, vor Kurzem erklärt hatte, dass es »ja eine tote Sprache« sei. Eine tote Sprache? Tot wie Herr Hofer mit dem Wachsgesicht und den rosenkranzgefesselten Händen? Gruselig.

Das Haus der Glinkas lag versteckt hinter hohen Sträuchern. Ich klingelte am Gartentor, dann summte es, und ich konnte das Tor aufdrücken. Nochmal klingeln an der Haustür, Mutter öffnete.

Sie sah ganz normal aus. Gar nicht wie die Dienstboten, die ich aus *Das Haus am Eaton Place* kannte. Kein Häubchen, keine Rüschenschürze, kein Staubwedel, mit dem sie herumfuhrwerkte.

»Na, habt ihr was gelernt?«, sagte sie, beugte sich herunter und flüsterte: »Und vergiss nachher nicht, danke zu sagen.«

Bente führte mich durch das Haus. »Das Wohnzimmer.« Glinkas hatten keine Tapeten an den Wänden, sondern Bücherregale. Wo noch Platz war, hingen Bilder. Ich konnte nicht erkennen, was sie darstellen sollten. In der Mitte des riesigen Zimmers ein sehr dicker Teppich, ganz weit hinten ein Klavier.

»Das ist kein Klavier«, druckste Bente, »das ist ein Flügel.« Aber wo war der Fernseher? Ein Wohnzimmer ohne Fernseher? Absurd. Andererseits: Wo Evangelische katholisch wurden, da war vieles möglich. Bente setzte sich ans Klavier und spielte mit gespreizten Fingern, theatralisch, die Stirn fast auf den Tasten, bis Frau Glinka im Wohnzimmer stand: »Bente, ich bitte dich. Du weißt, es ist Mittagsstunde.« Grüß Gott, sagte ich. »Grüß Gott«, antwortete Frau Glinka mit gespitztem Mund. Aber der Ekbert habe doch gestern Mittag auch, sagte Bente. »Quod licet jovi, non licet bovi«, sagte Frau Glinka.

»Wir essen gleich.«

Ich half meiner Mutter, den Tisch zu decken, Bente saß maulig am Klavier, dann ging er in den Flur und schlug auf den schweren Gong.

Vor dem Essen wurde gebetet, und nach dem Essen wurde gebetet. Das Essen schmeckte so lecker wie zu Hause. Logisch. Nur, dass es bei Glinkas Suppe gab und Nachtisch, und Servietten aus dickem weißen Stoff. Nach jedem Gang musste man warten, bis alle fertig waren. Nach dem Essen wurden die Familienangelegenheiten besprochen, wann Ekbert was, wohin Herr Glinka warum. Mutter und ich saßen schweigend daneben. Aufgestanden wurde erst, wenn Frau Glinka auf ihrem Stuhl zurückrutschte und gedehnt sagte: »Sooo ...«

»Wagner hat dich gefickt«, sagte ich an der Haustür zu Bente.

»Wer sagt denn so was«, sagte Bente.

»Alle«, sagte ich.

»Stimmt gar nicht. Ich hab ihm einen runtergeholt. Na und?«

»Ach, und deshalb bist du jetzt verrückt und musst dauernd zum Irrenarzt? Glaub ich nicht.«

»Wart's ab«, sagte Bente, »wenn du ein paar Mal hier zum Mittagessen warst, dann wirst du schon noch sehen, dass man nicht unbedingt das Glied von Wagner braucht, um verrückt zu werden.«

Er sagte wirklich Glied, dieses seltsame Wort aus dem Biobuch.

Frau Glinka war in der Gemeinde nicht sehr beliebt. Allgemein wurde ihr Übertritt zum Katholizismus als Beweis ihrer protestantischen Einstellung zur Religion gewertet. Außerdem konnte sie einfach nicht Theorie und Praxis des katholischen Regelwerks auseinanderhalten.

So war Frau Glinka wahrscheinlich die einzige Frau unter siebzig, die jeden Samstagabend zur Beichte ging, um am Sonntagvormittag ganz sicher frei von Todsünde die Kommunion zu empfangen. – Blieb die Nacht dazwischen. Selbst für die gläubigsten Traditionskatholiken ein höchstens theoretisches Problem – gebeichtet war gebeichtet. Fertig. Aus. Nicht für Frau Glinka. Dass sie auch die Samstagnacht sehr tugendhaft erlebte, dafür sprach, dass sie trotz ihrer strikten Papsttreue nicht wieder schwanger wurde, während der kleine Bierbauch ihres Mannes von Wochenende zu Wochenende immer weiter anschwoll, wodurch der schweigsame Herr Glinka dem evangelischen Kirchturm im Dorf immer ähnlicher wurde.

»Ach«, sagte meine Mutter wie nebenbei, als ich mit der einen Hand das Marmeladenbrot in den Mund stopfte und mit der anderen schon nach dem Schulranzen angelte, »ach, heute Mittag gibt's übrigens Schinkennudeln.« Und dann sagte sie einen Satz, den ich sofort wieder vergaß: »Nach einem Rezept von Frau Glinka.«

In der großen Pause verschenkte ich die Hälfte meines Salamibrotes, damit ich am Mittag mehr Schinkennudeln essen konnte. Der Vormittag ging und ging nicht vorbei. This is Mac. He is waiting for the big blue bus. He is waiting for Schinkennudeln. Big and fettig and gebraten in the pan. Yes? No, teacher, I listen not. Yes, I am sorry. I am thinking of Schinkennudeln. Yes, bacon. – Ham? Ach so.

Ich klingelte am Gartentor, es summte, ich drückte das Tor auf. Ich klingelte an der Haustür, Mutter öffnete.

»Habt ihr was gelernt. Vergiss nachher nicht, danke zu sagen. Na, du hast es aber eilig heute.«

»Wo sind denn die Schinkennudeln?«

»Im Ofen.«

Ich wurde nicht misstrauisch. Ich deckte den Tisch, und ich wurde nicht einmal misstrauisch, als meine Mutter fürsorglich flüsterte: »Iss heut ruhig mal zwei Teller Suppe. Es gibt Bohnensuppe.«

Das war hart. Bohnensuppe war mein zweites Lieblingsessen, gleich nach Schinkennudeln. Wie sollte ich an einem einzigen Mittag angemessene Portionen von beiden Lieblingsessen schaffen? Ich wurde nicht misstrauisch. Mutter wedelte warnend mit Zaunpfählen, aber ich war blind.

Bente schlug im Flur auf den Gong. Und segne, was du uns bescheret hast, Amen. Jetzt musste ich mich entscheiden: Bohnensuppe oder Schinkennudeln.

»Halt, danke, das reicht!«

Ich aß die Bohnensuppe, eine halbe Kelle nur, und wartete. Mein Magen knurrte, ich freute mich, dass darin noch so viel Platz war und stellte mir vor, wie viele Portionen Schinkennudeln ich gleich essen konnte. I am waiting for bacon-noodles. Aber Mutter tat sich noch einmal Bohnensuppe auf, Bente und Ekbert genauso, Herr Glinka ebenfalls, und ich wurde einfach nicht misstrauisch. Frau Glinka stichelte gegen die Leibesfülle ihres Mannes, lächelte wie gemeißelt zu mir herüber und sagte: »Wir warten auf die Schinkennudeln, nicht?« Da wurde ich misstrauisch. Zu spät.

Die Schinkennudeln schmeckten nicht. Ich hatte einen Riesenhunger, und die Schinkennudeln schmeckten nicht.

Eine trockene Auflaufmasse, die sauer roch und nach Muskatnuss. Ein Klotz, der von einer mürben Joghurtpampe zusammengehalten wurde. Nudeln, die überstanden, waren dunkelbraun mumifiziert. Die Schinkenstreifen faserig und zäh. Bente ging in die Küche und kam mit einer großen Flasche Ketchup wieder.

Ich aß. Gabel für Gabel. Ohne Ketchup. Langsam kauen. Gut einspeicheln. Schlucken. Nur nichts anmerken lassen. Ich verstand die Welt nicht mehr. Ich schaute Bente fragend an. Er lenkte meinen Blick zu Frau Glinka. Ich schaute meine Mutter fragend an. Sie schaute zu Frau Glinka. Ekbert und Herrn Glinka, wen ich auch ansah mit

fragenden Augen – in denen man wahrscheinlich »Why?«
lesen konnte, Augen, in denen ein Soldat die Arme hoch-
riss und tödlich getroffen zusammensank, verzweifelte,
anklagende Augen –, wen ich mit diesen Augen auch
ansah, alle schauten sie zu Frau Glinka. Und mir ging
ein Licht auf. Meine Mutter, beste Köchin der Welt und
allerbeste Schinkennudelbraterin des ganzen Univer-
sums, hatte diese Schinkennudeln nach einem von Frau
Glinka herbeifantasierten »Rezept« zubereitet. Zwiebeln,
Schinken, Nudeln: Herrgott, seit wann brauchte man für
Schinkennudeln ein Rezept?

»Du nimmst noch eine schöne Portion, nicht?«, befahl
Frau Glinka. Ich nickte. Und aß. Hatte ich den ersten Teller noch gegessen, weil ich so großen Hunger hatte und
weil's doch nun mal Schinkennudeln waren, so aß ich den
zweiten Teller aus Höflichkeit Frau Glinka gegenüber.

Höf-lich blei-ben, kaute ich, höf-lich blei-ben.

Ich würde sie besiegen, indem ich höflich blieb. Ich war
zwar nur der Sohn der Hausangestellten, aber ich kannte
meine Roots, auch meine kulinarischen, und ich war stolz
wie Kunta Kinte. Und das da, das waren keine regulären
Schinkennudeln, das waren Klavierspielerschinkennu-
deln, Lateinlehrerschinkennudeln, und meine Mutter
war – offensichtlich gegen ihre bessere Einsicht – dazu
gezwungen worden, diese Muskatnussjoghurtsoßenkon-
vertitenschinkennudeln zuzubereiten. Höf-lich blei-ben.

Diese Frau war dem religiösen Wahn verfallen. Sie
wollte uns da mit hineinziehen. Uns vergiften. Uns da mit
hineinziehen, indem sie uns vergiftete.

Höf-lich blei-ben.

Ich würde uns alle retten. Ich nahm die dritte Portion.

Alle retten. Indem ich höflich blieb. Indem ich weiteraß. Indem ich diese vertrocknete, pietistische Schuldbewusstseinsjoghurtmasse in mich hineinstopfte. Ich aß einfach Frau Glinkas Waffe auf. Mir wurde ein bisschen schlecht. Die vierte Portion.

Höf-lich blei-ben.

Etwas Saures stieg die Speiseröhre hoch, viel saurer als der Joghurt. Ich schickte einen Bissen Schinkennudeln entgegen.

Höf-lich blei-ben.

Das Saure war stärker. Es waren die zerkauten, gut eingespeichelten Schinkennudeln. Noch war Platz in meinem Mund. Ich hörte auf zu essen. Pling, machte der Speiseröhrenfahrstuhl. Oberstes Stockwerk, alle aussteigen! Jetzt wurde es eng in der Mundhöhle. Da musste man halt zusammenrücken, Platz war in der kleinsten Hütte. Und wieder, pling, alles aussteigen, ich saß unbeweglich da, hatte die Gabel auf den Teller gelegt, konzentrierte mich, die Hände lagen auf dem Tisch, hielt den Mund geschlossen, presste den halbverdauten Essensbrei in den Rachen, in die Nasenhöhle, schon wieder: pling, in die Stirnhöhle, das kitzelte.

Durch Nasenlöcher und zusammengepresste Lippen spritzten zwei Portionen Schinkennudelbrei ins Esszimmer der Familie Glinka. Pling, alles aussteigen. Die dritte Portion konnte ich schon fast vollständig auf meine Stoffserviette lenken. Pling. Eine halbe Kelle Bohnensuppe. Pling. Reste von Salamibrot. Etwas Rotes mit kleinen Kernchen? Erdbeermarmelade. Der Aufzug, der den Magen mit dem Mund verband, transportierte unablässig neue Fracht nach oben. Bald waren Substanzen dabei, die ich nicht mehr identifizieren konnte, Mahlzeiten, die Jahre zurückliegen mussten, am Ende – pling – glitzerten orange Bonbonsplitter in der galliggrünen Flüssigkeit.

Höf-lich blei-ben.

»Danke«, sagte ich zu Frau Glinka. Die rutschte auf ihrem Stuhl zurück, sagte: »Sooo ...«, stand auf und stakste mit gerecktem Hals hinaus. Mutter holte Eimer und Lappen. Ekbert begann zu kichern, driftete in überlautes Lachen und kriegte sich gar nicht wieder ein.

Herr Glinka stand am Fenster und löffelte Vanillepudding mit Kompott, während er die Kotzespritzer an den Scheiben musterte.

»Ich geh zum Irrenarzt«, sagte Bente, »und du kotzt hier auf den Tisch.«

Herr Glinka sagte: »Die Menschen sind eben verschieden.« Mit vollem Mund!

Ich dachte an Herrn Hofer, dessen Bauch der Krebs so durcheinander gebracht hatte. Herr Hofer, der letztlich an allem schuld war.

Bevor der Herbst richtig nass und grau werden konnte, taumelten die ersten Schneeflocken durch die Luft. Mutter trat eine neue Stelle an, als Verkäuferin in einer Metzgerei. Sie wurde in die Geheimnisse der Leberkäseherstellung eingeweiht, und bald hörte sie auf, Leberkäse zu essen.

Kurz vor Weihnachten war der taubstumme Herr Wagner wieder da, aber er interessierte sich nicht mehr für mich. Er schenkte mir keine Nimm-Zwei-Bonbons mehr, nicht einmal die gelben. Wenn wir auf dem Trottoir, Schneelicht von allen Seiten, mit Mütze, Schal und Handschuhen dick verpackt aneinander vorbeigingen, als ob wir uns nicht kennen würden, dann lächelte er nur ganz kurz und entschuldigend. Ich wusste nicht, ob sie ihn jetzt kuriert hatten, oder ob ich inzwischen einfach zu alt für ihn war.

Stammstrecke

Von Katja Oskamp

An einem Tag im Herbst klingelte es im Marzahner Kosmetikstudio. Ich flitzte zur Tür und sah in zwei breit grinsende Gesichter, die zwei jungen Männern gehörten. Sie wollten wissen, was eine Fußpflege kostet.

»Zweiundzwanzig Euro«, sagte ich.

»Jib's Rabatt?«, fragte der eine.

Er näselte und hatte Pausbäckchen, aus denen Barthaare wuchsen.

»Nee«, sagte ich, verdrehte die Augen.

»Kann mein Freund 'n Termin haben?«, fragte der andere.

Er hatte ein gutmütiges Gesicht und eine tiefe Stimme.

Ich notierte für Donnerstag in drei Wochen um 14 Uhr im Terminbuch: Felix Vogel.

Als Felix Vogel auftrat, wirkte er nervös. Die erste Pediküre seines Lebens schien für ihn eine Mutprobe zu bedeuten. Ich wusch seine Füße, die er mir krampfhaft zu entziehen versuchte. Die Zehen waren dürr und starr, auf den großen sprossen schwarze Haarbüschelchen.

»Schatzi holt ma gleich ab«, näselte Felix mit kum-

138

mervoller Miene. Er sagte es weniger zu mir als zu sich selbst. Schatzi war der junge Mann mit dem gutmütigen Gesicht und der tiefen Stimme. Schatzi, erzählte Felix, arbeite als Reinigungskraft und mache Bahnhöfe sauber. Da er schon morgens um fünf begann, hatte er am frühen Nachmittag Feierabend.

»Und was machst du?«, fragte ich.

»Ick bin Lokführer«, sagte Felix.

Er strubbelte sich plötzlich die Haare, rieb sich den Bauch und gluckste. Auch ich musste lachen und fragte mich, ob einer mit solcher Angst Lokführer sein konnte.

Sechs Wochen später kam er fröhlich und ohne Angst, stellte die Füße ins Fußbad und zeigte mir stolz seine Brieftasche, in der sich die BVG-Wertmarke befand, mit der er umsonst Bus, Tram, S- und U-Bahn fahren konnte, außerdem die EC-Karte, den Personalausweis, die Terminkarte für die Fußpflege, den Schwerbehindertenausweis. Ihn wendete Felix betulich hin und her, als ich nach der Behinderung fragte. Ein G stünde darauf, ich könne mir aussuchen, was es bedeute. Geistig behindert? Oder gehbehindert? Ich zuckte mit den Schultern. Felix strubbelte, rieb und gluckste wieder.

Felix wurde im Sommer 1984 geboren. Seine Mutter war zwanzig Jahre alt und überfordert, sein Vater war Alkoholiker. Das Jugendamt entschied, dass Felix besser im Kinderheim aufgehoben war. Er wurde zwei, wurde drei, wurde vier, wurde fünf Jahre alt, aber er konnte nicht laufen. Saß da, hockte am Platz, kam nicht vom Fleck. Benutzte seine Füße nicht. Eines Tages tauchte ein Zahnarzt mit einer Zahnarzthelferin im Heim auf, um die Kinder zu untersuchen. Die Zahnarzthelferin sah Felix, den immobilen Knirps, und hörte seine Geschichte. Von da an holte sie ihn jedes Wochenende zu sich nach Hause. Felix spielte mit den Enkeln der Zahnarzthelferin, die damals schon in den Fünfzigern war, und lernte mit sechs Jahren laufen.

Beim nächsten Termin rief er schon in der Tür: »Letzte Woche hätt ick dich jebraucht!« Auf dem Fußpflegestuhl kippte ich Felix nach hinten und besah mir die Blase, die er sich unter dem rechten Ballen gelaufen hatte. Felix und Schatzi waren die alte S-Bahn-Stammstrecke von Zehlendorf bis Griebnitzsee abgewandert, entlang der stillgelegten, überwucherten Gleise hatten sie sich durchgeschlagen. Einen ganzen Tag hatte der Ausflug gedauert. Während ich die trockenen Hautfetzen entfernte, die von der Blase übrig waren, erzählte Felix begeistert vom Verlauf der alten Schienen. Ich hörte ihm gern zu, weil er die Regungen seines Gemüts so deutlich zeigte. Ich salbte die Stelle und zog Felix die Socken an.

»Du bist echt nett«, sagte Felix.

»Du auch«, sagte ich.

Ich kannte Felix ein halbes Jahr, als er mich zu sich nach Hause einlud. Er wohnte in der Nähe des Kosmetikstudios in einem achtzehngeschossigen Punkthochhaus. An einem Frühlingstag klingelte ich im vierten Stock. Felix öffnete; er habe extra aufgeräumt, aber, na ja. Es war ein verlotterter Jungshaushalt, winziger Flur, winziges Bad, die Küche so klein, dass man nicht darin sitzen konnte. Das schmale Zimmer mit Technikkram vollgestopft, darin ein großes Bett, davor ein Fernseher, der locker als Raumteiler durchging. Felix kochte mir einen Kaffee, da klingelte sein Smartphone. Es war Schatzi.

»Uns jeht's supi! Mach da keene Sorgen. Allet jut! Küsschen, Küsschen!«, sagte Felix. Er legte auf, warf sich aufs Bett, schaltete den Fernseher ein und rief: »TSW!« Es brauchte ein paar Anläufe, bis ich Felix' genäselte Erklärung verstand: TSW hieß *Train Simulation World*. Es handelte sich um einen Eisenbahnsimulator, ein Computerspiel, das Felix und Schatzi andauernd spielten.

Auf dem Bildschirm sah ich das täuschend echte Innenleben eines Regionalzugs. Mit dem Controller navigierte Felix sich durch den Zug, öffnete und schloss Türen, bestieg den Führerstand, betätigte allerlei Knöpfe und Hebel, wartete aufs Signal. Der Zug fuhr ab, legte an Tempo zu, rechts und links sausten Bäume vorbei, dann Felder. Der Blick durch die Frontscheibe wurde weit, die Gleise verloren sich im Endlosen, leise surrte der Zug durch die Landschaft, von Aschaffenburg in Richtung Gemünden am Main. Felix war der Lokführer, ein Souverän, der erklärte, dass man Strecken, Züge und Loks hinzukaufen konnte. Fieberhaft warteten er und Schatzi auf den Erscheinungstermin von TSW2, denn dann würden sie mit der Bakerloo Line, der Londoner U-Bahn, fahren können.

Bis er sechzehn war, besuchte Felix vier verschiedene Heime und drei Förderschulen. Danach fing er an, in einer

Werkstatt für Menschen mit Behinderung zu arbeiten, zerlegte jeden Tag Elektroschrott – Drucker, Kopiergeräte, alte Röhrenfernseher –, zog mehrmals um, von einer WG in die nächste, verliebte sich in Jungs, hatte hier und da kleine Abenteuer, aber nichts hielt. Nach zehn Jahren wurde Felix klar, dass seine Arbeit miserabel bezahlt wurde. Was sich als Förderung beeinträchtigter Menschen tarnte, war in Wahrheit Ausbeutung. Felix beendete das Arbeitsverhältnis und stellte mithilfe seines Betreuers einen Antrag auf Grundsicherung. Arbeiten ging er trotzdem, von nun an ehrenamtlich. Er heuerte bei der Bahnhofsmission im Bahnhof Zoo an und half dort in der Kleiderkammer und bei der Essenausgabe. Einmal im Jahr lud die Deutsche Bahn AG die Ehrenamtlichen zum Neujahrsempfang in den Bahntower am Potsdamer Platz. Der Blick schweifte aus der sechsundzwanzigsten Etage durch die gläsernen Fassaden über Berlins Bahnhöfe, Gleise, Verkehrsknotenpunkte. Drinnen bordeten Banketts vor Köstlichkeiten über, wurden feierliche Dankesreden gehalten, perlte der Sekt. Mittendrin strahlte Felix.

Zu der Zahnarzthelferin, die ihn vor dreißig Jahren an den Wochenenden aus dem Heim holte, hat er immer Kontakt gehalten. Für Felix ist sie seine Oma. Oma ist inzwischen fünfundachtzig und lädt Felix noch immer ein paarmal im Jahr zum Essen ein. Seit zwei Jahren kommt auch Schatzi mit.

Schatzi hat er über Facebook kennengelernt. Hat dieses Foto gesehen und gedacht: Wow! Noch am selben Tag verabredeten sie sich. Trafen sich an der Frankfurter Allee nach Schatzis Feierabend. Es fing heftig zu regnen an, da schlug Felix vor, zu ihm nach Hause nach Marzahn zu fahren. Dort angekommen, zogen die Jungs sich nackig aus und hüpften ins Bett. Seither sind sie ein Paar. Seither spielen sie TSW. Seither ist Felix Lokführer.

Im Juni kam er wieder zur Fußpflege; diesmal wirkte er bedrückt, seufzte und sah nachdenklich aus. Am Morgen beim Frühstück, erzählte er, hätten Schatzi und er eine Kerze angezündet, weil sich heute das Zugunglück von Eschede, bei dem so viele Menschen gestorben waren, jährte. Immer, wenn das Datum heranrücke, würde Schatzi traurig werden.

»Er hat damals 'n juten Freund verloren«, sagte Felix, und leise fügte er an: »Schatzi braucht mich heute.«

Um ihn aufzuheitern, gelte ich mit der Fußcreme die schwarzen Haarbüschelchen, die auf den dürren, starren Großzehen sprossen, erst nach vorn, dann entgegen der Wuchsrichtung nach hinten. Zum Schluss scheitelte ich beide Büschelchen akkurat und sagte: »Zehenfrisur fertig.«

Felix zerstrubbelte sich die Haare, rieb sich den Bauch und gluckste vor Lachen. Mir fiel erst später auf, dass das Zugunglück von Eschede vor zweiundzwanzig Jahren passiert und Schatzi fünf Jahre alt gewesen war, aber je länger ich darüber nachdachte, umso sicherer wurde ich, dass man auch mit fünf schon einen guten Freund verlieren kann.

Ein Dienstag im August. Felix sitzt noch nicht ganz auf dem Fußpflegestuhl, da klingelt sein Smartphone. Es ist

Schatzi, der ihn mit seiner tiefen Stimme väterlich daran erinnert, dass sie morgen sehr zeitig aufstehen müssen. Schatzi hat im Internet das Antragsformular für sie beide ausgefüllt, dann kam per E-Mail die Zusage, und morgen ist es so weit. Morgen sind Felix und Schatzi BER-Flugha-fen-Tester. Um acht geht's los am Terminal 2. Sie werden mit Lunchpaketen und Getränken versorgt, bekommen Koffer und Bordkarten, müssen lange Laufwege zurück-legen, die Sicherheitskontrolle passieren und ihr Gate finden, gemeinsam mit neuntausend anderen Flughafen-Komparsen.

Der BER, jener Berliner Großflughafen, der seit knapp zehn Jahren andauernd kurz vor der Eröffnung steht, hat über sieben Milliarden Euro aus der Staatskasse ver-schlungen, ohne dass je ein einziges Flugzeug gestartet ist. Nun, da er endlich wirklich eröffnet, ist der BER plei-te.

Mein Stammkunde Felix, der fünf Jahre lang lag, saß, robbte, krabbelte, der erst mit sechs Jahren laufen lernte, hat es bis zum Lokführer gebracht. Morgen wird er unter die Piloten gehen. Zusammen mit Schatzi wird er den Führerstand verlassen und ins Cockpit steigen. Statt *Train Simulation World* vor dem Fernseher spielen sie *Plane Simu-lation World* am Terminal 2 des Berliner Großflughafens BER. Flieg, Vogel Felix, flieg.

Sonnenbrand

Von Martin Becker

Dagegen habe ich wirklich Glück gehabt. Das weiß ich, weil ich alles gesehen und alles verstanden habe, als kleines Kind schon. Ich habe einen Beruf, der mir qua Herkunft nicht zusteht, ich verdiene mit ihm gutes Geld und muss dafür nicht am Konservendosenband stehen oder in der gleißenden Hitze der Industrieschmiede. Ich habe einen kleinen Sohn, der diese Sache mit den geduldeten Überziehungen vielleicht meinetwegen automatisch im Blut hat, den das alles, wenn es gut läuft, aber einfach nichts angehen soll. Ich habe jedenfalls tatsächlich Glück gehabt. Ein Glück, das ich in all seiner Unverschämtheit beispielsweise immer dann spürte, wenn ich ein Verkehrsflugzeug bestieg. Wo doch niemand aus meiner Familie jemals geflogen war. Dieses untilgbare Gefühl, privilegiert zu sein, selbst dann, wenn der Platz, auf dem ich saß, nur zu den üblichen Billigfliegerkonditionen verkauft wurde. Ich sitze im Flugzeug, also bin ich wer. So hat es mich bis nach Brooklyn getragen, während meine Eltern allein unseretwegen noch nicht mal bis nach Boppard am Rhein gekommen sind. Aber ich habe vor der Fliegerei auch einen Höllenrespekt. Denn schon seit geraumer Zeit denke ich die Dinge immer vom Ende her. Bin ich sicher gelandet, dann habe ich ständig diese fordernden Stimmen im Ohr: Sei dankbar, säuseln sie, sei dankbar, sei dankbar. Und ich behalte meine gebeugte Körperhaltung bei und säusele leise und ergeben zurück: Das bin ich. Das bin ich wirklich.

Eigentlich heißen die Helden dieser Geschichte Herr Weber oder Herr Ziegler oder Herr Schöller. Ihnen haben wir alles zu verdanken. Restlos alles. An sie wollen wir respektvoll erinnern, wenn wir in unserer hinfälligen Existenz im Rahmen der geduldeten Überziehung wühlen. Herr Weber oder Herr Ziegler oder Herr Schöller sind Prototypen, sie verfügen für uns über kein Privatleben jenseits ihrer Funktion. Sie können für mich nicht altern, sie können sich nicht fortentwickeln, das müssen sie aber auch gar nicht. Sie kommen aus den westdeutschen Achtzigern, und da dürfen sie auch bleiben. In meiner Erinnerung werden sie für immer so aussehen, wie sie damals aussahen: gekleidet nach der Kleinstadtmode der vergangenen Saison, die sie sich aus der gediegeneren Abteilung des Quelle-Versands bestellten. Hier und da ein kariertes Flanelljackett, zu besonderen Anlässen ein Einstecktuch, zumeist blütenweiße Hemden, manchmal Krawatten. Und die blank polierten schwarzen Schuhe, mit denen ich als kleines Kind auf Augenhöhe war.

Herr Weber, Herr Ziegler und Herr Schöller waren unsere Erlöser, zugleich aber auch auf geradezu alttestamentarische Weise strafende Gestalten. An ihnen hing alles, was uns gehörte. Die Herren arbeiteten in jeweils unterschiedlichen Positionen in der Kreditabteilung der Sparkasse unserer Kleinstadt, deren immenser Bau das asbestverdächtige Zentrum der Träume symbolisierte. Wenn Herr Weber, Herr Ziegler oder Herr Schöller mitmachten, war alles gut. Wenn sie sich verweigerten, ihre Zigarette im schweren Aschenbecher vor sich ablegten, mit dem Kopf wiegend zweifelten oder einfach nur eine Spur zu tief einatmeten, dann saßen wir da wie die Schulkinder vor der Rückgabe einer schlecht ausgefallenen Klassenarbeit. Unser Leben spielte sich zwischen überstrapazierten Dispositionskrediten, zu Wucherzinsen neu aufgelegten Immobiliendarlehen und in der Regel leeren Sparbüchern ab. Die Bank hielt uns fest an der kurzen Leine. Natürlich hatten wir auch Glück, verdammtes Glück. Aber nur im Rahmen der geduldeten Überziehung.

Ich habe alles gesehen, ich habe alles verstanden: dass wir so ganz anders waren, zum Beispiel. Anders als andere Familien mit Kindern. Anders als die anderen Reihenhausbesitzer mit ihren gepflegten Rasenflächen. Dass wir fremd waren, wo wir auch auftauchten, nicht nur in den Hallen der Kreditinstitute. Dass meine Mutter, immer misstrauisch und schwerhörig seit der Kindheit wegen einer nicht auskurierten Infektion, immer alles falsch verstand und aus Prinzip ständig widersprach. Dass mein Vater, wenn ihm etwas nicht passte, sein ewiges Schweigen brach und das Gegenüber einfach duzte, dabei grob wurde, zumindest verbal. Dass ich mich für uns geschämt habe. Und dass ich mich bis heute wiederum schäme für die Scham, die ich hatte, weil wir waren, wie wir waren.

Was heißt hier eigentlich genau »Wir«? Was war das, und was ist davon überhaupt noch übrig? Das sollten wir jetzt klären. Dazu müssen wir ein wenig ausholen, dazu müssen wir die nach Kunstleder, Angstschweiß und Aftershave riechenden und in braungelben Farbtönen gehaltenen Flure der Kleinstadtsparkasse verlassen und uns weit, weit entfernen von der adrett gekleideten Mittelschicht:

Ein junger Mann, der schon den Krieg erlebt hat. Seine frühen Erinnerungen setzen sich zusammen aus dem Brummen amerikanischer Bomber, aus dem Anblick abgerissener Körperteile, die aus dem Schutt der Häuser in der Nachbarschaft ragen, aus der Erfahrung, den eigenen kleinen Bruder sterben zu sehen, weil er beim Spielen bleiverseuchtes Wasser getrunken hat. Dann ist der Krieg vorbei, dann kommen die mageren Jahre, dann geht die Arbeit los. Der Mann malocht unter Tage. Tag um Tag raubt er dem Berg die Kohlen, in seiner Bergmannskluft mit Arschleder und Kautabak und diesem ganzen romantischen Ruhrpottschmus, den es ja tatsächlich gegeben hat, der nur nie so romantisch war wie in unserer nachträglichen Betrachtung. Glück auf, Glück auf, die Staublunge kommt. Später dann sorgt der Mann für die Erfüllung der Wirtschaftswunderwünsche anderer Leute, nach einem Unfall da unten will er nicht mehr vor Kohlen sein, er zieht in die Kleinstadt, sein restliches Arbeitsleben lang schmiedet er in der Gluthitze der Gewerbehallen ein getrieberelevantes Autoteil, das in den Neuwagen von Opel verbaut wird. Er trinkt Bier und Schnaps und Wein. Man muss die Schnauze halten und hart arbeiten, es kann nur schöner werden. Das ist mein Vater.

Eine junge Frau, die zwar nicht im Krieg war, sich aber so fühlt. Kurz danach geboren in ärmsten Verhältnissen, gequält von einer unbarmherzigen und daueumziehenden Mutter, gezeichnet von den Verhältnissen des sogenannten Nachkriegsdeutschlands, aber diese ganzen Geschichten vom Missbrauch als junges Mädchen, das hat man wahrscheinlich früh gelernt, die deutet man nur an, bloß kein Aufheben um sich, bloß keinen Ärger machen. Die Frau lernt den Beruf der Schneiderin, sie näht in einem Betrieb Blaumänner und Arztkittel, nach Feierabend geht sie für die Spätschicht in die Konservendosenfabrik. Manchmal in der Kneipe, wo die ersten Spielautomaten stehen, lässt sie sich zu Liedern aus der Jukebox einladen, muss aber selbstverständlich früh wieder daheim sein. Man muss da raus, man muss irgendwie da raus. Schlechter geht ja kaum, es können nur bessere Zeiten kommen. Das ist meine Mutter.

Manchmal ist die Mutter fast weg mit dem gemeinsamen Moped, weil der betrunkene Vater diesen Blick bekommt, der nichts Freundliches mehr hat und radikal keinen Widerspruch duldet, dann wird regiert mit harter Hand, es häuft sich, irgendwann setzt sie ihm die Pistole auf die Brust, ab dann säuft er weniger und hat seinen Jähzorn im Griff. Damit steht dem Glück also tatsächlich nichts mehr im Wege.

Damals beginnt das große Zechensterben, blutet der Ruhrpott aus, also ziehen die Eltern in die Kleinstadt. Sie würden gern Kinder bekommen, aber die Jahre vergehen, also adoptieren sie ein kleines Mädchen, das für den Rest ihres Lebens im Rollstuhl sitzen wird. Das ist meine Schwester. Und dann bekommen sie alle drei Jahre doch noch ein Kind, drei Stück, das sind meine Brüder, das bin ich. Das sind wir.

Das Geld, und diese Erfahrung zieht sich wie ein roter Faden durch sämtliche Jahrzehnte, Hochgefühle und Krisenlagen, genügt hinten und vorne nicht. Es reicht nicht am Anfang des Monats, weil dann durch Lohneingang nur das Minus auf dem Konto in einen erträglichen Bereich geschoben werden kann. Es reicht sowieso nicht am Ende des Monats, wo man manchmal nicht weiß, ob der Geldautomat im Foyer der Sparkasse überhaupt noch Geld ausspucken wird. Es fehlt an allen Ecken und Enden, und es reicht doch irgendwie: beispielsweise für den kollektiven Traum der *working class*, den meine Eltern sich und uns erfüllen. Ein Mittelreihenhaus mit Flachdach und überschaubarer Quadratmeterzahl. Mit streng parzelliertem Garten, der für einen Rasen, einen Sandkasten, ein Planschbecken und ein Gemüsebeet reicht. In absoluter Minimalausstattung bei maximaler handwerklicher Eigenleistung. Gekauft zu einem Spottpreis, der dazu beiträgt, dass die Baufirma die Errichtung der Reihenhaussiedlung ökonomisch nicht überlebt. Kollektiv finanziert von Herrn Weber und Herrn Ziegler und Herrn Schöller zu einer Zeit der Hochzinsphase, was in der Konsequenz bedeutet, dass sich die an sich überschaubaren Schulden über Jahrzehnte kaum tilgen lassen, dass es schon mit der Unterschrift der Bauherrn unter dem Vertrag ausgemachte Sache ist, dass das Haus niemals ganz ihnen gehören wird, jedenfalls nicht in diesem Leben.

Damit kommen wir der Sache der geduldeten Überziehung schon etwas näher, aber bleiben wir noch eine Weile beim Glück: Einerseits wäre es ein Leichtes, an dieser Stelle eine Wir-hatten-ja-nichts-und-doch-so-viel-Anekdote nach der anderen aufzureihen, um dem Anspruch an das Aufwachsen in der sogenannten Arbeiterklasse Rechnung zu tragen. Aber das würde unser Milieu mal wieder romantisieren und zu den Verniedlichungs- und somit auch Verkleinerungstendenzen beitragen, mit denen diese Herkunft doch ohnehin in der öffentlichen Wahrnehmung einhergeht. Denn bloß, weil den abenteuerlichen Geschichten aus den Fabriken und Schächten der Republik mit ernster Miene gelauscht wird, heißt das noch lange nicht, dass sie auch wirklich ernst genommen werden.

Andererseits ist es ebenso ungerecht, dieser Familiengeschichte und erst recht den Eltern gegenüber, nicht davon zu erzählen, wie es war. Denn es stimmt ja leider tatsächlich, wir hatten nichts, und wir hatten doch so viel. Die Fotoalben aus alten Zeiten beweisen es. Gesammelte Bilder von Familienfesten im kleinen Rahmen, von Urlauben am Meer, in denen die Unterkunft selten direkt hinterm Deich lag, fotografiegewordene Existenzbeweise für eine Familie, die es heute nicht mehr gibt. Aber auf den Fotos gibt es ja noch kein Ende, zum Glück, da gibt es nur den tatsächlich schönen Augenblick, der nicht verweilen wird.

Da packen wir glückselig die Spielzeuge aus dem Versandhauskatalog aus, da winken Kasperle und ein namenloser Polizist als Puppen auf den Händen der Mutter an Heiligabend aus dem kleinen Wohnzimmertheater, da sitzen wir an einem heißen Sommertag inmitten einer Marienkäferplage an der Nordsee, die Eltern mit Zigarette in der Hand zusammengequetscht im Strandkorb, die Kinder mit Sonnenbrand im Sand davor, da stehen die Schwarzwälder Kirschtorten und aufgetauten Teilchenplatten massenhaft zur Taufe, zu Ostern, zur Konfirmation auf dem schweren Tisch aus dunkel furniertem Holz, da lehne ich stolz lachend an der Motorhaube der neu angeschafften Opel Rekords und Ford Escorts aus zweiter, dritter, vierter Hand. Die günstige Funktionskleidung vom Discounter, in aller Regel eine Nummer zu groß, verrät vielleicht die soziale Herkunft, den Gesichtszügen der Eltern sieht man die harte Arbeit an, und die Abwesenheit anderer Personen außer der eigenen Familie kann als Indiz für eine veritable Einsamkeit dieses selbst im Westdeutschland der späten Achtziger und frühen Neunziger selten gewordenen Milieus gewertet werden, aber dennoch: Wir hatten es gut. Zumindest hatten wir es gar nicht schlecht. Denn die Eltern haben aus dem wenigen, was zur Verfügung stand, das größtmögliche Glück herausgeholt. Dass Unbeschwertheit grundsätzlich nicht vorgesehen ist, dass das Alleinsein qua Herkunft retrospektiv alle Erinnerungen sepiafarben schimmern lässt, dass sich diese ganze Familiensaga schon so früh vom Ende her erzählen lassen muss, gehört allerdings ebenso zur proletarischen Wahrheit.

Mit unserem Glück war es nämlich immer so eine Sache. Erstens, es war stets eng umgrenzt. Zweitens, es hatte immer seinen Preis. Drittens, gewissermaßen die Konsequenz, es war auf der Langstrecke schlichtweg nicht machbar. Da konnten wir noch so viele Lottoscheine ausfüllen und Rubbellose kaufen und auf das glückliche Händchen bei der Tombola hoffen. Vielleicht ist es wirklich diese eine Geschichte, die am besten zum Ausdruck bringt, wie es um unser Glücksvermögen bestellt war: Bei einem Sommerfest in der Schule meiner Schwester, die auf Menschen mit Körperbehinderung spezialisiert war, fand eine große Verlosung statt, deren Erlös einem guten Zweck der Einrichtung zugutekam. Auch meine Eltern kauften natürlich ein Los – und das erste und einzige Mal überhaupt in ihrem Leben gewannen sie den Hauptpreis. Eine malerische Weinfahrt nach Boppard. Inklusive Anreise und Luxusunterkunft. Selbstverständlich bei voller Verpflegung. Ein langes Wochenende zum Wohlfühlen, nur für die Eltern. Auf den Jubel folgte noch vor Ort unmittelbar die Ernüchterung: Wie soll das mit den Kindern gehen? Wer soll sich kümmern? Woher den ohnehin nicht mehr vorhandenen Urlaub nehmen, wenn gerade im Autozulieferbetrieb Doppelschichten gefahren werden, die der Vater finanziell so gut gebrauchen kann? Der große Preis wurde an ein anderes Elternpaar verschenkt, zum Dank gab es später eine Flasche Wein vom Rhein und einige Tafeln Schokolade für die Kinder. Der Traum war aus, bevor er überhaupt angefangen hatte.

Nun aber Butter bei die Fische, um die Worte meiner Mutter zu benutzen, was soll das mit der »geduldeten Überziehung«? Ist damit möglicherweise nicht einfach »Glück in kleinen Dosen« gemeint? Nein, denn das würde einen einigermaßen regulierten und kontrollierten Umgang damit voraussetzen. Auch »Glück auf Pump« ist zu plump. Und »Glück auf Kredit« wäre zu einfach gesagt. Das wiederum hätte ja einen klar definierten Rahmen: Man borgt sich einen Betrag X und zahlt ihn ordentlich Monat für Monat ab, bis man von der Last der Schuld befreit ist.

Glück im Rahmen der geduldeten Überziehung hingegen ist da schon eine kompliziertere Angelegenheit: Die geduldete Überziehung kommt dann ins Spiel, wenn schon alles Vorhandene ausgereizt ist. Wenn das Guthaben oder eine »ausdrücklich eingeräumte Kreditlinie« nicht ausreichen, dann greift der Begriff der Duldung. Das Kreditinstitut kann in einem solchen Fall nämlich trotz fehlender Mittel eine Auszahlung zulassen, dies wird allerdings nur hingenommen, und es ergibt sich keinerlei Rechtsanspruch daraus. In den Regelungen ist sogar die Rede von internen Kreditlinien, die der Kundin oder dem

Kunden natürlich nicht mitgeteilt werden – der Sollzins ist so oder so in solchen Fällen immens, aber man hätte ja vorher in das Kleingedruckte schauen können. Zusammengefasst: Du kannst dein Stück vom Kuchen abhaben. Selbst dann, wenn es dir eigentlich nicht mehr zusteht. Wir sind ja gar nicht so. Nimm nur, aber sei dir bewusst, dass wir dich im Auge behalten. Und dass wir jederzeit eingreifen können, wenn uns dein Geschäftsgebaren nicht gefällt, dann wird nämlich aus der geduldeten Überziehung eine »erhebliche« – und was dann passiert, das schlimme Schreiben von uns im Briefkasten wäre da noch harmlos, das willst du dir lieber nicht vorstellen.

Wenn es ein Gefühl gibt, das meine Herkunft, mein Aufwachsen und mein Leben so nachhaltig geprägt hat wie nichts sonst, dann ist es diese fast urprotestantische Erfahrung, was Glück, Geld und Geltung angeht: Es steht euch eigentlich gar nichts zu, also nehmt zufrieden hin, was ihr kriegt. Damit haben wir, im Übrigen, niemals gehadert. Ich kann mich nicht daran erinnern, dass mein Vater die Umstände irgendwann verteufelt hätte, dass meine Mutter jemals wirklich verzweifelt wäre angesichts des dauerhaften Verweilens in prekären Verhältnissen. Im Gegenteil, gerade den Webers, Zieglers und Schöllers wurde stets größtmöglicher Respekt gezollt, waren sie es doch, die uns, um es in der Familiensprache zu sagen, über all die Jahre »am Kacken hielten«.

Was aber geschieht, wenn sogar das letzte bisschen Wohlwollen aufgebraucht ist, das gehört zwangsläufig auch zu dieser Geschichte vom kleinen Glück: Alt wird man jedenfalls nicht, wenn man ständig im Rahmen der geduldeten Überziehung lebt.

Ich muss dabei immer an die Verkehrsflugzeuge denken, vor denen ich seit jeher einen Höllenrespekt habe. Viele tragische wie tödliche Unfälle der Luftfahrt hängen nämlich auch mit einem – zumeist unbemerkten – Überziehen des Piloten zusammen: Ist der Anstellwinkel der Tragflächen zu steil, dann kommt es zum Strömungsabriss, dann kann der Absturz die unmittelbare Konsequenz sein, denn dann ist, wie es in Unfallberichten zu diesem Thema häufig heißt, die Grenze des Bereichs überschritten, die für den Betrieb des Flugzeugs vorgesehen ist.

Unser Absturz ging so: Mein Vater stand mit seinen kaputten Knien wenige Tage vor seiner Rente, als meine Mutter durch eine Hirnblutung zum Pflegefall wurde. Er kümmerte sich in seinen verbleibenden Jahren ohne Arbeit rund um die Uhr um sie. Dann wurde er müde, dann wurde er langsamer, dann blieb ihm die Luft weg, dann ging er zum Arzt, der ein kleinzelliges Bronchialkarzinom feststellte. Vier Wochen nach der Diagnose starb er mit achtundsechzig Jahren im Kreiskrankenhaus, immerhin unter der beruhigenden Wirkung von hoch dosiertem Valium. Was der Bergbau nicht geschafft hatte, konnten Abertausende Zigaretten in den Jahren danach mit Leichtigkeit leisten. Meine Mutter hielt noch einige Jahre durch und kam sogar in den Genuss eines Seniorenheims, das ihr das Rauchen in ihrem Zimmer zugestand –

sie war, bei vergleichsweise klarem Verstand, die Königin ihrer Station. Ein kleines, spätes, wunderbares Glück. Mit Anfang siebzig starb sie schließlich, und selbst der vertrauliche Teil des Totenscheins gab nur ratlos diffuses Organversagen als Ursache an. Eine Frau, die ihr Leben lang für uns ausgereizt hatte, was möglich war, die viel älter aussah, als sie in Wahrheit gewesen ist. Damit endete die Geschichte der Familie, damit endete die Geschichte des über Jahrzehnte ausgedehnten Lebens auf Dispokredit, damit endete auch die endlose Wonne des Mittelreihenhauses in unverbauter Lage.

Das war also unser Glück im Rahmen der geduldeten Überziehung. Und es hat mich zu dem gemacht, was ich heute bin. Ich habe nie mit dieser Selbstsicherheit der gesunden Mittellage mit Stäbchen gegessen, ich habe nie gelernt, mit Kräften, Emotionen, Lebensmitteln oder Geld in gesundem Maße zu haushalten, ich habe nie mit selbstverständlich durchgedrücktem Rücken selbstbewusst kalkuliert über die Witze in wichtiger Runde gelacht, ich habe nie geworked, während ich getravelled bin, mir fehlen die Auszeiten, mir fehlen die Achtsamkeitsfähigkeiten, mir fehlen die biografisch gewünschten Weltreisen, ich habe keine Handhabe gegenüber diesem ungerichteten Zorn, den man in gebildeten Kreisen doch so wohltemperiert im Zaum zu halten vermag, ich habe vor Wut in den Holzrahmen des hinfälligen Pflegebetts getreten und mir das Bein dabei aufgerissen, als das von Herrn Weber und Herrn Ziegler und Herrn Schöller gnädig finanzierte und dennoch nie abbezahlte Haus

samt meinem Aufwachsen vor die Hunde ging, unser so-
genanntes Eigenheim abgewickelt und dem dankbaren
Immobilienmarkt zu einem undankbaren Preis wieder
zugeführt wurde.

Aber ich habe immer alles verstanden, und ich habe
immer alles gesehen, als kleines Kind schon, und seien
es nur die edel gepflegten schwarzen Schuhe der Herrn
von der Sparkasse. Wie besessen bin ich seit jeher vom
Untergang dessen, was wir waren, mir hängt der Arsch
voll Tränen, um die Worte meines Vaters zu benutzen,
wenn ich daran denke, dass alles so furchtbar vorher-
sehbar war, dass niemals ein Weg daran vorbeiführte, als
verhältnismäßig junger Mensch in einer Zeit, in der die
ersten Beerdigungen meist im gesegneten Alter entschla-
fene Urgroßmütter betreffen, die Hand eines toten Vaters
und einer toten Mutter zu halten und dabei sachlich fest-
zustellen, dass schon wenige Grad Abweichung von der
üblichen Körpertemperatur sich anfühlen wie Eiseskälte.
So bleibe ich in gebeugter Lauerstellung und rauche von
den Zigaretten, die meine Dynastie mir als Erbschaft ge-
lassen hat. Ich darf das nicht strapazieren, ich darf nichts
überreizen, wenigstens ich will mich redlich darum be-
mühen, nicht zu überziehen.

Kolbenkönige

Von Olivia Wenzel

Ich habe mich noch nicht an den Geruch des Autos ge-
wöhnt. Als ich nach einer Pinkelpause wieder einsteige,
fällt er mir erneut auf. Summend fahre ich zurück auf die
A 24, es ist Sommer und bald Mitternacht. Ich bin gute
hundertfünfzig Kilometer von Berlin entfernt, vielleicht
noch in Brandenburg, vielleicht schon in Mecklenburg-
Vorpommern, mein Abenteuer hat begonnen: Ganz allein tuckere ich zum Geburtstag einer Schulfreundin, die
ich jahrelang nicht gesehen habe, unterwegs halte ich an
malerischen Seen und übernachte im Auto. Diese Vorstel-
lung war wochenlang meine liebste Eskapismusfantasie,
und jetzt würde sie endlich real – in der nächsten halben
Stunde würde ich bestimmt einen guten Platz finden für
diese erste Nacht auf meiner zum Bett umfunktionierten
Rückbank. Nach viel Schlaf ohne unheimliche Zwischen-
fälle würde ich früh, sehr früh – noch bevor andere
Menschen zum Spazieren vorbeikämen – die Schiebetür
meines Opel Combos öffnen, aussteigen, vier Sonnen-
grüße machen, in einem klaren Waldsee meine Bahnen
ziehen. Ich würde Fische und Vögel beobachten, tagsüber
faulenzen, lesen, das Alleinsein in der Natur und / oder in

meinem Auto genießen, auch bei Regen, ohne Angst. Ich würde mir beweisen, dass so eine Art von Roadtrip für so einen Menschen wie mich möglich ist. Und am Ende der einwöchigen Reise würde ich bei der Gartenparty meiner Schulfreundin ankommen. In einem schlichten Sommerkleid, vom Licht der Lampions erhellt, würde ich Crémant schlürfen und einer Runde langweiliger Grafik- designer von meinem Abenteuer berichten: *Sebastian, Bar- bara, ganz ehrlich, das war das Beste, was ich seit Langem für mich selbst getan habe, Prost!*

Während ich fahre und vor mich hin träume, beginnt plötzlich die Motorlampe zu blinken. Ich starre auf das Signal, habe in dem Moment noch keine Ahnung, dass es die Motorlampe ist, nur die Gewissheit: Ich muss jetzt abfahren. Am Ende der Ausfahrt rollt mein Opel immer langsamer, obwohl ich das Gaspedal durchtrete. Dann verreckt der Motor, und ich stehe kurz vor einer unbe- leuchteten Kreuzung. Hinter mir könnte jederzeit mit Karacho ein anderes Auto abfahren und mich rammen, die Bundesstraße führt nach links und rechts in Orte, die ich nicht kenne, auch nach fünf Minuten springt der Motor nicht an. Ich verfluche meine Dummheit (Mitte dreißig und kein Plan von Autos, aber dem erstbesten Typen irgend'ne Karre abkaufen und die wiederum von niemandem checken lassen), und ich verfluche diesen erstbesten Typen. Während ich mit quälend langsamen mobilen Daten die Telefonnummer meines Automobil- clubs google, denke ich an den Mann, der mir vor zwei Monaten das Auto verkauft hat:

Mitte fünfzig, weiß, mit Ekzemen im Gesicht; ein

Mann, der in seinem Sprinter ein großes Jagdmesser, zwei Äxte, einen gefällten Nadelbaum und einen Afghanen (die Rede ist selbstverständlich von einem Hund, nicht von Haschisch) transportierte. Der Mann und ich hatten über Kleinanzeigen Kontakt aufgenommen, der betreffende Opel stand außerhalb Berlins. Kurz nach unserem Nachrichtenwechsel rief er spontan an: *Ich bin gerade in Kreuzberg, wohnste zufällig in der Nähe? Ich kann dich mit rausnehmen, hüpfste rin, dann bring ich dich rückzu auch zur Bahn.*

Ich willigte ein, erwog kurz, ihm zu sagen, dass ich nicht weiß bin. Berliner Umland usw.; es könnte sinnvoll sein, böse Überraschungen zu vermeiden.

(Surprise! It's me – dein Feindbild, freust du dich?)

Andererseits, dachte ich, *er hat ja gerade gesagt: Kreuzberg.*

Bevor ich in seinen Sprinter stieg, schickte ich mit dem Smartphone ein Foto an einen Freund, schrieb dazu: *fahre jetzt richtung spreewald mit mister x, das ist sein kennzeichen, falls du in 2 h nichts von mir hörst, RING THE ALARM!*

Mister X redete die gesamte Fahrt über. Mehrfach erzählte er, wie gern er irgendwelchen Behörden für Spottpreise ausrangierte Fahrzeuge abkaufe, sie *auf Vordermann* bringe, um sie dann für faire Preise weiterzuverkaufen. Ihm gehe es aber nicht ums Geld, sondern um die Sache. Deshalb habe er auch schon öfter Frauen, Freundinnen seiner Frau beispielsweise, die von Autos *überhaupt rein gar nichts* verstünden, aber trotzdem ihre Autos verkaufen wollten, denen habe er mit Rat und Tat zur Seite gestanden. Während der Fahrt über spärlich befahrene Landstraßen fragte ich mich ab und zu, ob der Afghane im Rückraum genauso ermattet war von den Redesalven seines Besitzers wie ich und ob wir wirklich an den Ort fuhren, den Mister X bei Kleinanzeigen angegeben hatte.

Zwanzig Minuten später gab ich Mister X die erste Rate bar auf die Hand. Ein paar Wochen danach kam ich mit der zweiten Rate und neuen Kennzeichen vorbei. Während er den Kaufvertrag ausfüllte, erzählte ich ihm, wie schwierig es gewesen sei, das Auto so schnell zuzulassen, wie hartnäckig ich mich durch die Berliner Bürokratie gebissen hätte. Und wie befremdet ich von einer jungen Frau gewesen sei, die sich filmte, während sie professionell geschminkt und gestylt durchs Amtsgebäude lief. Die habe sogar in ihre Handykamera gesprochen, während sie Treppen stieg; emotionalisiert und außer Atem berichtete sie, wie es in einer Kfz-Zulassungsstelle *hinter den Kulissen* zuging, während um sie herum niemand war und nichts geschah. *OMG, mein erstes eigenes Auto. I think I'm having a nervous breakdown right now.*

Nachdem ich vergeblich nach einem Warndreieck gesucht und mit einem Mitarbeiter meines Automobilclubs telefoniert habe, setze ich mich wieder hinters Steuer. *Bitte, bitte, bitte,* flüstere ich, und der Motor springt nach einem nervösen Stottern tatsächlich an. Ich schalte das Radio ein, um mich weniger allein zu fühlen, fahre los, biege auf der Kreuzung nach rechts ab. Im Schritttempo rolle ich in den nächsten Ort, dessen Hauptstraße in schummriges gelboranges Licht getaucht ist, sehe schließlich eine große, kopfsteingepflasterte Fläche. Langsam fahre ich drauf, fast so, als könnten die Reifen meines Opels potenzielle Minen ertasten. Dann parke ich, atme durch.

Als ich aussteige und ein paar Schritte gehe, höre ich zu meiner Überraschung tiefe Stimmen, kann aber niemanden sehen, nichts verstehen. Am Ende des Platzes stehen drei Wohnhäuser und ein paar Garagen. Während ich überlege, zwischen den Garagen langzuschleichen, um herauszufinden, wo und worüber diese Männer, falls es welche sind, sprechen, ob sie mir wohlgesinnt sein könnten oder mein Leben eher für unwertes Leben halten, rast plötzlich ein SUV auf den Platz. Die Scheinwerfer blenden mich, das Auto bremst scharf. Ich bleibe stehen, weil ich nicht anders kann. Die Tür des SUVs öffnet sich, und ein stiernackiger weißer Mann mit Unterarmtätowierungen steigt aus, starrt mich an.

Game over, denke ich und schlucke.

Game over – ganz kalt und tonlos fährt der Satz durch mich durch, *Gegen den hast du keine Chance. Was hast du denn erwartet. Und warum ist der überhaupt hier eingebogen – wohnt der hier oder hat der dich schon von Weitem gesehen? Gehört der zu den anderen? Fuck.*

Ich spüre, wie der Schweiß in meine Achseln schießt, laufe trotzdem auf den Mann zu. 'tschuldigung, sage ich übertrieben freundlich und kippe ins Thüringische, *kann ich dich kurz mal was fragen?* Mein Dialekt bahnt sich meistens wie von selbst seinen Weg, wenn ich Leuten zeigen will, dass ich mich keinesfalls im Hochstatus ihnen gegenüber wähne. Diverse Handwerker, Neuköllner Schülerinnen, Erfurter Bäcker und Kreuzberger Späti-Betreiber können das bezeugen; eloquent Hochdeutsch zu sprechen finde ich bis heute in unterschiedlichen Kontexten peinlich.

Der Mann mustert mich mit einem Blick, den ich nicht deuten kann. Bloß keine unangenehme, bloß keine gefährliche Stille aufkommen lassen, direkt deutlich machen, dass ich 'ne Supertype bin, sympathisch, bodenständig und in Not. Also, äh, rattere ich los, *ich hab 'ne Autopanne und wollte jetzt deswegen hier im Auto schlafen, weil der ACE hat am Telefon gesagt, ich krieg entweder 'nen Mietwagen oder 'n Hotelzimmer, aber nicht beides, kein Plan, was von beidem sinnvoller wär, deswegen wollte ich erst mal 'ne Nacht drüber pennen, aber ich weiß ja gar nicht, ob das hier Privatgelände ist? Oder so 'ne Art öffentlicher Parkplatz? Also wär's okay, wenn ich hier über Nacht stehen bleibe? Das wollte ich eigentlich nur kurz wissen.*

Der Mann taxiert jetzt mein Auto, nicht länger mein Gesicht; ich kann den Schriftzug in altdeutschen Lettern auf seinem Unterarm nicht entziffern.

Was'n passiert?, fragt er, während er auf den Opel zugeht.

So 'ne Lampe is' angegangen und hat geblinkt, sage ich, *dann bin ich runtergefahren, und dann war der Ofen aus. Und äh, wenn ich hier pennen würde – also ich will nur sagen, ich hab alles dabei, is' gar kein Problem, ich brauch nix und würd hier jetzt auch nicht in die Büsche kacken oder so, also ich würde niemanden stören, sondern dann morgen früh gleich meine Optionen checken und reinhauen.*

Der Mann fasst kurz auf die Motorhaube: *Der is' ja kochend heiß. Püppi, mach ma uff.*

Er nennt mich tatsächlich Püppi, und ich weiß nicht, wo der Schalter oder Knopf ist, mit dem man die Motorhaube öffnet. Als er den Hebel zwischen Lenkrad und Kupplungspedal selbst betätigt, nuschelt er: *Was'n das für'n Gejaule?*, und schaltet das Radio aus; die arabischen

Gesänge auf Radio Cosmo gefallen ihm nicht. Dann sagt er: *Ich bin übrigens der Sven, schönen guten Abend,* und zieht den Schlüssel vom Schloss ab.

Ich seh die Nockenwelle!, ruft Sven kurze Zeit später und verschleppt dabei die Silben, klingt merkwürdig begeistert, schlägt sich etwas zu fest mit der Hand auf die Stirn. Erst jetzt realisiere ich, wie besoffen er ist. Meine Handylampe leuchtet den Bereich rings um den Motor und den abgeschraubten Deckel des Öltanks aus, Sven und ich starren ins glühende Herz des Opels. In diesem Moment weiß ich, dass er mir nichts tun wird und dass – selbst wenn er rassistische Vorbehalte mir gegenüber haben sollte – sein Interesse an meinem Motorschaden größer ist. Genüsslich erklärt er mir, dass das keine gute Sache sei, die Nockenwelle sehen zu können, der Motor habe kein Öl mehr. Ich versuche, auch etwas zu erkennen. *Na, aber Kühlflüssigkeit ist immerhin noch genug da,* sage ich, *das ist doch schon mal was.* Er wehrt meine Bemerkung kichernd ab: *Mäuschen, in den Kühler kannste auch Wasser reingießen, wenn zu wenig drin ist, oder reinpissen, scheißegal.* Als Sven sich an den Innereien meines Opels sattgesehen hat, versucht er mehrmals, den Motor zu starten. Doch der hat sich endgültig verabschiedet, hustet noch paarmal vor sich hin, dann Stille. Sven bietet mir eine Zigarette an. Schwerfällig lehnen wir uns gegen die Heckklappe und schauen in die Sterne; die Zigarette schmeckt frisch und wohlverdient. Er drehe ja nur noch mit Mentholfiltern, seit Mentholzigaretten verboten seien, sagt er, und ich nicke, *den Leuten in Brüssel hat doch wer ins Hirn geschissen.* Sven kommt ins Erzählen, erinnert sich an vergangene Zeiten. Ich stelle hin und wieder Rückfragen, froh über seine Gesellschaft, die mir auf einmal väterlich und kumpelhaft erscheint.

Fünfundzwanzig Jahre früher:

Meine Mutter fährt besser und schneller Auto als alle Menschen, die ich kenne. Vor Kurzem wurde unser Suzukibus über Nacht gestohlen, es sind unübersichtliche Zeiten Mitte der Neunziger in Thüringen, der Autodiebstahl hat meine Mutter nicht überrascht. Ein paar Wochen später fährt sie mit einem weißen Volvo Kombi zu Hause vor und verrät nicht, woher sie ihn hat. Sie grinst nur breit, hat sich das Geheimnis in ihre Zahnlücke geklemmt. Der Volvo ist das schönste Auto, das ich mir vorstellen kann – so groß, so gemütlich, so sauber.

Der Volvo ordnet die Verhältnisse: Wir gehören in unserem Haus jetzt wieder zu den Leuten, die ein Auto haben, und damit weniger zu Leuten wie den Ackis. Die Ackis, eigentlich Ackerhans, sind zwei Männer mit prallen Plauzen und dürren Beinen, Vater und Sohn, die hin und wieder durch unseren Innenhof torkeln, mal zusammen, mal allein. Dabei tragen sie eine fleckige Feinripp-Kombination aus Unterhemd und Schlüpfer, egal ob im Winter oder Sommer. Mal lamentieren die Ackis vor sich hin, mal keifen sie, mal laufen sie los mit wildem Blick, als wollten sie einen an den Haaren ziehen, mal stehen sie herum und nässen sich ein. Ich fürchte mich davor, ihnen im Innenhof zu begegnen. Von Anfang an weiß ich intuitiv: Sie sind unzurechnungsfähig und eklig, dumm und arm, hoffnungslos verloren und selbst schuld daran; von Anfang an habe ich keine Empathie. Von den Ackis geht eine Gefahr aus, die weniger mit körperlicher Bedrohung zu tun hat als mit der diffusen Gefahr einer Ansteckung.

Der Volvo erleichtert uns das Leben: Meine Mutter kann wieder zum Einkaufen fahren und läuft nicht länger mit ihrem abgegriffenen Wanderrucksack los; was bedeutet, dass ich mich weniger für sie schäme. Wenn sie zuvor mit *der Kraxe losgestiefelt ist*, nie zu Kaufland, immer zu Aldi (in einer Zeit, in der Discount-Supermärkte als verramscht gelten), hoffte ich immer, dass niemand aus meiner Schule sie sehen würde. Ich sehne mich nach Raffaello, Ferrero, Nutella, Kinderriegel, Hanuta und Pfanner Eis-tee Pfirsich. Freundinnen, in deren Häusern mir diese Dinge angeboten werden, beneide ich stechend. Meine Mutter bringt billige Kopien mit nach Hause. Wir leben in einer Zweizimmerwohnung, in der meine Telefonate vom Festnetz aufs Handy notiert und monatlich mit meinem Taschengeld verrechnet werden; ich bemitleide mich dafür. In der Schule gehöre ich zu den wenigen, die das Glück haben, nicht dafür gemobbt zu werden, dass sie keine Markenkleidung besitzen. Wobei es eigentlich kein Glück ist, sondern meine »vorauseilende Verteidigung«: *Nancy ist einfach nur widerlich, die hat Warzen / Nadine ist dumm, aus ihrem Kopf wächst Stroh, und sie denkt, das wär 'ne Frisur / Erbse kriegt mal wieder die Fresse nicht auf, übelst das Opfer.* Die Jahre 1994 bis 1997 bedeuten für mich: Wer viele echte Barbies besitzt und schon früh morgens das Nutellaglas öffnet, dem scheint die Sonne aus dem Arsch. Und damit niemand merkt, dass mir die Sonne *nicht* aus dem Arsch scheint, werfe ich Schatten auf alle, die es zulassen.

Der Volvo macht unser Leben aufregender:

Meine weiße Mutter und ich können ohne Mühe Ausflüge unternehmen, die Thüringer Kleinstadt verlassen, wann immer wir wollen. Auf schattigen Alleen sausen wir durch die Hitze und hören dabei laut die Cranberries über Tapedeck. An Maisfeldern halten wir an und stibitzen beige-gelbe Kolben. Unser Volvo ist ewiger Sommer, ewige Jugend, Freiheit.

Als wir einmal nach einem Ausflug zu Hause in der Auffahrt stehen und ich gerade aussteigen will, um das kleine Holztor zum Parkplatz zu öffnen, dreht sich meine Mutter plötzlich nach hinten und ruft mir zu: *Duck dich!*

Erschrocken beuge ich mich nach vorn und mache einen Buckel, sie zischt: *Noch weiter runter!*, und wirft mir ihren Pullover über Kopf und Rücken. Ich kauere mich schräg in den Fußraum und höre plötzlich Männer etwas grölen. Ihre Stimmen, ihre Parolen, ihre Heiserkeit sind nicht neu, ziehen schnell an uns vorbei.

Der Volvo ist das weißeste Auto, das ich mir vorstellen kann.

Jetzt erkenne ich den Schriftzug auf Svens Unterarm. Dort steht, zu meiner Verwunderung auf Englisch: *Believe*.

Ich frage mich, wie alt das Tattoo ist und in welcher Situation entstanden, was noch auf Svens Körper steht. Wann er, der maximal zwanzig Jahre älter ist als ich, zum letzten Mal Sex hatte. Eben hat er nostalgisch von seiner

Exfrau geschwärmt. Er habe ihr nach der Scheidung das Haus samt Grundstück überlassen, und seine Söhne gleich mit. Die Exfrau wohne aber mittlerweile trotzdem in Berlin, das Haus stehe deshalb leer. *Stecken zu viele Erinnerungen drin, schade drum. So schöne Natur da überall, und wenn du feiern willst: Garagenpartys, alles, war schon 'ne geile Zeit.* Als er einmal seinen jüngeren Sohn in Berlin besucht habe, kurz nachdem sein älterer Sohn in den Bau gewandert sei, sagt Sven, habe er nicht schlecht gestaunt. *Der Große hat ja den Kleenen immer beschützt, und dann war er weg. Das musste dir mal vorstellen: Der einzige Deutsche in seiner Schule da unten in Rudow, Multikulti-Katastrophe, wenn du mich fragst. Als ich vorfahr, seh ich, wie der Kleene angerannt kommt und die Meute hinter ihm her, die haben den gejagt, zu zehnt, da fragste dich doch. Ich also ausgestiegen und bam, bam, bam! Paar Stunden später kreuzt dann der ganze Clan auf, also ich wieder: Bam, bam, bam!*

Im Haus gegenüber geht plötzlich Licht an.

Kollegen von dir?, frage ich und ahne, dass sich gleich weitere Männer von Svens Kaliber zu uns gesellen werden, dass auch die Männer, die hier irgendwo in der Nähe sitzen, zu uns stoßen werden, dass sich unser Gespräch gleich in eine Garagenparty mit selbst gebranntem Schnaps verwandeln wird, in einen Exzess, an dessen Ende ich mit überraschenden Tätowierungen auf mein Auto zu taumele.

Scheiß Yuppies, sagt Sven stattdessen und nickt mit dem Kopf in Richtung des erleuchteten Fensters. *Können sich in Berlin nichts leisten, und dann kommen'se hier raus, und da sind'se plötzlich wer. Die kaufen unsere Häuser zu Wucherpreisen, aber sind sich zu fein zu grüßen. Und ihre Hunde ham'se auch nicht im Griff.*

Ihre Hunde?, frage ich.

Na, der da drüben zum Beispiel, jedes Wochenende kläfft die Töle. Also bin ich hin und hab mit dem geredet. Danach war Ruhe.

Mit wem hast du geredet? Dem Nachbarn?

Mit dem Hund. Ich hab dem die Wahrheit gesagt. Du hast zwei Optionen: Entweder hältst du ab sofort am Wochenende die Schnauze, oder die Nachbarn werfen dir 'n vergiftetes Steak übern Zaun.

Als Sven und ich uns zur Verabschiedung umarmen, fragt er, ob ich früh Kaffee und Brötchen möchte. Ich lehne ab, habe schließlich gut durchdachten Proviant dabei. Nachdem Sven in den Hauseingang eines Siebzigerjahre-Neubaus gewankt und damit aus meinem Blickfeld verschwunden ist, fühle ich mich einigermaßen sicher. Ich lege mich in den Rückraum meines Opels, verriegle, ziehe die Vorhänge zu, die an einem selbst gebauten Vorhangsystem hängen wie nasse Lappen. Die Kapok-Matratze aus Thailand ist bequem und geruchsneutral, der Vorhangstoff rings um mich so blickdicht, dass es mir vorkommt, als läge ich in einem Sarg. Am Morgen werde ich sehr früh, noch bevor Sven verkatert erwacht, dem ersten offiziellen Auto-Experten einer Reihe von Experten begegnen. Ein weißer, untersetzter, von meinem Automobilclub bezahlter Mann wird Motoröl vorbeibringen und einfüllen, dann minutenlang nach einem Anschluss für sein Fehlerauslesegerät suchen, während er meine Vorschläge dazu ignoriert. Nachdem das Gerät ein paar

Zahlen ausgespuckt hat, wird er mir sagen, dass etwas mit den Zündkerzen nicht in Ordnung sein könnte oder was anderes. *Aber ich kann mich da jetzt nicht drum kümmern, ich hab 'nen Zahnarzttermin. Hier, das ist 'ne Werkstatt in der Nähe; das sind Polen, die machen's auch schwarz, äh, nichts für ungut.* Daraufhin wird eine mehrmonatige Odyssee beginnen, auf der ich in vier Werkstätten sieben Männern begegne, die alle den Fehler in meinem Opel nicht finden können, die aber dennoch immer wieder dreistellige Summen verlangen für ihre *Serviceleistungen* und die Behebung der Fehler, auf die sie stattdessen stoßen. Ich werde mich über Monate weigern, Mister X zu kontaktieren, um mein Geld zurückzuverlangen; ein solcher Versuch käme dem Eingeständnis gleich, dass ich mich massiv habe verarschen lassen. Über Monate hinweg werde ich immer wieder Zeit in Werkstätten verbringen. Während ich warte, dass mir jemand neue (reale oder ausgedachte) Erkenntnisse und Preise mitteilt, werde ich feststellen, dass es mir dort gefällt – die Werkzeuge, die Gerüche, die surrenden Geräusche der Maschinen. Ich werde erstaunt bemerken, dass ich Lust habe, eine Art Praktikum zu machen, um an diesen Orten etwas zu lernen. Vielleicht, um eines Tages zur einzigen Frau in meinem Berliner Freundinnenkreis zu werden, die sich mit Autos auskennt – eine Art Königin. Eine Königin der Kolben, die sich weder in Pritzwalk noch in Neukölln von zum Teil absurd dummen Männern offensichtlich belügen und über den Tisch ziehen lassen muss, weil sie, was Kraftfahrzeuge angeht, nicht länger eine hohle Nuss ist. Eine gebildete und dennoch handfeste Kfz-Königin, die nicht zusammenzuckt und denkt, sie habe etwas falsch gemacht, wenn andere unvermittelt hupen. Eine Königin, die nicht immer ängstlicher Auto fährt, je älter sie wird, wie so viele Frauen, sondern selbstbewusster und umsichtiger – mit jedem Tag und jedem Kilometer. Eine Frau, die sich nichts einbildet auf ihre neu gewonnene Souveränität, auf ihre neu eröffnete, *eins a* ausgestattete Werkstatt, in der sich unterschiedlichste Mitglieder der Gesellschaft auf Augenhöhe begegnen. Eine gerechte Herrscherin ohne Hofstaat, aber mit riesigem Fuhrpark, die verinnerlicht hat: *Du bist nicht, was du fährst, sondern wie! Und du, Königin der Kolben, bist und fährst besser als alle, die hinterm Steuer zu Arschlöchern mutieren und dich stressen, vierzig Kilometer pro Stunde in Fünfziger-Zonen sind okay, eile mit Weile, Königin, dein wahrer Status liegt in deinem Wesen, nicht in deiner Überlegenheitsperformance im Straßenverkehr, dein wahrer Status hängt nicht ab von einem maroden Opel Combo oder einer Kindheit mit Ackis und ohne Einfamilienhaus oder einem Bildungsaufstieg samt literarischer Aufarbeitung rassistischer Traumata, nein, nein, Königin der Kolben, scheiß auf Mittelklasse / Oberklasse / Luxusklasse – du bist, wie du fährst – nicht, was du fährst, du machst alles richtig, und ein Warndreieck wirst du dir noch beizeiten besorgen und anfahren, ohne dass der Motor verreckt, einparken, ohne dreimal aus der Parklücke ausscheren zu müssen, weil's nicht auf Anhieb klappt – all das wird sich fügen mit der Zeit, Königin, habe Vertrauen in dich, sei es dir wert, bleib dran an den Kolben, noch der letzte Rest Minderwertigkeit wird schmelzen, Believe! Ja, genau, sprich es mir nach: Noch der letzte Rest Minderwertigkeit wird schmelzen, Believe! So wie dein minutiöser Geiz während deiner Studienzeit geschmolzen ist, als du Studentin mit BAföG-Höchstsatz warst. So wie deine jahr-*

zehntelange akribische Buchführung im Hausaufgabenheft, wer wem wie viel schuldet, sich aufgelöst hat! Und deine bewusste, mühsam antrainierte Großzügigkeit, dir öfter mal was zu gönnen, Königin der Karossen, dir und anderen auch mal was zu spendieren – all das wird weiter wachsen, genauso wie die Wertschätzung für das einstige Haushalten deiner Mutter, für ihren virtuosen Umgang mit zu wenig Geld, so einfallsreich, so diszipliniert, you'll get there, Königin – Believe! Und verzage nicht, wenn du durch Szenen cruist, in denen Menschen selbstverständlich Weinflaschen im Wert von hundert Euro bestellen, verzage nicht, wenn du dich dort wie ein Fremdkörper oder Scharlatan fühlst (in der Brust das Beißen der Minderwertigkeit, im Gesicht zu viel Lippenstift und bemühte Gleichgültigkeit – I see you, my Queen). Glaub an dich, nicht an die anderen, denn nein: Am Ende des Tages bist du kein gut getarnter Acki, sondern du selbst, am Ende bist du einfach nur du: eine vorzügliche, royale Frau, die langsam geht, um ans Ziel zu kommen, eine mutige Frau, die langsam fährt, um ans Ziel zu kommen, die andere innerlich überholt, nicht äußerlich, und die ihr diffuses Fremdsein in der Mittelklasse / Oberklasse / Luxusklasse lernt, als Qualm aus dem Auspuff zu begreifen. Als Nebenprodukt, das irrelevant ist, denn dieses Fremdsein, das nichts mit Hautfarbe zu tun hat, sondern mit Codes, unsichtbaren Grenzen und Geld, ist kein Asphalt und kein Motor, kein Tempolimit und kein Gurt, dieses diffuse Fremdsein ist rauchender, gasförmiger Abfall. Abfall, den zu lieben sich dennoch lohnt, weil er stinkt, weil er verpestet, weil er auch du ist, weil er zu dir gehört, weil du dich für nichts schämen musst, weil du es dir wert bist. Also scheiß auf deine Selbstzweifel, schon in wenigen Jahren fährst du, Königin der Hebebühnen, so lange auf der Überholspur deines eigenen Egos, dass du dich an diese Spur gewöhnen wirst, dass du mit dieser Überholspur eins sein wirst, so wie dein Fuß und das Gaspedal eins sein werden und deine Hände und das Motoröl eins sein werden, denn dein ist die Geduld und ein ehrliches Arbeiter-Schrauber-Ethos! Dein ist ein defekter Opel und ein defekter Selbstwert! Dein ist das Talent, alles zu reparieren, was du nur reparieren willst, und aufzuholen, was aufzuholen ist – Believe!

Antihelden

Von Clemens Meyer

Der Bau. Das bedeutete zweierlei: die Baustelle, auf der zu schuften Auszeichnung war, weil harte Arbeit für harte Männer. Fast jeder meiner Jugendfreunde arbeitete auf dem Bau beziehungsweise machte eine Lehre auf dem Bau.

Und das Gefängnis. Auch hier zu landen war, wenn nicht direkt erstrebenswert, ein Zeichen der Härte, ja, auch eine (Aus-)Zeichnung, die sich oft in den Tätowierungen niederschlug, die der aus dem Bau Wiederkommende mitbrachte.

Mehr noch als die Baustellen, die Mitte der Neunzigerjahre die Straßenzüge der Stadt L. hundertfach durchbrachen, war der Bau, also das Gefängnis, ein mythischer Ort. Wer von hier zurückkam, wurde mit Respekt behandelt, oft waren Gerüchte im Umlauf: *Der* und *der* war im Bau. Man sprach diejenigen dann nicht direkt an, war respektvoll, vermied längeren Augenkontakt, mutmaßte über das Erlebte und die *dort* errungene Härte, es war fast so, als wären sie aus dem Krieg zurückgekommen.

Die Neunzigerjahre, zumindest 1990 bis 1998, waren eine dunkle Zeit in L. Fast immer schien es Herbst zu sein, dunkle Herbstnachmittage, die schnell zur Nacht wurden, Baustellen, Kneipen noch an jeder Ecke, die aber langsam schon zu verschwinden begannen.

Die DDR war ja ein Staat der Arbeiter und Bauern, zumindest auf dem Papier. Und in den Kneipen und Vorstädten. Was für seltsame *Taschentuchdielen* waren das! Parallelwelten zur sozialistischen Wirklichkeit beziehungsweise der reale Sozialismus. Wir Kinder wurden hier sozialisiert. Der Suff war immer dabei. In den alten Kinos, die wir besuchten, saßen oft die Trinker, weil die Karten so billig waren, und sie klapperten mit ihren Flaschen und stanken und störten die Filme, aber irgendwie gehörten sie dazu.

Viele von ihnen hatten sicher gesessen, also waren im Bau gewesen, immer mal wieder, in bestimmten Vierteln von L. war das normal, eine kleine Körperverletzung, eine Prügelei mit der Polizei, Gewaltdelikte im Vollsuff ... Die Unterarme dieser seltsamen Krieger zierten oft dunkelblaue Bilder und Worte, die so verlaufen waren, dass man nicht genau erkennen konnte, was diese Zeichen darstellen sollten, aber es waren eben Zeichen. Und wir erkannten und schauten mit großen Augen.

Mein Vater war ein Kneipengänger. Aber er war auch ein Leser. Wenn er von der Arbeit kam, wenn er aus der Kneipe kam, las er. Er hatte eine große Sammlung von Büchern angehäuft, Bücher waren bei uns zu Hause ein täglich Brot. Thomas Mann, Werfel, Kafka, die Amerikaner, die Russen, Musil, der heilige Joseph Roth ...

Mein Vater arbeitete als Krankenpfleger, seine Freunde waren Schlosser, Krankenpfleger, Angestellte, wie das eben im Osten so war. Aber so, wie man in die Kneipe ging (im Prinzip jeden Tag), so las man auch. Als ich, viele Jahre später, es muss 1997/98 gewesen sein, einen Dachstuhl abriss als Hilfsarbeiter auf dem Bau, überraschte mich einer der älteren Zimmerleute (oder war es ein Dachdecker gewesen?) mit einer Hymne an *Unterm Rad* von Hesse.

Lange standen wir dann, der alte belesene Bauarbeiter und ich, der junge hungrige Möchtegern-Literat, und redeten über Bücher, Schreiber, Literatur, im Dachstuhl eines alten Hauses.

Aber hatte er mich wirklich überrascht, der Bauarbeiter? Immer wieder begegneten mir in meinen Jahren auf dem Bau (drei waren es immerhin) belesene Containerfahrer, literaturinteressierte Zimmerleute, Hilfsarbeiter, die auf Kerouacs *Unterwegs* schworen. Waren das die Ausläufer der DDR, als nur die Reisen in die Literatur die Welt eröffneten? *Die Vergangenheit ist nicht tot, sie ist nicht einmal vergangen.*

NUN SAHEN WIR ABER AUCH DAS GEGENTEIL. Was sollen wir romantisieren? In unserem Viertel kursierte auch das Elend. Vor der Wende, nach der Wende. Trinker, Kranke, Verwahrloste, Schrottsammler, aber sie waren integriert und eingebunden, wie es schien, überwacht von den Abschnittsbevollmächtigten, die auch uns Kinder in den Abrisshäusern aufstöberten, ermahnten, in die Klassenräume kamen ... Aber eine Verrohung hatte eingesetzt in diesen letzten Jahren der DDR, eine moralische Verwahrlosung, Tauben und Katzen wurden gequält, Hetzjagden auf Schwächere oder ausgesuchte

Opfer waren nichts Außergewöhnliches, Hakenkreuze saßen wie Spinnen an den Kanten der Schulbänke ...

Einmal kam ein Junge zu uns in die Klasse, also wurde in unsere Klassenstufe integriert, vom Dorf (aus Böhlen beziehungsweise *bei* Böhlen, dort qualmten die Schlote, dort gruben die Drachen die Braunkohle aus der Erde, fraßen die Dörfer ...). Später fanden wir raus, dass der Rücken des Jungen aus Böhlen (bei Böhlen) mit Peitschenstriemen übersät war, alte und neue. Und was heißt, wir fanden es raus? Er zeigte es uns und erzählte vom *Siebenstriem* beziehungsweise der siebenschwänzigen Katze, damit wurde er gezüchtigt. Der Junge wohnte mit seiner Mutter über der Stammkneipe meines Vaters. Er konnte gut zeichnen und tauschte Bilder, auf denen seine Mutter (eine sehr schöne Frau) Sex hatte, meistens ritt sie die Männer, und so konnten wir ihre von ihm gezeichneten Brüste sehen, oder er zeichnete sie von hinten, und wir bewunderten die Wölbungen ihres Rückens und ihren Arsch ... Er tauschte sie also gegen alles Mögliche. Limo, Aufkleber, Comics ..., die sogenannte *Wende* stand noch bevor.

Das Land zerfiel, moralisch und baulich, die einstige große Idee von einem *anderen Deutschland* war kaputt, die Fassaden waren abgebröckelt, das Mauerwerk war nackt und grau und schwarz, und wir bauten auf, in den Neunzigern, gingen auf die Baustellen, dort schien das Leben rau und wild und hart, dort wollten wir Männer sein ...

Obwohl ich Abitur gemacht hatte, zog es mich auf diese Baustellen, Studieren war erst einmal keine Option (bevor ich dann, zwei Jahre später, Rücken kaputt, eher

durch Zufall vom Deutschen Literaturinstitut erfuhr).
Student, das war beinahe ein Schimpfwort. In Studenten-
kneipen gingen wir eigentlich selten, und wenn, dann mit
Vorbehalten. Wichtigtuer, Muttersöhnchen, mutmaßten
wir. Es war mir schon beinahe peinlich, dass ich mich mit
dem Abitur rumquälen musste, während meine Freunde
Geld verdienten, auf die Baustellen fuhren, ihre Lehren
machten. Ein anderer Freund brach das Abitur ab, obwohl hochbegabt, verschwand in der Punkerszene, in den
besetzten Häusern, auch ihn beneidete ich, ein anderer
Punker, der mit mir Abitur machte (meine Freunde von
der alten Mittelschule beziehungsweise POS, sprich:
Polytechnischen Oberschule, waren eher unpolitisch,
obwohl das Viertel, in dem wir aufwuchsen, rechts war,
die Jugend war hier einfach rechts – oder rechts, »aber
nur ein bisschen«) und sich später vom unteren Sockel
des Völkerschlachtdenkmals in den Tod stürzte, dichtete
einmal mit mir, er war (bei all unseren Spinnereien) ein
talentierter Musiker, ein Antistudentenlied, das ging so:

»Student, du denkst, du hast 'n langen Schwaaa-hanz /
Student, doch das stimmt nicht gaaa-hanz.« Refrain:
»Hey, Student, großer Mann, / schaust die Welt von oben
an / Hey, Student, kleiner Mann, schaust die Welt von unten aaaa-hann, uhh oohh.«

Zweite Strophe: »Student, du denkst, du bist lebens-
erfahren / Student, dabei steckst du noch in den Akne-
jahren ...« (Refrain wie gehabt, weitere Strophen folgten,
sind dem Vergessen anheimgefallen, *die Vergangenheit ist
nicht tot ...*)

Wir, die wir uns als Gesellschaftsverweigerer, Proletarier, Kleinkriminelle verstanden, verachteten also die Figur des Studenten, was uns nicht davon abhielt, Studentinnen hinterherzuschauen (also auf den Arsch), mit primitiven Sprüchen anzumachen, wer könnte denn diese vergeistigten Ladys eher sexuell befriedigen als wir harten Männer der Vorstädte? Nie gab sich auch nur eine uns hin ...

Ich war verliebt in eine Mitschülerin, die viel in Studentenkreisen verkehrte. Ich dachte immer, dass sie doch meine kleinkriminellen Eskapaden (die ja eher harmlos waren, wir kannten ja die, die im Bau gewesen waren oder noch drinsaßen) bewundern muss, schmachtend von meinen Jugendgerichtsterminen erfuhr (was nicht schwer war, denn ich entschuldigte mit ihnen ganze Schulvormittage) und mich den Studenten insgeheim vorzog. Dass diese Gewalt und Rohheit, der wir (also meine Freunde und ich) ausgesetzt waren, doch eher abstoßend wirkte, zumindest erschreckend, war mir lange nicht bewusst.

Ich bewunderte die Outlaws. Denn sie ähnelten doch in meinen Fantasien den Antihelden der Spätwestern von Sam Peckinpah oder den Rebellen der New-Hollywood-Filme von Arthur Penn oder Martin Scorsese, die ich in den Nächten im Fernsehen sah oder in den Programmkinos der Stadt, in die ich stets allein ging, ein Cineast und ein Dichter konnte ich vorerst nur heimlich sein.

Ich trank mit ihnen, saß in ihren gestohlenen Autos, zog manchmal mit ihnen durch die Nächte oder saß in ihren Wohnungen oder Zimmern. Lauschte ihren Geschichten, bewunderte ihren Fatalismus, erinnerte mich

an sie, als ich später selbst mehrfach in der Jugendarrest-
anstalt Z. saß, das Nennen ihrer Namen sorgte oft für
Respekt.

Ich weiß noch, wie stolz ich war, als ich endlich zu einer Bewährungsstrafe verurteilt wurde. Zu einer (jungen
und hübschen) Bewährungshelferin musste.

Einmal tauchte die Polizei bei einer (von uns organi-
sierten) illegalen Technoparty auf, und ich übernahm das
Verhandeln, und als ein Polizist sagte: »Sie kennen wir
doch!«, waren mir Anerkennung und kurzzeitiger Respekt
gewiss. So wie die großen Nummern im Viertel anerken-
nend nickten, wenn die Outlaws mit gestohlenen Autos
vorfuhren und nach mir fragten (weil sie zur Party wollten). Das hatten sie mir nicht zugetraut, also die großen
Nummern des Viertels (die meisten waren Idioten, Sadis-
ten, aber nicht alle). Ich war schwach. Schrieb ja heimlich.
Stand im Verdacht, ein Linker zu sein, ein Intellektueller.
Kleidete mich nicht nach der damaligen Jugendmode.
Warum einige der Autoknacker und jugendlichen Drifter
und Einbrecher dennoch zu mir Vertrauen fassten, kann
ich nur mutmaßen. Weil ich mich einfühlen konnte?
Zuhörte? Keine Vorbehalte hatte? Denn genau das hatte
mich die Literatur gelehrt. Offenheit. Empathie.

Diese Outlaws, von denen ich rede, sind heute fast alle
tot oder verschwunden. Ich konnte damals ihre Verloren-
heit spüren, aber auch ihre selbstzerstörerischen Im- und
Expulse. Sie stahlen Autos, brachen ein, schlugen sich,
hatten Kontakte zu anderen Kriminellen und Kleinkriminellen, durchstreiften die Nächte, immer auf der Suche,
immer auf der Flucht.

Ich wollte wie sie sein, aber dafür hätte ich loslassen müssen, ganz loslassen müssen, mich fallen und treiben lassen, aber ich spürte da, und das sage ich ganz ohne Pathos, den Tod, die Nähe des Todes, und das machte mir dann doch Angst. Ich wollte doch schreiben, und schrieb. Ich wollte doch ein Schriftsteller werden, ein Poet, ein Mann der Worte. Aus vielen brenzligen Situationen habe ich mich so herausgeredet, mit dem Talent, die richtigen Worte zu finden, kamen wir oft aus Auseinandersetzungen heraus, die uns wahrscheinlich ins Krankenhaus gebracht hätten. Dennoch erreichte mich die Gewalt immer wieder. Brachte mich ins Krankenhaus. Lehrte mich, selbst roh zu sein, zurück- und zuzuschlagen, der Kreislauf war da, bewegte sich wie ein Mahlstrom durch die Vorstädte, riss mit, spie aus, war dunkel und wild und ... STOPP.

Fast nie habe ich später, nicht nur nicht im Roman Als wir träumten (DOPPELTE VERNEINUNG, WILLST DU AUFS MAUL?) Erlebnisse aufgeschrieben, also nie so, wie sie waren oder schienen. Alles habe ich verändert. Als müsste ich mich schützen vor dieser vergangenen Realität. Ängste mussten überspielt werden, überschrieben, und brachen dann doch ein in den Wort-Raum. Je mehr ich veränderte, umso wahrer wurde das alles. Aber ich musste alle Figuren neu erfinden, keiner der Outlaws tauchte auf (nicht eins zu eins und auch nicht eins zu zwei ...), keiner von ihnen fand sich wieder in meinem Schreiben (hätte sich gefunden) und fand doch die Zeit (hätte sie wiedergefunden), in der sie rebelliert und zerstört hatten. Zuletzt sich selbst.

Diese Outlaws waren bereits alte Männer, als sie noch jung waren. Die meisten saßen im Bau, die wenigsten hatten später noch die Kraft, auf dem Bau zu arbeiten, in den Berufen, die sie dort einst erlernt hatten, mit sechzehn, siebzehn, achtzehn ausgeübt hatten, bevor die Nächte sie auffraßen. Drogen taten das Übrige.

Einmal nahm ich meinen Freund K. mit auf eine Lesung. Sein Bruder H., der mir ein guter, sehr naher Freund war, näher noch als K., lag im Sterben, mit Anfang dreißig. Gallengangkrebs, das bekommen sonst nur sehr alte Menschen. Ein Professor an der Uniklink, in der er operiert und sein Leben somit um ein gutes Jahr verlängert wurde, sprach von einem Fall, wie er ihm noch nie untergekommen war. Ein junger, starker Mann, dessen Galle kaputt war, dessen innere Organe förmlich zerfielen. Mit dreizehn trank H. täglich Bier, rauchte, später kam Schnaps, dann die Drogen.

H. hatte nie eine Lesung von mir besucht, obwohl ich ihn immer eingeladen hatte. *Als wir träumten*, das war doch auch seine Geschichte! Die Schule hatte H., wie auch sein Bruder, nach der achten Klasse geschmissen, er hatte dann als Möbelträger gearbeitet, später haben wir einige Jobs auf dem Bau zusammen gemacht, sein Bruder K. machte mit fünfzehn eine Lehre als Maurer, hat auch lange und gut in diesem Beruf gearbeitet, bis der Tod seines Bruders ihn endgültig aus der Bahn warf, aber ich denke heute, dass er sich nie in einer »richtigen Bahn« befand, sie waren beide *Drifter*.

Ich hatte nie verstanden, warum H. nie zu einer meiner Lesungen kam, nicht 2006, nicht 2007. Danach ging es nicht mehr. War es eine Art Scham? Sein Vater war Kohlenhändler gewesen, hatte sein Leben lang Kohlen ausgefahren, geschleppt, geschaufelt, die verblichenen Tätowierungen auf seinen Armen zeugten von zwischenzeitlichen Knastaufenthalten, der Vater von H. und K. war eine Legende in den Kneipen der südöstlichen Vorstadt. Aber warum sollte sich H. für seine Herkunft schämen, ich war doch mit ihm aufgewachsen, hatte mit ihm Möbel geschleppt und Zementsäcke auf dem Bau. Ich war immer stolz auf meine Freunde aus den Jugendjahren. Sie waren (wären es gewesen) Ehrengäste auf meinen Lesungen. 2005 musste H. für einige Monate ins Gefängnis, in den Bau. Er konnte irgendwelche Strafgelder nicht bezahlen, dazu kamen einige Straftaten, deren Konsequenzen man nun bündelte. Ich fuhr nach Frankfurt zum S. Fischer Verlag, er *fuhr ein*, wie wir es nannten. Schiff ahoi.

War es Scham? Unsicherheit? Dachte H., er würde auf verkopfte Intellektuelle stoßen auf meinen Lesungen (die er stets Vorlesungen nannte).

Ich erinnere mich immer an das süffisant, fast schon mit Ekel ausgesprochene Wort »Proletarier« (oder war es »Proletarierkinder«?), das die bekannte Literaturkritikerin Frau Löffler nutzte, als sie über die Helden / Antihelden meines Romans Als *wir träumten* in einer Radiosendung sprach.

War denn die Literatur nicht immer schon ein ungeheurer Raum gewesen? Raskolnikow, Genet, Huck Finn, Tobias Mindernickel, blaue Engel, verarmte Südstaatler, Mäuse und Menschen, Biberkopf, *Kaputt*, Träumer, Drifter.

mal nur irgendwohin. Etwas Besseres als den Tod findest du überall.

Das autoritäre Gegenüber ist jedoch längst gewandelt. So klar nicht mehr vorhanden. Auch nicht mehr so treffbar durch Umkehr, Spott oder Überzeichnung. Hat sich teils ins Selbst verkehrt. Tief verstrickt in den superwidersprüchlichen, autointelligenten Individualitäts- und Erregungskapitalismus. S.U.B.J.E.K.T.I.V.I.E.R.U.N.G. Hüben wie drüben. Was wir einst als überhobenes Establishment kennengelernt haben, hatte mit easy erkennbarer, meist sehr deutlicher Schichtung zu tun. Fabrikant. Nazi-deutschlehrer. Höherstehender. Befehlsgeber. »Die da oben«. Die auf der anderen Seite. »Die Herren Politiker«, über die Helge Schneider eulenspiegelig in einem Lied spottet. Solche »Herrenreiter« (die Düsseldorfer Band Fehlfarben 1980) sind mit ihren hohen Rössern in ihrem sauber verteidigten Privilegiertenstatus natürlich nie ganz verschwunden. Aber mindestens ans Licht gebracht. Und die, die für sie robotten gingen? Der neue »individuelle«, der »flexible Mensch« hat sich die schweren, dampfenden Schlote der untergehenden bzw. »strukturgewandelten« Malocherstätten als weniger deutlich erkennbare Last nach und nach selbst auf den Rücken geschnallt. So kann er sich fühlen, als wäre er eigenbestimmt und obendrein INSGESAMT DABEI. Der neue Großbesitzer trägt dazu denselben authentischen Bart und übt Dylan-Songs auf seiner elektrischen Gitarre.

Wir Spätwirtschaftswunderlinge erlebten noch einen eindeutigen, grob polternden Franz Josef Strauß. Das gab es irgendwann kaum mehr (obwohl, na ja ... USA,

Polen, Russland, Ungarn, England ... obwohl, na ja ...).
Trotzdem, der Lehrherr mit seinen uns als humorlose
Androhung zugeschleuderten »Herrenjahren«, lässt sich
gesellschaftlich einfacher karikieren und auch anpinkeln.

Die Schere geht weiter – aber anders – auf. Subtiler.
Keinesfalls weniger. Sich bei einem Zugehörigkeits-
klopper wie »Klasse« zu fragen, wer also das heutige
Dabei- und Nichtdabeisein ausdrückt, ergibt eine neue
Spiegelung. Diese muss aber noch viel besser untersucht
und erzählt werden, ist längst nicht zu Ende verstanden.
Jedenfalls kann aktuell der »Ich-Progressive« genauso
Feindbild sein, auch wenn sein »Ich« das nicht einmal
vermuten mag. Umgekehrt: Wenn Menschen davon sprechen, dass sie »die Abgehängten«, die »Nichtvorkom-
menden« sind, dann meinen sie, dass »Wir«, als die von
ihnen gegenüberstehend Gemeinten, gefühlt Festüber-
zeugte, unbestechlich Unparteiische, Deutschlandfunk-
Wahrheitler, so richtig hassenswerter Fratzenausdruck
von jetzigem Establishment sind. Auch »Du Student«,
vielleicht prekär, aber im Anspruchsbild dieselbe über-
hebliche Deutungsschlauheit vor sich hertragend. Die so
empfundene – zunehmend durchaus gewollte – Spaltung
kassiert zwar die meiste Wahrheit und Wahrnehmung in
puncto Zurechnung von Schicht, es lässt sich aber poli-
tisch picobello damit arbeiten, zuspitzen, beschuldigen,
attackieren, hassen. (Washingtoner, Brüsseler, Berliner ...) Establishment-Tonalität = Lügner und Diebe. Das
Kapitol, nordamerikanisches Symbol der »ältesten Demokratie der Welt«, physisch anzugreifen dürfte erst der
Beginn einer länger anhaltenden Periode vom Aufstand

von Hatern sein, welche keiner klaren Schichtenzuschreibung angehören. Auch wenn ihr Behaupten, ihre »alternativen Fakten«, verkürzter Nonsens ist, es muss offener gesichtet werden, wie Wir/Du/Ich bei Wem/Dem/Der rüberkommt – und umgekehrt.

Warum bin ich für manche eine entschwebte Hackfresse oder bilde etwas ab, das behauptete Überheblichkeit, Hochnäsiges, ignorant Wegschauendes zeigt? Hm, nur verschoben? Gar nicht mal neu? Loop, Geschichtswiederholung?

Als Teenie habe ich versucht, den Orten und Leuten des angenommenen Proletariats, seinen Kollektivmythen näher zu kommen. Gegen Alt- und Hochsystemisches. Musste Schalke-04-Fan sein. In Timmendorfer Strand habe ich die DKP erstgewählt, dort als Einziger. Durch kämpferische Zugehörigkeit gemeinsam und solidarisch werden. Die meisten frühen Ideale erscheinen mir weiterhin wertvoll.

Heute muss aber anders erzählt werden, mit anderen Ereigniszielen. Sonst verdackeln die guten Ideale (und nicht nur, dass Schalke längst unter GAZPROM aufläuft und die DKP heute …). Bei Kandidat Martin Schulz ist das am Beispiel der heutigen Sozialdemokratie deutlich geworden. Der engagierte sich, begründete »korrekt«, aber die hehren Zusammenhaltsbilder und -beschwörungen laufen leer und schaffen keine brauchbare, moderne Position gegen einen hyperamorphen, globalisierten Kapitalismus, welche als potenzielle Solidar-Identität mit Massenseele die alten Geschlossenheitsideale so unmöglich neu bilden kann (und eigentlich auch gar nicht will). Über vieles ist etwas gerückt, was eine verdrehte Gegenüberstellung hat. Das muss mindestens in frischen Farben beschrieben werden. Die Aufspaltung von Gesellschaft ist nicht mehr dieselbe. Sie ist viel diffuser. Und das muss man rausarbeiten. Attraktive Portale dafür finden. Die komplexen Subjektive, mit ihren Fitzelschnittmengen, die sich jetzt gegenüberstehen, sind nicht mehr die, die sie mal waren. Auch global gesehen. Wer steht sich wo gegenüber? Welcher Aufstieg führt wohin (und wofür eigentlich)? Lässt es sich noch gemeinsam kämpfen oder nur mehr das »Selbst« managen? Wie entstehen Ereignisse, an die es sich andocken lässt für Menschen, die klare Situationen empfinden wollen, um sich fassbar positionieren zu können? Und bei wem oder was lässt es sich in solcher Ungreifbarkeit überzeugt mitgehen? Wieso sagt keiner (und wird dafür bejubelt, gar gewählt), dass es eher scheiße ist als anstrebenswert, wenn wir in der nächsten Legislatur drei bis vier Prozent mehr (auf was eigentlich noch) draufpacken werden? Wen kann ich also anhimmeln, der mir attraktive Reduktion, ökonomische und ökologische Umkehr, sinnige Verlangsamung verspricht? Wenn es für solche Dinge keine geilen Angebote, keine ereignisreichen Mitfahrgelegenheiten gibt, kriegen ungeahnt viele Leute (offensichtlich) Bock auf Trump, auf abstruse Verschwörung, auf missbrauchtes »Protestieren«, auf heuchlerische AfD-Pegida-Quer?Denker?eien. Für sie entstehen in den Forderungen der groben Vereinfacher mit ihrem kalkuliert plumpen Skandalisieren echte Effekte und gefühlt das ersehnte Gegenteil von den nur noch für lahm und satt gehaltenen – als ungreifbar weit

entfernt empfundenen – Verwaltungs-Weltdiversitätsver-
matschern.

+++ Etwas polemisches Beispiel außerhalb der Reihe:
Die Pandemie-Krise ab 2020 kann als unverständliches
Schnarchologen-Handeln empfunden werden: Wo ist
der*die aufgebrachte Minister*in als Ausnahme in der
Ausnahme? Wo wurden die hochwertigsten Schutz-
masken – selbstverständlich umsonst und viel mehr als
genug – über die Leute geschüttet? Wann wurden – zah-
lenmäßig überambitionierte – Impfzentren, preußisch
frühzeitig aufgefüllt mit viel zu vielen Impfdosen – von
möglichst allen auffindbaren Pharmaanbietern – in den
leer stehenden scheißgroßen Hallen, scheißriesigen Sta-
dien, scheißtraurigen Kasernen hochgezogen? Ihr wollt
uns das David-Garrett-Konzert in der von euch zugesperr-
ten Mehrzweckarena verbieten? Vernagelte Theater und
Schulen? Impft dort schweißüberströmt, damit ihr wieder
aufmachen könnt (und die geschundenen Intensivstatio-
nen wieder zu). Benutzt eure (plötzlich vorhandenen)
Abermilliarden für aggressiv-engagierte Gegenwehr und
nicht für verwalterisches mal Auf-, mal Dichtmachen,
tröstliches Pflastern oder schwammiges Stützen.
  Kämpft. Erkennbar. Sonst werden euch die – von
euch empfundenen – Idioten so lange irritieren und verarschen, angreifen und anscheißen, bis sie sich nach
ganz oben vorbeietabliert haben. +++

Wenn man heute sagt, James Dean sei ein Zeichen für
»Sie wissen eigentlich ganz genau, was sie tun« – ver-

meintlich sinnlos, aber doch klar zu spüren – gewesen, dann hätte man auch Eminem verstehen müssen als einen lästig-bauernschlauen Vorbeschreiber von späteren Trumpeltieren.

Es wird gesagt, »Ihr« wisst nicht, wer »Wir« sind, versteht und seht »Uns« nicht. Quatsch. Nichts ist neu an Auftritt, Methode, Haltung, Aussprüchen, Beschuldigungen, Anderssein-Ablehnung und universeller Fremdenfeindlichkeit. Ich muss aber nicht in eure Stampfkneipen kommen, um mir die immer gleiche Scheiße anzuhören, weil ich ansonsten angeblich nicht wissen kann, was »da abseits« stattfindet. Nur um euch einfach (wieder) zu sehen.

+++ »Nichts hört auf«

Die Grenzen hören nicht auf/Die Schilder hören nicht auf/Die Zäune hören nicht auf/Die Ordnungen hören nicht auf/Die Formeln hören nicht auf/Zensuren und Orden hören nicht auf (gegeben zu werden)/Automaten hören nicht auf/Die Uhren hören einfach nicht auf/Die Erzieher, die Lehrer, die Ausbilder hören nicht auf/Die Stammtischpolitiker hören nicht auf/Die Soldaten hören nicht auf/Panikmacher, Denunzianten und Beschuldiger hören nicht auf/Wenn? Dann! hört nicht auf/Die Heimatminister hören nicht auf/Die Kreuzfahrer, die Inbesitznehmer fahren weiter kreuz und quer, gegen Mensch und Meer/Die Rassisten, die Faschisten, die Populisten – die Macker und Kacker, die Chauvinisten auf den Pisten … hören nicht auf … sie alle hören einfach nicht auf, auch wenn es manchmal so scheint, als ob es ihnen ein wenig

die Sprache verschlüge, also wenn es drauf ankommt ...,
und obwohl in Venedig die Delfine zurückkehren in die
Stadt wegen des temporären Wenigers, wird das alles
nicht aufhören. Wir aber werden auch noch besser auf-
passen auf all das und auf uns selber. +++

Wie wir in den Kiezen leben. In unserem diversen St.
Pauli, in der Kita, die unser Kind besucht, als Kreativ-
klässlereltern. Und in der Kita nebenan, nur Kinder mit
»Migrationshintergrund«. Zugehörigkeiten finden sich
automatisch. Und es wird mindestens unterbewusst
aufgepasst, dass dem eigenen Kind eine angemessene
zuteilwird. Auch heute sind Aufstiegschancen in bestimmten Schichtungen schwierig geblieben. Alle Möglichkeiten haben weiterhin nicht alle. Aus Hamburg-
Mümmelmannsberg kommst du schwer raus.

Von »Ich finde dich komisch« bis »Ich hasse dich« ist
der Weg kürzer geworden. Es ergibt aber keinen Sinn,
es stehen zu lassen, als wäre es nur so, dass die, die uns
scheiße finden, oder die, die sagen, sie wollen nichts
»anderes«, allen Ernstes hinter Mauern leben wollen,
durchweg Waffen lieben, dumpfe Arschlöcher sind, Bock
haben, dumme Klamotten zu tragen und dumme Musik
zu hören, und dabei nur unter ihresgleichen eingemauert
in steinalten »Traditionen« hocken möchten.

Es geht verschoben auseinander, ist komplexer zu-
zuschreiben. Auch Marx wusste nicht, dass der Kapitalismus Globalideologie werden und dabei teilweise gar umsonst zu haben sein würde. Klassische Klasse ist so nicht
mehr. Gesellschaftsbilder greifen anders. Auch ist das

Herausarbeiten von Unterschiedlichkeiten unklarer. Das hat unter anderem damit zu tun, wie wir uns gegenseitig verkürzt wahrnehmen (wollen) und wer meint, Beschreibungshoheiten zu haben – und damit, dass alle anderen nur noch Feinde sind. Es mangelt an einer bestimmten, auch in unserer eigenen Begegnungsbereitschaft liegenden empathischen Vergabe von Anerkennung. Plus der Gönnung und Zuteilung von brauchbaren Skills. Bezeichnend die Arroganz und Ignoranz gegenüber der erlebten DDR-Zeit, als das vermeintlich ausschließlich bessere, gerechtere, überlegene »System« so getan hat, als müsste man keine ereignisreiche, selbstverständlich berührende Geschichte weitererzählen, verarbeiten, daraus lernen. Das ist angewandte Siegermentalität, deren Auswirkung nur schwer zu reparieren sein wird.

Wenn wir also unsere Birnen nicht beträchtlich weiter aufmachen können und wollen, werden wir gar nichts überwinden, keine Klassenscheren, keine Nächstenverachtung, keine Geschlechterhierarchien, keinen Eurozentrismus, keinen Rassismus, keine Ökologievergewaltigung usw.

Fickt eure Tierwohl-Kennzeichnungsabstufung und beendet Tierquälerei.

Kompensieren wird nicht reichen, denn: Wenn sie nicht gestorben sind, dann sind sie längst nicht tot.

Totenwaschung

Von Kübra Gümüşay

Ismail betritt mit dem rechten Fuß zuerst den Raum, den Blick gesenkt, den Kopf geneigt, die Schultern hochgezogen. »Bismillah«, sagt er mit zittriger Stimme. Er betrachtet die grauen Granitfliesen auf dem Boden und nähert sich langsam und bedächtig dem Tisch, auf dem der Tote liegt. Dann erst blickt er hoch. Auf den Körper. Auf Adem. Auf seinen Vater.

Nur ein Leichentuch bedeckt seine Aura, den Bereich zwischen seinen Knien und seinem Bauchnabel.

»Sag mal, Dede, war das bei euch auch so?«, fragt Sevgi ihren Großvater Adem neugierig, während sie ihren Laptop zu ihm an den Esstisch trägt.

»Was meinst du, meine Rose?«, fragt er zurück.

Sie setzt sich neben ihn, drückt auf die Play-Taste und schiebt ihm den Laptop zu. Zu sehen ist eine BBC-Dokumentation über eine Gruppe türkischer Gastarbeiter in den Siebzigerjahren. Nur in Unterwäsche stehen die Männer in einer Reihe und drehen ihre Köpfe nach rechts. Dann zieht ein deutscher Arzt einem nach dem anderen den Bund der Unterhose auf und blickt hinein. Abrupt dreht auch Adem den Kopf nach rechts, weg vom Bildschirm. »Meine Rose, ich verstehe doch kein Wort dieser fremden Sprache«, sagt er und steht auf.

»Ja, das musst du auch gar nicht, Dede. Ich möchte ja nur wissen: War das bei euch auch so? Haben sie das damals auch mit dir gemacht, bevor du nach Deutschland kamst?«

Adem steht auf. »Ismail!«, ruft er, ohne Ismail anzusehen. »Mein Sohn, ist der Ruf zum Abendgebet schon gesprochen worden?«

Ismail blickt auf seine Armbanduhr. Es sind noch zehn Minuten. »Ja«, lügt er.

»Dann gehe ich mal die Gebetswaschung machen«, sagt Adem und bewegt sich langsam Richtung Bad.

»Dede ...«, setzt Sevgi an. Wütend blitzen Ismails Augen seine Tochter an. »Uf, Baba«, sagt sie und verlässt stampfend das Zimmer.

Als er auf der Kloschüssel sitzt, blickt Adem an sich herab. Nicht einmal vor seiner geliebten Fatma hatte er je ungeniert in kurzen Unterhosen gestanden. Selbst im Bad schämt er sich vor den Engeln im Raum. Er beugt sich vor und greift nach der Wasserkanne, um sich zu reinigen.

Frisch gewaschen, rasiert, in schicken Anzügen, von Gebeten, Wünschen, Ängsten, Hoffnungen und Tränen begleitet, waren sie aufgebrochen zu dieser Reise. Und nun standen sie alle in Reih und Glied. Entkleidet. In kurzen Unterhosen. Sogar im Hamam hatten sie mehr an als hier.

Ein Mann im weißen Kittel und mit kühlen blauen Augen betrat den Raum, den türkischen Übersetzer im Schlepptau. So blaue Augen hatte Adem noch nie gesehen. An einem anderen Ort, zu einer anderen Zeit, in einer anderen Situation hätte Adem staunend in diese Augen geblickt, doch hier und jetzt und in dieser Situation wich er ihnen aus, fürchtete darin zu erkennen, was dieser Mann in ihm sah. Adems Magen drehte sich. Raus hier, schrie etwas in seinem Kopf. Doch sein Körper gehorchte nicht. Stattdessen gehorchte dieser Körper den Anweisungen des Mannes, die ihn über den Übersetzer erreichten. Schritt für Schritt näherten sich der Mann und der Übersetzer. Dann war es so weit. Die blauen Augen schauten in seine Hose. Adem kniff die Augen zusammen. Nichts ist ohne Preis in diesem Leben, dachte er. Das also ist der Preis dieser Reise. Mein Körper gehört nicht mehr mir. Und ich, Adem, bin nicht mehr mein Körper.

Als er die Augen öffnete, stand der Übersetzer vor ihm, dicht neben dem Mann mit den blauen Augen. Monoton übersetzte er seine Worte. Du bist wie ich, dachte Adem. Deine Worte gehören nicht dir. Du bist nicht das, was du sprichst. Deine Zunge ist nicht deins.

Ismail zupft das Leichentuch zurecht und beginnt die Waschung für die letzte Reise seines Vaters, begleitet von Gebeten, die seinen Mund flüsternd verlassen. Mit Wünschen, Ängsten, Hoffnungen – doch bis jetzt noch ohne eine einzige Träne. Zunächst hebt er den schweren Oberkörper seines Vaters an. Die Schultern, auf die er sich nie gesetzt hatte, wie andere Kinder in der Nachbarschaft es bei ihren Vätern getan hatten. Weil sein Vater nicht da gewesen war. Nicht bei ihm. Sondern im *Gurbet*, in der Ferne, in *Almanya*. Die Wut hatte sich tief in Ismails Bauch gegraben. Immer dann, wenn die Nachbarskinder ihn schlugen. Aus Neid, sagte seine Mutter. Ismail war egal, weshalb. Er wollte einfach nicht mehr geschlagen werden. Weder von ihnen noch von seinen beiden älteren Brüdern, die ihn wahnsinnig machten, weil sie immer schneller und stärker waren als er, immer mehr wussten als er, ganz egal, wie sehr er sich anstrengte. Noch von seiner Mutter, die ihre Verzweiflung, ihre Einsamkeit an den Kindern auslassen wollte, doch nur Ismail war so langsam, dass sie ihn in die Finger bekam.

All das fand ein abruptes Ende, als der Vater sie endlich zu sich nach *Almanya* holte. In eine graue, kalte Stadt, in ein kleines schimmeliges Zimmer. Müde und schmutzig kehrte der Vater nachts, wenn die Kinder längst schliefen, von der Arbeit zurück. Morgens, wenn sie aufwachten, schimpfte er, weil sie zu laut waren. Ismail aber war voller Glück, schlief lächelnd ein, wachte strahlend auf. Und die Wut in Ismails Bauch wäre fast für immer erloschen, hätte der Vater beim ersten und für lange Zeit einzigen Ausflug der Familie in einen Park nicht seine kleine Schwester auf seinen Schultern getragen und nicht ihn. Er wollte auch, aber er wusste nicht, wie er fragen sollte. Die nächste Gelegenheit bot sich erst viele, viele Monate später, als diese kalte Stadt warm genug war, dass die Menschen auf ihren Wiesen sitzen konnten. Ismail traute sich endlich. Aber da sagte der Vater lachend, dass Ismail wie ein Esel geworden sei, viel zu groß und zu schwer, um sich auf die Schultern seines Vaters zu setzen. Seine Brüder lachten laut auf. Ismail rannte davon. Der Vater hatte recht, es war zu spät.

Nun ist das Gesicht an der Reihe. Ismail schaut auf. »Babam«, sagt er zum ersten Mal, seit er diesen Raum betreten hat. »Ah, Babam.« *Mein Vater, ah, mein Vater.* Endlich fallen Ismails hochgezogene Schultern herab, endlich löst sich der Knoten in seinem Hals, endlich kann er weinen. Er senkt seinen Blick, beschämt, diesen großen, kräftigen Fels hier so liegen zu sehen. Ismail berührt das Gesicht seines Vaters. Streicht ihm über die Wangen. Über die Augen. Nie hatte er diese Augen weinen sehen. Aber einmal wusste er, hatten sie seinetwegen geweint. Diese Augen hatten ihn so enttäuscht angeblickt, dass Ismail sich fühlte wie im freien Fall. Der Boden unter seinen Füßen und alles, an das er sich in dieser Fremde hätte klammern können, war unter ihm weggebrochen, und er fiel und fiel und fiel. Tagelang wartete er bang auf den Aufprall.

Wochen waren vergangen, seit Ismail seinen Vater im Wachzustand gesehen hatte. Sie waren es gewohnt, dass er abends zur Arbeit aufbrach und morgens, wenn Ismail und seine Geschwister zur Schule gingen, noch schlief. Doch seit Wochen sahen sie ihn nun selbst an den heiß-geliebten Nachmittagen, die sie sonst gemeinsam verbrachten, nicht. Der Vater und seine Freunde würden eine Moschee bauen, hatte seine Mutter erklärt. Eine Moschee, wie sie es von zu Hause kannten. Mit Teppichen und Verzierungen. Allahs Zuhause, hatte sie gesagt. Ismail verstand nicht, warum Allah ein Zuhause brauchte, wenn Ihm doch alles gehörte und Er alles sah. Noch viel weniger verstand er, warum ausgerechnet sein Vater Ihm dieses Zuhause bauen müsse.

Ausgerechnet jetzt. Jetzt, wo er die Worte verstand, mit denen ihn die anderen Kinder auf dem Schulhof beschimpften. Jetzt, wo sie anfingen, ihn heimlich zu verprügeln. Jetzt, wo Ismail sich nicht traute, irgendjemandem etwas davon zu erzählen. Schon gar nicht seinen Brüdern, die nun wieder, wie damals, seine Grenzen austesteten, ihn neckten und provozierten, ihn auf den Hinterkopf schlugen und auslachten. Ausgerechnet jetzt, wo die Wut in ihm wieder zu brodeln begann, war er nicht mehr da. Ismail war wieder wie ohne Vater.

An einem Nachmittag, als seine Brüder ihn wieder neckten, riss Ismails Geduldsfaden. Er schlug zurück. Zur Überraschung aller – auch Ismails – war sein Schlag kraftvoll und schmerzhaft. In Ismail brannte es lichterloh, und seine Brüder und er prügelten sich wie nie zuvor.

Natürlich hatten sie gewonnen. Natürlich hatte er, der nur so groß wie ein Esel war, verloren. Ismail rannte aus dem Haus. Inzwischen war er zumindest schnell genug, um seiner Mutter zu entwischen. Draußen dämmerte es bereits. Die Tage in der Fremde waren kurz und kalt. Lange streunte Ismail mit Tränen in den Augen und geballten Fäusten durch die Straßen, wusste nicht, wohin. Bis seine Füße ihn zur Baustelle der neuen Moschee trugen. Inzwischen war es stockdunkel, die Straßenlaternen waren hier im Industriegebiet spärlicher als im Wohngebiet. Ismail wusste nicht, ob sein Vater noch da war. Kein Licht war zu sehen. Er betrat das Gebäude. Als er den Baustellenstaub einatmete, legte sich ein metallischer Geschmack auf seine Zunge. Er mochte diesen Geschmack. Er bedeutete, dass Baba nah war.

Und da hörte er auch schon Adems Husten, sein Arbeiten. »Baba«, fragte er? Stille. »Baba?«

»Ismail?«, fragte die Stimme zurück, und eine Lampe leuchtete ihm ins Gesicht. Sein Vater hatte sich die Lampe auf die Stirn geschnallt. Da sah Ismail seinen Vater in seinem Blaumann, sein Gesicht im Schatten des Lichts. »Was hast du hier verloren?«, fragte er.

»Baba, warum bist du nicht zu Hause?«, brach es aus Ismail heraus. »Kann niemand anders die Rohre verlegen? Musst ausgerechnet du das hier machen? Gibt es niemand anderen in der gottverdammten Stadt?«

Ismail hatte seinem Vater gegenüber noch nie die Stimme erhoben. Noch nie so respektlos, so wütend gesprochen. Wahrscheinlich würde er jetzt eine Tracht Prügel einstecken, dachte Ismail. Er bereute jetzt schon seine Worte und schloss die Augen, sein Körper war voller Anspannung und in Erwartung des Schmerzes. Stattdessen: Stille. Kein

Schlag. Nichts. Er öffnete die Augen und blickte in das dunkle Gesicht seines Vaters. Er wusste nicht, wie er ihn anblickte, nicht, was er dachte. Aber er wusste, spürte, dass sein Vater weinte. Er fühlte die Enttäuschung. Eine so herbe Enttäuschung, dass sein Vater ihn nicht eines Schlags, nicht eines Wortes würdigte. Es war, als hätte Ismail in Adem und Adem in Ismail etwas zerbrochen, von dem beide nicht wussten, dass es so zerbrechlich gewesen war. Adem senkte seinen Kopf und wandte sich ab.

Vierzig lange Tage wartete Ismail auf den Aufprall. Vierzig Tage lang schwieg Adem und würdigte Ismail keines Blickes. Am Abend des vierzigsten Tags, als Ismail schon aufgegeben hatte, bat Adem ihn in das elterliche Schlafzimmer.

»Kennst du die Pflichten eines Muslims?«
　– »Ja.«

»Welche sind das?«
　– »Das Glaubensbekenntnis sprechen. Beten. Fasten. Spenden. Und die Pilgerreise.«

»Das sind *deine* Pflichten. Aber es gibt auch andere Pflichten. Wenn ich den Raum betrete und den Gruß Allahs ausspreche, was machst du dann?«
　– »Ich grüße dich zurück.«

»Ist das deine Pflicht?«
　– »Ich weiß nicht.«

»Das ist deine Pflicht. Und wenn dein Bruder zuerst den Gruß erwidert? Ist das dann immer noch deine Pflicht?«

– »Ja?«

»Nein. Wenn dein Bruder zuerst den Gruß erwidert, ist niemand mehr in der Pflicht.

Wenn ich sterbe, wer muss mich dann waschen?«

– »Ahmet Hoca?«

»Ja. Und wer noch?«

– »Yılmaz Amca?«

»Ja. Und wer noch?«

– »Selim Abi?«

»Ja. Und wer noch?«

Ismail zählte sämtliche Freunde seines Vaters auf.

»Ja. Und wer noch?«

– »Alle?«

»Es ist für alle Pflicht. Und doch, wenn nur einer sich meldet, ist es für niemand anderen mehr Pflicht. Eine Moschee zu bauen ist deine, meine, die Pflicht aller. Und doch, wenn einer sich dieser Aufgabe annimmt, verfällt die Pflicht für alle anderen. Macht es einer, sind alle erleichtert. Macht es niemand, missachten alle ihre Pflicht. Versagen alle. Handelt einer, übernimmt einer die Last, die Verantwortung, gewinnen alle.«

Das war er, der Aufprall. Ismail landete sanft und behutsam in der Welt seines Vaters. In Gemeinschaft statt in Einsamkeit. In Verantwortung statt Hedonismus. In Kollektivismus statt Individualismus. Das Feuer in Ismails Bauch erlosch an diesem Tag vollends.

»Von Ihm kommen wir, und zu Ihm kehren wir zurück«, wiederholt Ismail während der Waschung. Diese Worte sollen trösten, doch Ismails Tränen strömen unaufhaltsam. Damals hatte er sich geschworen, dass er seinen Vater waschen würde, wenn es ihm seine Gesundheit erlaubt, wenn er lange genug lebt. Mit achtzehn Jahren hatte er begonnen, diese Pflicht zu erfüllen. Schon viele Menschen hatte er inzwischen gewaschen. Freunde seines Vaters. Alte. Aber auch junge Menschen und Kinder. Leichte, kleine Körper. Leben, die ein frühes Ende gefunden hatten. In den letzten Jahren hatte er mehrere Jungen gewaschen, die allein, ohne Angehörige nach Deutschland geflüchtet waren. Die sich hier das Leben nahmen. Kinder, die keinen Platz in dieser Welt fanden. Jedes einzelne Kind, das hier auf diesem Tisch gelegen hatte, hatte sich ihm ins Gedächtnis eingebrannt.

Seinen eigenen Kindern hatte Ismail alles gegeben, was er hatte. Zeit, Liebe, Aufmerksamkeit, Vertrauen, Güte, Sicherheit und: Geld. Nie erhob er die Hand. Viele Jahre hatten Asiye und Ismail sich Kinder gewünscht. Als es auf natürliche Weise nicht klappte, als Asiye die Welt zu verfluchen begann und Ismail nicht mehr traurig, sondern schmerzverzerrt anschaute, sich langsam ein Schleier über ihre Augen legte und ihr die Lebenslust raubte, suchte sich Ismail medizinische Hilfe. Nahm Geld, viel Geld in die Hand. Er besaß mehrere Supermärkte, verdiente weit mehr, als er zum Leben brauchte. Seine beiden Brüder, der Mann seiner Schwester, Schulfreunde, sie alle waren bei ihm angestellt und sein Vater, Adem, stolz auf diesen Sohn, der Herr war über seinen eigenen Körper und seine eigene Zeit. Ismail und Asiye gönnten sich nichts von außen Sichtbares, protzten nicht. Nur an den Goldstücken, die sie zu Hochzeiten und Geburten verschenkten, ließ sich erahnen, dass und wie gut es ihnen finanziell ging. Es war das erste Mal, dass Ismail und Asiye so viel Geld für sich ausgaben. Ismail schämte sich. Nicht weil sie keine Kinder hatten. Sondern weil ihm Geld einen solch großen Vorteil verschaffen sollte. Als ob er sich eine Macht herausnahm, die er nicht hätte haben sollen.

So wurden Asiye und Ismail Vater und Mutter von den Zwillingen Can und Sevgi, die sehr spät und viel zu früh auf die Welt kamen. »Can«, *Leben*, nannten sie ihren Sohn, damit er überleben würde. »Sevgi«, *Liebe*, nannten sie ihre Tochter, die bereits selbstständig atmen konnte.

Can und Sevgi hätten ähnlicher und unterschiedlicher nicht sein können. Sie stritten sich, sobald sie streiten konnten, und hatten seither nicht aufgehört. Beide strebten nach Ansehen, Erfolg und Anerkennung. Beide wollten es besser haben als ihre Eltern, denen sie sich überlegen glaubten. Can strebte nach Genuss und Hedo-nismus. Sevgi nach Freiheit und Individualismus.

Can blieb in der kalten Stadt, nahe bei der Familie. Ihn mochten die Lehrkräfte an der Schule nicht. Konnten ihn von den anderen Jungen mit dunklen Haaren und ihren fremden Namen nicht unterscheiden. Seine Wort-kargheit interpretierten sie als Dummheit. Sein Vater organisierte Nachhilfeunterricht und Kurse für seinen Sohn. Aber Can wollte sein wie seine Freunde. Und seine Freunde wie er. Er verließ früh die Schule, brach die Aus-bildung im Supermarkt des Vaters ab. Er träumte vom Leben der anderen. Die Dinge, die das Leben unter dem Dach seiner Eltern ihm verwehrte. Dinge, die sein Vater sich nie kaufen würde. Can machte sich selbstständig, er-öffnete Restaurants, Shishabars und Cafés. Mit Geld, das endlich ihm und nur ihm allein gehörte, sparte er zwei Jahre lang auf ein Auto, das sein Vater sich locker hätte leisten können, aber nie hätte besitzen wollen – nicht einmal, wenn man es ihm geschenkt hätte.

Sevgi war der Liebling der Lehrkräfte. Strebsam, redege-wandt, fantasievoll. Sie machte ihr Abitur und probierte kurz ein Leben wie in den Träumen ihrer Eltern. Zwei Mo-nate studierte sie Medizin in der kalten Stadt. Aber Sevgi fühlte sich beengt. Durch das Studium, die Gesellschaft, das Land und die Opfer der Familie und die Opfer, die sie glaubte, selbst bringen zu müssen. Sie brach das Studium ab. Zog nach London. Suchte Freiheit, fand sie dort und wusste nichts mit ihr anzufangen. Jahrelang arbeitete sie bei sozialen Kunstprojekten, mit denen sie nicht einmal die Hälfte der Miete für ihr WG-Zimmer hätte bezahlen können. Jeden Monat registrierte sie wortlos das Geld, das Ismail auf ihr Konto überwiesen hatte. Kein Danke. Anrufe nur dann, wenn sie sich von der Welt gekränkt fühlte, wenn sie ein bisschen Liebe, Wärme, Trost oder etwas mehr Geld brauchte. Sie besuchte ihre Eltern selten. Als sie zurück nach Deutschland zog, um in Berlin Kunstgeschichte zu studieren, wurden ihre Besuche noch seltener. Dafür aber studierte sie zur Freude ihrer Eltern voller Enthusiasmus und Elan und brachte ihr Studium sogar zu Ende. Zur großen Enttäuschung ihrer Eltern aber floh sie danach erneut nach London. Um Künstlerin zu werden.

Asiye und Ismail hatten für ihre Kinder, ihre Eltern, ihre Geschwister, ihre Gemeinschaft gelebt – ohne Erwartungen. Sie verzichteten auf nichts, weil Verzicht voraussetzt, dass ein Mensch mehr gewollt hätte. Aber Asiye und Ismail wollten nicht mehr. Sie wollten nur Glück – für sich und ihre Liebsten. In der Welt ihrer Kinder hatten Asiye und Ismail jedoch keinen Platz. Sie waren höchstens der Boden, auf dem sie standen. Aber nicht die Welt, die sie umgab. Nicht der Himmel, nach dem sie strebten.

Can und Sevgi wollten niemandes Kind, Enkel, Schwester oder Bruder sein. Sie wollten Can und Sevgi sein. Sie, ihr Glück, ihre Erfolge, ihr Geld, ihr Ruhm, ihr Ansehen – alles sollte ihnen selbst gehören. Nur ihr Leid, ihre Sorgen, ihr Schmerz, ihre Wunden, ihre Kränkungen gehörten anderen. Nur dafür schauten sie auf den Boden, auf dem sie standen.

»Na, Sevgi, bereust du's?«
   – »Was meinst du?«

»Dass du nicht sofort hergeflogen bist, natürlich.«
   – »Can! Echt, fang jetzt nicht damit an.«

»Du warst Dedes Lieblingsenkelin. Du hättest ihn noch ein letztes Mal sehen können.«
   – »Was soll das? Ich hatte gerade eine wichtige Ausstellung. Und Dede war schon so lange krank. Woher hätte ich das wissen sollen? Ich kann ja nicht bei jedem Alarm herfliegen.«

»Warum nicht?«
   – »Ernsthaft?«

»Ja.«
   – »Weil ich nicht das Geld dafür habe? … Hör auf, mich so verächtlich anzuschauen. Bloß weil ich kein Opfer des Kapitalismus bin.«

»Aha. Erzähl doch mal: *Ich* bin also ein Opfer des Kapitalismus, ja?«
   – »Ja, Can. Das bist du. Redest über nichts anderes als Geld und deine Shishabars. Protzt herum mit deiner Kleidung. Ah, nicht zu vergessen: deinem Ferrari.«

»Das ist ein Porsche ...«

  – »Whatever!«

»... den ich *selbst* bezahlt habe, Sevgi. Mit meinem *eigenen* Geld! Du bist hier das Kapitalismus-Opfer. Liegst Baba bis heute auf der Tasche, studierst erst dies und dann das. Kümmerst dich erst jahrelang um nichts als um dich selbst. Und jetzt tust du auch noch so, als wärst du Mutter Teresa, rettest die Welt. Die ›kritische Künstlerin‹, laberst von Rassismus, Sexismus, Klassismus, *Massismus*. Alter, du hast doch vom Leben keine Ahnung. Du hast *keine* Ahnung, was die Leute hier erleben oder was zu Hause bei Anne und Baba abgeht. Hast nie auf eigenen Beinen gestanden. *Ich* hab mir alles selbst aufgebaut.«

  – »Selbst aufgebaut? Baba hat doch deine erste Shisha-bar bezahlt.«

»Na und? Ich hab alles zurückgezahlt, Sevgi. Ich hab keine Schulden mehr. Stehe auf meinen eigenen Beinen. Verdiene mein eigenes Geld.«

  – »Toll hast du das gemacht. Und was hast du für Anne und Baba gemacht?«

»Ich bin hiergeblieben. Mich sehen sie öfter als dich. Denn ein Mann, der keine Zeit mit seiner Familie verbringt, ist kein richtiger Mann.«

  – »Ha. Ha. Ist das wieder ein Zitat aus dem *Paten*, Can? Toxic masculinity deluxe. Anne und Baba machen sich bis heute Sorgen um dich. Denn Geld, schnelles Auto und Geprotze machen keinen Mann aus dir.«

»Du bereitest ihnen schlaflose Nächte, Sevgi. Du, du bist für die ganze Welt da, willst sie retten, sich um sie kümmern, nur um uns nicht.«

– »Was heißt hier ›uns‹? Tu nicht so, als würdest du hier für Anne und Baba sprechen. Tu nicht so, als wärst du ihnen näher als ich. Physische Anwesenheit allein bedeutet doch keine Nähe!«

»Seid leise!«, ermahnt Asiye sie, während sie an ihren Kindern vorbeieilt. Und fragt sich: Was soll ich lauter beklagen? Den Tod von Adem Baba oder dass meine Kinder leben wie Tote?

Adems Körper ist nun fertig gewaschen und getrocknet. Ismail zieht den *Kefen* unter den Körper, drei Leichentücher, und tröpfelt Kampferöl darauf. Ein Geruch, den sein Vater und seine Freunde vor einigen Jahren begonnen hatten aufzutragen. Nur Yılmaz Amca, *Onkel Yılmaz*, der beste Freund seines Vaters, nicht. Er war nicht wie die anderen Freunde seines Vaters. Er kam nicht zum Freitagsgebet in die Moschee. Er fluchte viel und schimpfte lustvoll und ungehemmt über Deutschland, die Türkei, die Erniedrigungen durch Fremde, die Erniedrigungen durch Freunde und immer wieder: *Politika, Politika, Politika.* Er sang wie kein anderer. Die schönsten, melancholischsten Lieder. Über Liebe, Freundschaft, Heimat und Schmerz. Mit den Jahren wurde seine Stimme kratziger. Und sein Schnurrbart, der ihm immer bis in den Mund reichte, wurde zunehmend grauer. Nur der Bereich direkt unter der Nase war vergilbt vom vielen Rauchen. Als Kind war sich Ismail sicher gewesen, dass es einen anderen Grund dafür geben musste: Yılmaz Amca putzte sich nicht die Nase. An jedem wichtigen Tag stand Yılmaz Amca neben seinem Vater. Bei den Hochzeiten der Kinder. Den Geburten der Enkel. Den Beerdigungen ihrer Freunde. Am ersten Tag seiner Rente holte Yılmaz Amca seinen Vater zum Spaziergang ab. Und genauso tat es Adem auch für ihn.

Das Ende des Abschieds naht. Vorsichtig reibt Ismail Stirn, Nase, Hände, Knie und Zehenspitzen seines Vaters mit dem Kampferöl ein. Die Stellen, an denen dieser Körper fünfmal täglich den Boden berührte, um seinem Schöpfer zu begegnen. Ismail betrachtet den Körper seines Vaters ein letztes Mal. Er kennt nur die wenigsten Geschichten hinter den Narben dieses Körpers. Was haben diese Augen gesehen? Diese Hände berührt? Diese Schultern getragen? Was hat dieses Herz gefühlt? Jetzt ist es zu spät für all die Fragen, die Ismail hätte stellen wollen. Und auf die sein Vater eh nicht geantwortet hätte, weil er nichts an sich erzählenswert fand. Ismail bedeckt seinen Vater erst mit der rechten, dann mit der linken Seite des Leichentuchs. Er wickelt ihn ein, straff und fest dreht er die Enden zu. Er ist bereit.

Als Ismail den Waschraum verlässt, steht Yılmaz Amca vor ihm. Sein Gesicht ist vom Weinen aufgequollen. Ismail verbeugt sich, um seine Hand zu küssen. Hände, so groß und schwer wie die seines Vaters. Geformt und geschunden durch die gleiche Arbeit. Hände, die ähnliche

Narben tragen. Doch Yılmaz Amca zieht stattdessen Ismails Hände hoch. So schnell, dass dieser sich nicht wehren kann. Er riecht an ihnen, küsst sie und legt sie auf die Brust. *Wirst du auch mich waschen?*, fragt diese Geste. Zuerst schüttelt Ismail den Kopf, danach nickt er. *Nein, du wirst nicht sterben. Ja, ich werde dich dann waschen.* Dann lässt er sich in die Umarmung von Yılmaz Amca fallen.

Währenddessen sitzen Can und Sevgi nebeneinander, mit geballten Fäusten. Ihre ungeweinten Tränen versperren ihnen die Sicht auf den Schmerz der anderen. Sie spüren nur ihren eigenen Schmerz. Zwischen ihnen und ihren Eltern stehen Dutzende Mauern, erbaut aus Sprache, Geld, Wissen und Weltgewandtheit. Doch keine ist so hoch wie die der fehlenden Verbundenheit, die fehlt für das Teilen, ohne dass darum gebeten werden muss, das Helfen, ohne dass um Hilfe gerufen werden muss, das Sehen, ohne dass um Sichtbarkeit gerungen werden muss, das Hören, ohne dass geschrien werden muss, das Mitfühlen des Schmerzes, ohne dass er ausgesprochen werden muss.

Ismail setzt sich erschöpft zwischen seine beiden Kinder. Er spürt ihre Anspannung, ihre Wut, ihren Schmerz. Umarmt sie. Tröstet sie. Zieht sie fest an sich und legt ihre beiden Hände versöhnlich auf seinen Schoß. Als sie zu weinen beginnen, versetzt er ihnen unwissentlich den letzten Stich. »Benim babam vefat etti«, sagt er. *Mein Vater ist gestorben.*

Zu den Autor*innen

Martin Becker, geboren 1982, aufgewachsen in einer Arbeiterfamilie im Sauerland, lebt heute in Halle / Saale und Köln. Der Schriftsteller und Journalist wurde für seine Radioarbeiten und Bücher mit mehreren Preisen ausgezeichnet. Zuletzt erschienen der Roman *Marschmusik* (2017) und der Essayband *Warten auf Kafka* (2019) im Luchterhand Literaturverlag.

Bov Bjerg, Jahrgang 1965, ist Schriftsteller und Vorleser. Sein erster Roman hieß *Deadline*, sein zweiter, *Auerhaus*, wurde verfilmt und von vielen Theatern inszeniert. Eine Geschichtensammlung erschien unter dem Titel *Die Modernisierung meiner Mutter*. Mit *Serpentinen* war Bov Bjerg auf der Shortlist des Deutschen Buchpreises 2020.

Arno Frank, 1971, kommt aus Kaiserslautern und hat die Deutsche Journalistenschule (DJS) in München besucht. Von 1999 bis 2010 war er bei der *taz* in Berlin, zuletzt als Ressortleiter, und schreibt seitdem frei vor allem für den *Spiegel*. 2017 erschien sein Roman *So, und jetzt kommst du* (Klett-Cotta / Tropen). Er lebt in Wiesbaden.

Lucy Fricke, geboren 1974 in Hamburg, hat bisher vier Romane veröffentlicht und wurde vielfach ausgezeichnet, zuletzt war sie Stipendiatin der Kulturakademie Tarabya in Istanbul. Ihr Bestseller *Töchter* wurde in mehrere Sprachen übersetzt und verfilmt. 2010 hat Lucy Fricke das Hamburger Literaturfestival HAM.LIT gegründet. Sie lebt in Berlin.

Kübra Gümüşay, geboren 1988, studierte Politikwissenschaften in Hamburg und London. Sie ist Autorin des Bestsellers *Sprache & Sein* sowie Initiatorin zahlreicher Kampagnen und Vereine – u. a. der feministischen Research- und Advocacy-Organisation future_s und des Bündnisses #ausnahmslos.

Schorsch Kamerun, geboren 1963 (Timmendorfer Strand), ist Sänger (Die Goldenen Zitronen), Autor, Theater-/Opernregisseur und Clubmitbegründer (»Golden Pudel Club«), erhielt den Hörspielpreis der Kriegsblinden, war Gastprofessor (Akademie der Bildenden Künste München) und schrieb den Roman *Die Jugend ist die schönste Zeit des Lebens* (2016, Ullstein).

Pınar Karabulut, 1987 geboren, lebt in Köln. In der Spielzeit 2016/2017 leitete sie zusammen mit dem Kuratorenteam Britney die Außenspielstätte am Offenbachplatz des Schauspiel Köln. Ab der Spielzeit 2020/2021 ist sie Teil des künstlerischen Leitungsteams der Münchner Kammerspiele. Sie arbeitet außerdem an der Volksbühne Berlin.

Clemens Meyer, geboren 1977 in Halle/Saale, lebt in Leipzig. 2006 erschien bei S. Fischer sein Debütroman *Als wir träumten*, es folgten mehrere preisgekrönte Erzählbände und der Roman *Im Stein* (2013). *Als wir träumten* und die Erzählung *In den Gängen* wurden für das Kino verfilmt. Im Frühjahr 2020 erschien *Nacht im Bioskop* (Verlag Faber und Faber).

Katja Oskamp, 1970 in Leipzig geboren, lebt in Berlin. Studium der Theaterwissenschaft, Studium am Deutschen Literaturinstitut Leipzig. Veröffentlichte den Erzählungsband *Halbschwimmer*, die Romane *Die Staubfängerin* und *Hellersdorfer Perle* und zuletzt *Marzahn, mon amour. Geschichten einer Fußpflegerin.*

Sharon Dodua Otoo, geboren 1972 in London, ist Autorin, Herausgeberin und politische Aktivistin. Mit dem Text »Herr Gröttrup setzt sich hin« gewann Otoo 2016 den Ingeborg-Bachmann-Preis. 2020 hielt sie die Klagenfurter Rede zur Literatur »Dürfen Schwarze Blumen Malen?« (Verlag Heyn). Ihr erster Roman *Adas Raum* erschien Februar 2021 (S. Fischer Verlag).

Francis Seeck wurde 1987 in Ostberlin geboren. Seit 2010 arbeitet Francis als Antidiskriminierungstrainer*in und Geschlechterforscher*in zum Thema Klasse und ist Mitherausgeber*in des Sammelbandes *Solidarisch gegen Klassismus*. Zurzeit ist Francis Vertretungsprofessor*in für Soziologie und Sozialarbeitswissenschaft an der Hochschule Neubrandenburg.

Anke Stelling, geboren 1971, ist seit 2001 freie Schriftstellerin. 2019 erhielt sie für *Schäfchen im Trockenen* den Preis der Leipziger Buchmesse und wurde damit einem größeren Publikum bekannt. Zuletzt erschienen gesammelte Erzählungen unter dem Titel *Grundlagenforschung*. Sie lebt mit ihrer Familie in Berlin.

Olivia Wenzel, 1985 in Weimar geboren, Theaterautorin & diplomierte Kulturwissenschaftlerin, lebt in Berlin. 2020 erschien ihr Romandebüt *1000 Serpentinen Angst* bei S. Fischer. Wenzel kollaboriert als Performerin gern mit Gruppen wie vorschlag:hammer, als Musikerin mit Bands wie Otis Foulie, als Workshopleiterin mit Kindern, Jugendlichen und jungen Erwachsenen.

Maria Barankow, geboren 1987 in Russland, Studium der Romanistik und Anglistik in Köln und London, ist seit 2013 Lektorin und Programmleiterin bei den Ullstein Buchverlagen.

Christian Baron, geboren 1985 in Kaiserslautern, lebt als freier Autor in Berlin. Nach dem Studium der Politikwissenschaft, Soziologie und Germanistik in Trier arbeitete er mehrere Jahre als Zeitungsredakteur. 2020 erschien bei Claassen sein literarisches Debüt *Ein Mann seiner Klasse*, wofür er den Klaus-Michael-Kühne-Preis und den Literaturpreis »Aufstieg durch Bildung« der noon-Foundation erhielt.

Die Erzählung »Schinkennudeln« ist erstmals erschienen in: Bov
Bjerg. *Die Modernisierung meiner Mutter. Geschichten.* Blumenbar, Berlin
2016 © Aufbau Verlag GmbH & Co. KG, Berlin 2016

Claassen ist ein Verlag der Ullstein Buchverlage GmbH
www.ullstein.de

ISBN 978-3-546-10025-0

© Ullstein Buchverlage GmbH, Berlin 2021
Herausgeber*innenfotos: © Philipp Willem Reinken, © Hans
Scherhaufer
Umschlaggestaltung: Sabine Wimmer, Berlin
Satz: Pinkuin Satz und Datentechnik, Berlin
Gesetzt aus der Quadraat Pro
Druck und Bindung: GGP Media GmbH, Pößneck

Fatma Aydemir
Hengameh Yaghoobifarah (Hrsg.)

Eure Heimat ist unser Albtraum

Hardcover mit Schutzumschlag.
Auch als E-Book erhältlich.
www.ullstein-buchverlage.de

>*»Das sind die Stimmen, die wir hören müssen. Damit es in diesem Land nicht noch finsterer wird.«*
>*Margarete Stokowski*

Was bedeutet es, sich bei jeder Krise im Namen des gesamten Heimatlandes oder der Religionszugehörigkeit der Eltern rechtfertigen zu müssen? Wie viel Vertrauen besteht nach dem NSU-Skandal noch in die Sicherheitsbehörden? Und wie wirkt sich Rassismus auf die Sexualität aus?

Dieses Buch ist ein Manifest gegen Heimat. 14 Autor_innen geben in persönlichen Essays Einblick in Ihren Alltag und halten Deutschland den Spiegel vor: einem Land, das sich als vorbildliche Demokratie begreift und gleichzeitig einen Teil seiner Mitglieder als »anders« markiert, kaum schützt oder wertschätzt.

Christian Baron

Ein Mann
seiner Klasse

Auch als E-Book erhältlich.
www.ullstein.de

Kaiserslautern in den neunziger Jahren: Christian Baron erzählt die Geschichte seiner Kindheit, seines prügelnden Vaters und seiner depressiven Mutter. Er beschreibt, was es bedeutet, in diesem reichen Land in Armut aufzuwachsen. Wie es sich anfühlt, als kleiner Junge männliche Gewalt zu erfahren. Was es heißt, als Jugendlicher zum Klassenflüchtling zu werden. Was von all den Erinnerungen bleibt. Und wie es ihm gelang, seinen eigenen Weg zu finden.

Mit großer erzählerischer Kraft und Intensität zeigt Christian Baron Menschen in sozialer Schieflage und Perspektivlosigkeit. Ihre Lebensrealität findet in der Politik, in den Medien und in der Literatur kaum Gehör. Ein Mann seiner Klasse erklärt nichts und offenbart doch so vieles von dem, was in unserer Gesellschaft im Argen liegt. Christian Baron zu lesen ist schockierend, bereichernd und wichtig.

claassen

Verwarnungs- und Bußgeldverfahren

Verwarnungs- und Bußgeldverfahren

Bei geringfügigen Verkehrsordnungswidrigkeiten wird zunächst ein im Vergleich mit dem Bußgeldverfahren vereinfachtes Verwarnungsverfahren eingeleitet. Mündlich oder schriftlich können Verwarnungen ohne oder mit einem Verwarnungsgeld von der zuständigen Verkehrsbehörde oder von dazu ermächtigten Polizeibeamten an Ort und Stelle erteilt werden. Die Höhe eines Verwarnungsgelds beträgt zwischen 5 Euro und 55 Euro. Die Verwarnungsgelder lassen sich im Bußgeldkatalog nachschlagen.

Ist der Betroffene nach Belehrung über sein Weigerungsrecht mit der Verwarnung einverstanden, hat er das Verwarnungsgeld sofort oder innerhalb einer Woche zu zahlen. Die Angelegenheit wird durch die Zahlung abgeschlossen, ein Eintrag in das Fahreignungsregister bleibt aus, und dieselbe Tat darf nicht mehr anderweitig verfolgt werden.

Lehnt der Betroffene die Verwarnung ab oder zahlt das Geld nicht, wird ein **förmlicheres Bußgeldverfahren** eingeleitet. Während im Verwarnungsverfahren keine Gebühren erhoben werden (§ 56 Abs. 3 OWiG), fallen im Bußgeldverfahren **Gebühren** (nach § 107 OWiG derzeit 25 Euro) und **Auslagen** (unter anderem Zustellungskosten) an.

Die Bußgeldbehörde hat zu prüfen, was geschehen ist und um welche Verkehrsverstöße es sich handelte. Zur Aufklärung des Sachverhaltes muss der Betroffene selbst gehört werden, und er soll Gelegenheit zur Stellungnahme erhalten (**Rechtliches Gehör**). Erst dann ist zu entscheiden, wie es weitergeht: Einstellung des Verfahrens oder Erlass eines Bußgeldbescheides.

In der Regel schickt die Bußgeldbehörde dem Betroffenen einen Anhörungsbogen, in dem die Tat und die Tatumstände konkret zu bezeichnen sind. Der Betroffene ist dann verpflichtet, die Angaben zu seiner Person zu prüfen und gegebenenfalls wahrheitsgemäß zu korrigieren. Hinsichtlich des vorgeworfenen Verkehrsverstoßes selbst muss der Betroffene sich nicht äußern – er kann es aber tun! Da ist es in vielen Fällen angeraten, sich vorher mit einem Anwalt zu beraten, der auch mit der Antwort und mit der Vertretung in dem Verfahren beauftragt werden kann.

AvD Vertrauensrechtsanwälte – die Verkehrsrechtsspezialisten an Ihrer Seite

Es mag eine Binsenweisheit sein, aber Recht haben bedeutet leider nicht immer auch automatisch, Recht zu bekommen. Deshalb ist es von Fall zu Fall wichtig, erfahrenen rechtlichen Beistand an seiner Seite zu wissen, der das Verfahren in die Hände nimmt und Sie begleitet. Der AvD hat deshalb ein bundesweites Netz von verkehrsrechtlich spezialisierten Rechtsanwälten aufgebaut. AvD HELP PLUS Mitgliedern steht die kostenlose Erstberatung in verkehrsrechtlichen Angelegenheiten bei einem AvD Vertrauensanwalt in Ihrer Nähe zu.

Kontakt zum AvD Vertrauensanwalt

telefonisch unter 069 6606-800
montags bis freitags durchgehend von 8.30 Uhr bis 18.00 Uhr
per E-Mail: recht@avd.de, online unter www.avd.de

Nicht anders ist es bei einer **mündlichen Anhörung unmittelbar an Ort und Stelle oder auf Vorladung in eine Polizeidienststelle.** Der Betroffene ist darüber zu unterrichten, dass er das Recht hat zu schweigen oder die Aussage zu verweigern, und dass er einen Anwalt mit der Wahrnehmung seiner Interessen beauftragen kann. Er ist übrigens nicht dazu verpflichtet, der Vorladung zur Polizei nachzukommen.

Sollte das Anhörungsschreiben den Betroffenen nicht erreicht haben, kann das rechtliche Gehör „nachgeholt" werden durch den Einspruch gegen den Bußgeldbescheid.

Wenn Sich die Behörden zu viel Zeit lassen – Verjährung

Ab dem Tag der Tat läuft die so genannte **Verfolgungsverjährungsfrist**. Bei Verkehrsordnungswidrigkeiten dauert sie nur drei Monate (§ 26 Abs.3 StVG). Allerdings können die Bußgeldbehörden die Frist verlängern. Nach § 33 OWiG setzen so genannte Unterbrechungshandlungen – etwa die Anhörung des Tatverdächtigen (es gilt das Datum der behördlichen Anordnung, nicht das Datum des Zugangs der Anhörung beim Betroffenen!), Erlass respektive Zustellung des Bußgeldbescheids, Aktenabgabe an die Staatsanwaltschaft – die Verjährungsfrist neu in Gang. Nach Erlass eines Bußgeldbescheids oder einer Klageerhebung läuft eine sechsmonatige Verjährungsfrist.

Bei Drogen- und Promilleverstößen nach § 24 a StVG gelten längere Verfolgungsverjährungsfristen: bei fahrlässiger Begehung ein Jahr und bei Vorsatz zwei – ohne eine Unterbrechungshandlung.

Ist die Verfolgungsverjährung eingetreten, kann der Betroffene sie im Verfahren einwenden. Verfolgung und Ahndung von Ordnungswidrigkeiten oder die Anordnung von Nebenfolgen sind dann ausgeschlossen.

Davon zu unterscheiden ist die **Vollstreckungsverjährung**. Rechtskräftig verhängte Geldbußen und Nebenfolgen können nach Ablauf der Vollstreckungsverjährungsfrist ebenfalls nicht mehr durchgesetzt werden. Ab Rechtskraft müssen Geldbußen bis zu 1000 Euro innerhalb von drei Jahren (§ 34 Abs. 2 Nr. 2 OWiG) vollstreckt werden. Bei höheren Geldbußen liegt die Vollstreckungsverjährungsfrist bei fünf Jahren.

Oft geht es jedoch um die **Ermittlung des Täters und um die Frage, wer der verantwortliche Fahrer** gewesen ist. Liegt kein Frontfoto vor oder ist klar, dass die Person auf dem Foto nicht der Halter des Fahrzeugs ist, kann die Bußgeldbehörde über die Polizei Ermittlungen anstellen. Auch bei Firmenfahrzeugen, die auf eine rechtliche Person oder Firma zugelassen sind, muss der Fahrer ermittelt werden. Der angeschriebene Halter des Fahrzeugs wird dann **als Zeuge befragt** und hat nur dann das Recht, die **Auskunft zu verweigern, wenn er sich selbst oder nahe Verwandte** (vgl. **§ 55 StPO) belasten würde.** Ansonsten haben Zeugen die Pflicht, wahrheitsgemäß zu antworten und auch der Vorladung zur Polizei zu folgen.

Ließ sich der verantwortliche Fahrer nicht ermitteln, bevor der Verkehrsverstoß wegen Eintritt der Verfolgungsverjährung nicht mehr verfolgt werden darf, kann der Halter auch nicht dafür bestraft werden. Anders als in vielen anderen europäischen Ländern gilt in Deutschland **keine Halterhaftung.** Dennoch bleibt es nicht immer folgenlos, wenn die Ermittlungen ins Leere laufen. Bei schwerwiegenden oder wiederholten Verkehrsübertretungen kann dem Fahrzeughalter das **Führen eines Fahrtenbuches** auferlegt werden.

Schickt die Bußgeldbehörde dem Betroffenen einen **Bußgeldbescheid,** muss dieser die Tat, den Tatvorwurf und die rechtlichen Konsequenzen beinhalten, damit der Betroffene sich konkret dagegen wehren kann. Gegen den Bußgeldbescheid können der Betroffene, ein Bevollmächtigter oder ein beauftragter Anwalt innerhalb von zwei Wochen nach Zugang beim Tatverdächtigen **Einspruch erheben.** Übrigens: Fällt das Ende einer Frist auf einen Samstag, Sonn- oder Feiertag, läuft die Frist erst am Ende des darauf folgenden Werktages ab.

Der Einspruch kann sich gegen alles richten, aber auch auf bestimmte Taten, die Tatbegehung und Tatumstände oder die Rechtsfolgen wie ein Fahrverbot beschränkt werden. Wie und bei wem der Einspruch eingelegt werden kann, ist dem Bescheid zu entnehmen.

Der Einspruch **muss nicht begründet werden**, eine stichhaltige Stellungnahme (unter Umständen erst nach Akteneinsicht) kann jedoch eine erneute Überprüfung erleichtern. Die Bußgeldbehörde prüft den fristgerechten Einspruch. Kommt sie zum Schluss, dass der Bußgeldbescheid dennoch korrekt sei, leitet sie die Akten an die Staatsanwaltschaft weiter, die sie dem zuständigen Gericht vorlegt. Andernfalls kann der Bescheid zurückgenommen und – gegebenenfalls nach weiteren Ermittlungen – in abgeänderter Form neu erlassen werden oder aber das Verfahren nach § 47 OWiG ganz eingestellt werden.

 **Wenn eine Frist versäumt wurde – Wiedereinsetzung in den vorherigen Stand**

Ein ungeplanter Krankenhausaufenthalt, Urlaubsabwesenheit bei Unkenntnis, dass ein Verfahren eingeleitet wurde und andere Gründe können dazu führen, dass eine Frist oder ein Termin unverschuldet versäumt werden. In diesem Fall gewährt das Ordnungswidrigkeitenrecht die Möglichkeit der Wiedereinsetzung in den vorherigen Stand. Innerhalb einer Woche nach Wegfall des konkreten Hinderungsgrundes kann bei Gericht oder bei der Bußgeldstelle beantragt werden, das versäumte Rechtsmittel (etwa den Einspruch gegen einen Bußgeldbescheid) oder den versäumten Termin nachzuholen. Natürlich müssen die Hinderungsgründe und deren Wegfall glaubhaft dargestellt werden, etwa durch die Vorlage eines ärztlichen Attestes oder von Reiseunterlagen.

Kontakt zum AvD Vertrauensanwalt

telefonisch unter 069 6606-800
montags bis freitags durchgehend von 8.30 Uhr bis 18.00 Uhr
per E-Mail: recht@avd.de, online unter www.avd.de

Gerichtsverfahren

Verkehrsordnungswidrigkeiten werden in der Regel beim Amtsgericht am Tatort verhandelt, also von jenem Amtsrichter, in dessen Bezirk sich die Tat ereignet hat.

In der im gerichtlichen Verfahren anzuberaumenden **Hauptverhandlung** sind alle Fragen zum Sachverhalt zu klären. Das Gericht ist von Amts wegen verpflichtet, die Wahrheit zu ermitteln. Im Rahmen der **Beweisaufnahme** kann das Gericht auch Zeugen und Sachverständige einladen, die den Hergang rekonstruieren, klären respektive erklären können und Beweise erheben. Gegebenenfalls können der Betroffene und sein Anwalt auch noch **neue Beweisanträge** stellen und Entlastungsbeweise anbieten. Diesen wird das Gericht nachgehen, wenn es den Sachverhalt noch nicht für ausreichend geklärt hält und das Verfahren nicht unzulässig verzögert wird.

Auch der Betroffene muss zur Hauptverhandlung erscheinen. Er kann sich jedoch durch seinen Anwalt vertreten lassen und beantragen, sich von der **Anwesenheitspflicht** entbinden lassen. Das Gericht entbindet jedoch auch weit vom Gerichtsort wohnende Betroffene nicht in jedem Fall. Vor allem, wenn es um die Identifizierung des Fahrers geht oder der Betroffene nicht ausdrücklich erklärt, nicht zur weiteren Aufklärung beitragen zu können oder zu wollen, hat er an der Hauptverhandlung teilzunehmen. Unentschuldigtes Fernbleiben des Betroffenen führt dazu, dass der Einspruch verworfen wird. Das gilt unabhängig davon, ob ein Anwalt vertretungshalber vor Ort ist.

Dem Betroffenen steht das berühmte **„letzte Wort"** zu, er darf also vor der Urteilsberatung als Letzter in der Hauptverhandlung sprechen. Das Gericht wird nach Beratung ein Urteil verkünden, sofern kein weiterer Termin oder eine ergänzende Aufklärung erforderlich sind.

Das Gericht ist bei seiner Entscheidung nicht an die Feststellungen des Bußgeldbescheides gebunden. Es besteht auch kein Verschlechterungsverbot. Legt der Betroffene besondere wirtschaftliche Verhältnisse dar, kann er also etwa beweisen, dass es ihm finanziell sehr schlecht geht, kann das bei der Bemessung der Geldbuße berücksichtigt werden.

Ist das Gericht der Überzeugung, dass der Betroffene die ihm zur Last gelegte Tat nicht begangen hat, kann es ihn auf Staatskosten freisprechen.

Lässt sich die Sachlage nicht mit ausreichender Sicherheit klären oder bleiben Zweifel, die gegebenenfalls nicht ohne erheblichen Aufwand zu klären wären, kann das Gericht das Verfahren einstellen. Dem Betroffenen werden keine Strafen auferlegt, und die Entscheidung wird auch nicht im Fahreignungsregister eingetragen. Allerdings muss der Betroffene seine Anwaltskosten selbst zahlen.

Will das Gericht nicht vom Bußgeldbescheid nach oben abweichen, kann es je nach Lage ausnahmsweise auch auf eine mündliche Verhandlung verzichten und ein **schriftliches Verfahren** anbieten – ein Angebot, dem der Betroffene nach Anhörung auch widersprechen darf.

Das Amtsgericht muss nicht immer die letzte Instanz sein. Nach § 80 OWiG kann der Betroffene in bestimmten Fällen das **Rechtsmittel der Rechtsbeschwerde** einlegen. Dem sind jedoch enge Grenzen gesetzt. Liegt die Geldbuße nicht über 250 Euro, kann nur beim zuständigen Oberlandesgericht die Zulassung der Rechtsbeschwerde beantragt werden. Da keine weitere Tatsachenprüfung mehr erfolgen darf, kann die Rechtsbeschwerde nur aus den im Gesetz stehenden Gründen zugelassen werden. Dazu zählen die Fortbildung des Rechts, die Sicherung der einheitlichen Rechtsprechung oder die Versagung des Rechtlichen Gehörs.

Die Rechtsbeschwerde ist innerhalb einer Woche nach Urteilsverkündung respektive nach Zustellung der Entscheidung an den nicht anwesenden und nicht rechtlich vertretenen Betroffenen zu beantragen. Die notwendige Begründung darf innerhalb eines Monats nachgereicht werden. Spätestens dann empfiehlt es sich in vielen Fällen, einen Anwalt hinzuzuziehen.

Das Fahreignungsbewertungssystem

Nach mehr als 50 Jahren wurde zum 1. Mai 2014 aus dem Verkehrszentralregister das Fahreignungsregister und nach rund 40 Jahren aus dem Mehrfachtäter-Punktsystem das Fahreignungs-Bewertungssystem.

Eintragungen in das Register

Ein Eintrag in das Fahreignungsregister (FAER) in Flensburg kann nur aufgrund einer rechtskräftigen Entscheidung einer Bußgeldbehörde oder eines Strafgerichtes erfolgen. Solange ein Rechtsbehelf oder Rechtsmittel eingelegt ist, gibt es für dieses Verfahren keinen Eintrag ins Register.

Weitere Voraussetzungen für einen Eintrag in das FAER sind

- die Begehung einer Straftat bzw. Ordnungswidrigkeit, die in Anlage 13 zu § 40 der Fahrerlaubnisverordnung (FeV) aufgeführt ist, wobei das verhängte Bußgeld mindestens 60 Euro betragen muss, oder

- jede andere Verurteilung mit einer Führerscheinmaßnahme oder

- Entscheidungen der Fahrerlaubnisbehörden (Versagung der Erteilung, Entzug, Wiedererteilung oder Verzicht).

Es wird nur noch registriert, wer durch die Begehung von Straftaten oder Ordnungswidrigkeiten die Sicherheit des Straßenverkehrs verletzt hat. Tatbestände, die nicht unmittelbar die Verkehrssicherheit betreffen, werden zwar geahndet, aber nicht mehr im Fahreignungsregister erfasst.

Das System der Punktebewertung

Ausgehend von der Erkenntnis, dass die Häufigkeit von Verstößen im Straßenverkehr und nicht so sehr die Schwere des einzelnen Fehlverhaltens für die Bewertung der Fahreignung maßgeblich ist, wird eine differenzierte Punktebewertung mit bis zu 7 Punkten aufgegeben und durch ein 3-Punktesystem ersetzt:

- **Ordnungswidrigkeiten** werden grundsätzlich mit **1 Punkt** bewertet.

- **Ordnungswidrigkeiten mit Fahrverbot**, die die Verkehrssicherheit besonders beeinträchtigen, sowie

- **Straftaten** ohne Entziehung der Fahrerlaubnis werden als sehr schwere Verstöße mit **2 Punkten** registriert.

- Schwere **Straftaten**, die zur **Entziehung der Fahrerlaubnis** oder zu einer isolierten Sperrfrist nach § 69 a StGB führen, erhalten eine Bewertung mit **3 Punkten**.

Bei Begehung mehrerer Verstöße gleichzeitig, die so genannte Tateinheit, wird nur das schwerste Delikt mit Punkten versehen. Bei Begehung mehrerer einzelner Verstöße wird auch jedes einzelne mit Punkten versehen (so genannte Tatmehrheit).

Tilgungsfristen

Einträge im Register unterliegen je nach Schwere des Verstoßes unterschiedlich langen Tilgungsfristen:

- **2 Jahre und 6 Monate** für Ordnungswidrigkeiten (1 Punkt)

- **5 Jahre** für Ordnungswidrigkeiten, die die Verkehrssicherheit besonders beeinträchtigen und mit einem Fahrverbot versehen sind (2 Punkte)

- **5 Jahre** für Straftaten ohne Entziehung der Fahrerlaubnis (2 Punkte)

- **10 Jahre** für schwere Straftaten, die zur Entziehung der Fahrerlaubnis oder zu einer isolierten Sperrfrist nach § 69 a StGB führen (3 Punkte)

Die Tilgungsfristen beginnen bei behördlichen und gerichtlichen Entscheidungen in dem Moment, in dem sie Rechtskraft respektive Unanfechtbarkeit erhalten. Bei Entscheidungen mit Entzug der Fahrerlaubnis oder isolierter Sperre beginnt die Frist erst mit Wiedererteilung der

Fahrerlaubnis, spätestens aber fünf Jahre nach Rechtskraft der Entscheidung.

Jeder Eintrag im Fahreignungsregister läuft mit einer eigenen Tilgungsfrist ab. Die endgültige Löschung wird aber erst ein Jahr nach Ablauf der Frist vorgenommen (so genannte Überliegefrist). Damit soll verhindert werden, dass „tilgungsreife" Eintragungen aus dem Fahreignungsregister gelöscht werden und damit nicht mehr sichtbar sind, weil das Register erst nach Ablauf der Tilgungsfrist einer gespeicherten Entscheidung die Mitteilung von einem zeitlich bereits vorher begangenen erneuten bepunkteten Verkehrsverstoß erhält.

Die einzelnen Maßnahmen nach dem Punktesystem

Maßnahmen nach dem Fahreignungs-Bewertungssystem (Punktesystem) sind gesetzlich vorgegeben. Die örtlichen Führerscheinbehörden müssen eingreifen, wenn nach Mitteilung aus dem Register für den einzelnen Betroffenen bestimmte Punktestände erreicht oder überschritten sind. Es gilt:

- **Vormerkung:** Punktestand von einem bis einschließlich 3 Punkten. In der so genannten Vormerkungsphase steht der Fahrerlaubnisinhaber unter Beobachtung.

- **Ermahnung:** Punktestand von 4 bis 5 Punkten. In der Stufe der Ermahnung hat die zuständige Fahrerlaubnisbehörde Maßnahmen zu ergreifen. Der Betreffende wird schriftlich ermahnt, über den Punktestand informiert und auf die Möglichkeit einer freiwilligen Teilnahme an einem Fahreignungsseminar hingewiesen.

- **Verwarnung:** Punktestand von 6 bis 7 Punkten. In der Stufe der Verwarnung wird der Verkehrsteilnehmer schriftlich verwarnt, er bekommt seinen Punktestand mitgeteilt, zugleich wird er auf die drohende Entziehung der Fahrerlaubnis und erneut auf die Möglichkeit einer freiwilligen Teilnahme an einem Fahreignungsseminar hingewiesen, die allerdings nicht mehr zu einem Punkterabatt führt.

- **Entziehung der Fahrerlaubnis:** Mit einem Punktestand von 8 oder mehr Punkten ist die letzte Stufe erreicht. Die Fahrerlaubnis ist von der Behörde zu entziehen. Sie darf dem Betroffenen frühestens nach Ablauf von sechs Monaten und in der Regel nach einem positiven MPU-Gutachten wiedererteilt werden. Ein vorbeugender Verzicht auf die Fahrerlaubnis verkürzt die Wartezeit nicht.

Allerdings muss die Behörde vor einer Entziehung der Fahrerlaubnis alle Maßnahmestufen nacheinander angewandt haben. Werden daher vom Fahrerlaubnisinhaber 6 oder 7 Punkte erreicht, ohne dass die zuständige Behörde eine Ermahnung (1. Stufe) ausgesprochen hat, wird der Fahrerlaubnisinhaber auf 5 Punkte gesetzt. Werden 8 Punkte erreicht oder überschritten, ohne dass eine Verwarnung (2. Stufe) erfolgt ist, wird der Punktestand auf 7 verringert.

Die Bewertung der Punkteeinträge

Die Behörde geht bei Berechnung und Bewertung des Punktestandes vom Tattag der letzten rechtskräftig eingetragen Übertretung aus. Alle zu diesem Zeitpunkt im Register stehenden bepunkteten Entscheidungen, deren Tilgungsfrist noch nicht abgelaufen ist, werden für die zu ergreifende Maßnahme berücksichtigt. Verringerungen des Punktestandes danach, etwa wegen Löschung oder Punkteabbau, bleiben außen vor.

Bei einem bis fünf Punkten im Register kann der Betroffene durch die freiwillige Teilnahme an einem Fahreignungsseminar den Punktestand um einen Punkt reduzieren. Die Teilnahme ist nur einmal in fünf Jahren möglich. Das Fahreignungsseminar besteht aus jeweils zwei Einheiten Verkehrspädagogik und Verkehrspsychologie mit 75 Minuten pro Einheit. Die Kosten liegen bei insgesamt etwa 500 Euro. Die Punktegutschrift gibt es aber nur, wenn bis zum Zeitpunkt des Seminars keine neue Verkehrsübertretung begangen worden ist. Auch wenn diese neue Tat erst später in das Register eingetragen wird, wird dann kein Punkt mehr abgezogen.

Sind bei der Ausstellung einer Fahrerlaubnis Punkte im Register eingetragen, sind diese bei Erteilung der Fahrerlaubnis durch die Behörde zu löschen. Die Eintragung des Verstoßes bleibt aber mit der normalen Tilgungsfrist weiter im Register.

Folgen für ausländische Fahrerlaubnisinhaber

Auch ausländische Führerscheininhaber haben sich für ihre Verkehrsverstöße in Deutschland zu verantworten. Diese werden nach rechtskräftiger Entscheidung im Register eingetragen und bepunktet. Sobald eine Maßnahmestufe erreicht wird, erhalten Verkehrssünder unabhängig davon, ob sie einen Wohnsitz in Deutschland oder im Ausland haben, entsprechende Post. Anstatt jedoch die ausländische Fahrerlaubnis zu entziehen, wird ausländischen Führerscheininhabern untersagt, von ihrer Fahrerlaubnis in Deutschland Gebrauch zu machen. Fährt der Betreffende dann weiterhin fahrerlaubnispflichtige Fahrzeuge in Deutschland, fährt er ohne gültige Fahrerlaubnis.

Die Umstellung der Punkteeinträge nach altem Recht

Das bisherige Register wurde zum 1. Mai 2014 aufs neue Recht umgestellt. Für alle Einträge, die bis 30. April 2014 im Register standen, gelten die bisherigen Bestimmungen zur Tilgung. Das bedeutet für Ordnungswidrigkeiten eine Frist von zwei Jahren, für Straf- und für Alkoholtaten fünf oder zehn Jahre Tilgungsfrist. Für Einträge vor dem 1. Mai 2014 gilt weiter die so genannte Tilgungshemmung: Erst wenn auch der zeitlich letzte Eintrag zur Löschung ansteht, können auch die älteren Einträge gelöscht werden.

Für alle Einträge in das Register ab dem 1. Mai 2014 gilt keine Hemmung mehr. Jeder Eintrag wird mit eigener Frist getilgt.

Umrechnung

Alte Punkteeintragungen sind am 1. Mai 2014 nach einem bestimmten Schema umgerechnet worden. Zunächst werden alle Eintragungen, die nach neuem Recht nicht mehr eintragungsfähig sind, automatisch gelöscht. Dazu gehören alle Entscheidungen, die nach neuem Recht nicht als die Verkehrssicherheit beeinträchtigend anzusehen sind und deshalb nicht in die abschließende Liste der Anlage 13 der FeV aufgenommen wurden.

Die verbleibenden Alteintragungen werden wie folgt umgerechnet:

Punkte alt		Punkte neu
1 – 3	○·········▶	1
4 – 5	○·········▶	2
6 – 7	○·········▶	3
8 – 10	○·········▶	4
11 – 13	○·········▶	5
14 – 15	○·········▶	6
16 – 17	○·········▶	7
ab 18	○·········▶	8

Werden Alteintragungen nach der Umstellung zum 1. Mai nach den alten Regeln tilgungsreif oder stehen sie zu Löschung an, wird erneut umgerechnet. Vom alten Punktestand vor Umstellung werden die wegfallenden Punkte abgezogen und der sich daraus ergebende Punktestand erneut nach dem oben stehenden Schema umgerechnet.

Auskunft über Punkteeinträge im Register

Das Kraftfahrt-Bundesamt in Flensburg erteilt Ihnen auf schriftlichen Antrag unentgeltlich Auskunft über die zu einer Person gespeicherten Eintragungen.

Der Antrag sollte wie folgt formuliert sein:

Kraftfahrt-Bundesamt
24932 Flensburg
Betreff: Antrag auf Auskunft aus dem Fahreignungsregister

Sehr geehrte Damen und Herren,

Ich beantrage, mir Auskunft über die zu meiner Person im Fahreignungsregister gespeicherten Entscheidung(en) zu erteilen.

Geburtsname, Familienname (nur bei Abweichung vom Geburtsnamen), sämtliche Vornamen, Geburtsort, Postleitzahl, Wohnort, Geburtsdatum, Straße und Hausnummer

Als erforderlichen Identitätsnachweis füge ich eine Kopie meines gültigen Personalausweises (Vorder- und Rückseite) oder meines Reisepasses bei.

Datum, Unterschrift Antragsteller/in

Nur wenn die vorstehenden Angaben des Ausweises vollständig sind und die Kopie des Ausweises beigefügt wurde, kann das Kraftfahrt-Bundesamt schriftlich Auskunft geben. Mit einem nach dem 1. November 2010 ausgestellten Personalausweis ist die Online-Auskunft möglich. Dazu müssen zusätzlich die Online-Ausweisfunktion freigeschaltet sowie ein Kartenlesegerät und eine AusweisApp vorhanden sein. Informationen dazu unter: *www.kba.de*.

Der amtliche Bußgeldkatalog

Der Bußgeldkatalog ist in der Anlage 1 zur Bußgeldkatalog-Verordnung gesetzlich geregelt. Die dort niedergelegten Beträge sind Regelsätze. Sie gehen von gewöhnlichen Tatumständen sowie in Abschnitt I des Bußgeldkatalogs von fahrlässiger und in Abschnitt II des Bußgeldkatalogs von vorsätzlicher Begehung aus.

In den einzelnen Spalten ist links die laufende Nummer des Tatbestandes angegeben, rechts daneben folgt die Beschreibung der Tathandlung, in der nächsten Spalte finden sich die Vorschriften, gegen die verstoßen wird. Daneben sind dann der zu verhängende Regelbetrag des Bußgeldes ohne Verwaltungsgebühren und ein eventuell zu verhängendes Fahrverbot vermerkt.

Die Tabellen, auf die im Bußgeldkatalog verwiesen wird, folgen anschließend. Tabelle 4 weist die Erhöhungsbeträge der Bußgeldsätze aus, die bei Gefährdung oder Beschädigung verhängt werden können.

Zusätzlich finden sich ganz rechts die nach der abschließenden Liste in Anlage 13 zu § 40 FeV zu vergebenden Punkte für die Verstöße im Bußgeldkatalog. Auch für in der Liste aufgeführte Straftaten, die zu einer Verurteilung führen, werden Punkte ins Fahrerlaubnisregister eingetragen.

Verordnung über die Erteilung einer Verwarnung, Regelsätze für Geldbußen und die Anordnung eines Fahrverbotes wegen Ordnungswidrigkeiten im Straßenverkehr (Bußgeldkatalog-Verordnung BKatV)

Anlage (zu § 1 Absatz 1)

Bußgeldkatalog (BKat)

schw...
...weismittel: ...
Zeuge:
Frontfoto...

Bußgeldbescheid

(Ausfertigung)

Verwarnungsnumm...
91667

Verwarn...
Zahlungsa...

...t Behinderung

Der Bußgeldkatalog

Der Bußgeldkatalog

Lfd. Nr.	Tatbestand	Straßenverkehrs-Ordnung (StVO)	Regelsatz in Euro, Fahrverbot in Monaten	Punkte
	Abschnitt I: **Fahlässig begangene Ordnungswidrigkeiten**			
	A. Zuwiderhandlungen gegen § 24 StVG **a) Straßenverkehrs-Ordnung**			
	Grundregeln			
1	Durch Außer-Acht-Lassen der im Verkehr erforderlichen Sorgfalt	**§ 1** Abs. 2 **§ 49** Abs. 1 Nr. 1		
1.1	einen Anderen mehr als nach den Umständen unvermeidbar belästigt		10 €	–
1.2	einen Anderen mehr als nach den Umständen unvermeidbar behindert		20 €	–
1.3	einen Anderen gefährdet		30 €	–
1.4	einen Anderen geschädigt, soweit im Folgenden nichts anderes bestimmt ist		35 €	–
1.5	Beim Fahren in eine oder aus einer Parklücke stehendes Fahrzeug beschädigt	**§ 1** Abs. 2 **§ 49** Abs. 1 Nr. 1	30 €	–
	Straßenbenutzung durch Fahrzeuge			
2	Vorschriftswidrig Gehweg, linksseitig angelegten Radweg, Seitenstreifen (außer auf Autobahnen oder Kraftfahrstraßen), Verkehrsinsel oder Grünanlage benutzt		10 €	–
2.1	– mit Behinderung	**§ 2** Abs. 1 **§ 1** Abs. 2 **§ 49** Abs. 1 Nr. 1, 2	15 €	–
2.2	– mit Gefährdung		20 €	–
2.3	– mit Sachbeschädigung		25 €	–
3	Gegen das Rechtsfahrgebot verstoßen durch Nichtbenutzen			
3.1	der rechten Fahrbahnseite	**§ 1** Abs. 2 **§ 49** Abs. 1 Nr. 2	15 €	–

Lfd. Nr.	Tatbestand	Straßenverkehrs-Ordnung (StVO)	Regelsatz in Euro, Fahrverbot in Monaten	Punkte
3.1.1	– mit Behinderung	**§ 2** Abs. 2 **§ 1** Abs. 2 **§ 49** Abs. 1 Nr. 1, 2	25 €	
3.2	des rechten Fahrstreifens (außer auf Autobahnen oder Kraftfahrstraßen) u. dadurch einen Anderen behindert	**§ 2** Abs. 2 **§ 1** Abs. 2 **§ 49** Abs. 1 Nr. 1, 2	20 €	–
3.3	der rechten Fahrbahn bei zwei getrennten Fahrbahnen	**§ 2** Abs. 1 **§ 49** Abs. 1 Nr. 2	25 €	–
3.3.1	– mit Gefährdung	**§ 2** Abs. 1§ **§ 1** Abs. 2 **§ 49** Abs. 1 Nr. 1, 2	35 €	–
3.3.2	– mit Sachbeschädigung	**§ 2** Abs. 1 **§ 1** Abs. 2 **§ 49** Abs. 1 Nr. 1, 2	40 €	–
3.4	eines markierten Schutzstreifens als Radfahrer	**§ 2** Abs. 2 **§ 49** Abs. 1 Nr. 2	15 €	–
3.4.1	– mit Behinderung	**§ 2** Abs. 2 **§ 1** Abs. 2 **§ 49** Abs. 1 Nr. 1, 2	20 €	–
3.4.2	– mit Gefährdung		25 €	–
3.4.3	– mit Sachbeschädigung		30 €	–
4	Gegen das Rechtsfahrgebot verstoßen	**§ 2** Abs. 2 **§ 1** Abs. 2 **§ 49** Abs. 1 Nr. 1, 2		
4.1	bei Gegenverkehr, beim Überholtwerden, an Kuppen, in Kurven oder bei Unübersichtlichkeit und dadurch einen Anderen gefährdet		80 €	1
4.2	auf Autobahnen oder Kraftfahrstraßen und dadurch einen Anderen behindert		80 €	1
5	Schienenbahn nicht durchfahren lassen	**§ 2** Abs. 3 **§ 49** Abs. 1 Nr. 2	5 €	–

Der Bußgeldkatalog

Lfd. Nr.	Tatbestand	Straßenverkehrs-Ordnung (StVO)	Regelsatz in Euro, Fahrverbot in Monaten	Punkte
5a	Fahren bei Glatteis, Schneeglätte, Schneematsch, Eis- oder Reifglätte ohne Reifen, welche die in Anhang II Nr. 2.2 der Richtlinie 92/23/EWG des Rates vom 31. März 1992 über Reifen von Kraftfahrzeugen und Kraftfahrzeuganhängern und über ihre Montage (ABl. L 129 vom 14.5.1992, S. 95), die zuletzt durch die Richtlinie 2005/11/EG (ABl. L 46 vom 17.2.2005, S. 42) geändert worden ist, beschriebenen Eigenschaften erfüllen (M+S-Reifen)	**§ 2** Abs. 3a Satz 1 **§ 49** Abs. 1 Nr. 2	60 €	1
5a.1	– mit Behinderung	**§ 2** Abs. 3a Satz 1 **§ 1** Abs. 2 **§ 49** Abs. 1 Nr. 1, 2	80 €	1
6	Beim Führen eines kennzeichnungspflichtigen Kraftfahrzeugs mit gefährlichen Gütern bei Sichtweite unter 50 m, bei Schneeglätte oder Glatteis sich nicht so verhalten, dass die Gefährdung eines anderen ausgeschlossen war, insbesondere, obwohl nötig, nicht den nächsten geeigneten Platz zum Parken aufgesucht	**§ 2** Abs. 3a Satz 4 **§ 49** Abs. 1 Nr. 2	140 €	1
7	Beim Radfahren oder Mofafahren, soweit dies durch Treten fortbewegt wird			–
7.1	Radweg (Zeichen 237, 240, 241) nicht benutzt	**§ 41** Abs. 1 i. V. m. Anlage 2 lfd. Nr. 16, 19, 20 (Zeichen 237, 240, 241) Spalte 3 Nr. 1 auch i. V. m. **§ 2** Abs. 4 Satz 6 **§ 49** Abs. 3 Nr. 4 auch i. V. m. Abs. 1 Nr. 2	20 €	–

Lfd. Nr.	Tatbestand	Straßenverkehrs-Ordnung (StVO)	Regelsatz in Euro, Fahrverbot in Monaten	Punkte
7.1.1	– mit Behinderung	**§ 41** Abs. 1 i. V. m. Anlage 2 lfd. Nr. 16, 19, 20 (Zeichen 237, 240, 241) Spalte 3 Nr. 1 auch i. V. m. **§ 2** Abs. 4 Satz 6 **§ 1** Abs. 2 **§ 49** Abs. 1 Nr. 1, Abs. 3 Nr. 4 auch i. V. m. Abs. 1 Nr. 2	25 €	
7.1.2	– mit Gefährdung		30 €	–
7.1.3	– mit Sachbeschädigung		35 €	–
7.2	Fahrbahn, Radweg oder Seitenstreifen nicht vorschriftsmäßig benutzt			–
7.2.1	– mit Behinderung	**§ 2** Abs. 4 Satz 1, 5 **§ 1** Abs. 2 **§ 49** Abs. 1 Nr. 1, 2	20 €	
7.2.2	– mit Gefährdung		25 €	–
7.2.3	– mit Sachbeschädigung		30 €	–
7.3	Radweg in nicht zulässiger Richtung befahren, obwohl Radweg oder Seitenstreifen in zulässiger Richtung vorhanden	**§ 2** Abs. 4 Satz 4 **§ 49** Abs. 1 Nr. 2	20 €	–
7.3.1	– mit Behinderung	**§ 2** Abs. 4 Satz 4 **§ 1** Abs. 2 **§ 49** Abs. 1 Nr. 1, 2	25 €	–
7.3.2	– mit Gefährdung		30 €	–
7.3.3	– mit Sachbeschädigung		35 €	

Geschwindigkeit

| 8 | Mit nicht angepasster Geschwindigkeit gefahren | | | – |

Der Bußgeldkatalog

Lfd. Nr.	Tatbestand	Straßenverkehrs-Ordnung (StVO)	Regelsatz in Euro, Fahrverbot in Monaten	Punkte
8.1	trotz angekündigter Gefahrenstelle, bei Unübersichtlichkeit, an Straßenkreuzungen, Straßeneinmündungen, Bahnübergängen oder bei schlechten Sicht- oder Wetterverhältnissen (z. B. Nebel, Glatteis)	**§ 3** Abs. 1 Satz 1, 2, 4 ,5 **§ 19** Abs. 1 Satz 2 **§ 49** Abs. 1 Nr. 3, 19 Buchstabe a	100 €	1
8.2	in anderen als in Nr. 8.1 genannten Fällen mit Sachbeschädigung	**§ 3** Abs. 1 Satz 1, 2, 4, 5 **§ 1** Abs. 2 **§ 49** Abs. 1 Nr. 1, 3	35 €	
9	Festgesetzte Höchstgeschwindigkeit bei Sichtweite unter 50 m durch Nebel, Schneefall oder Regen überschritten	**§ 3** Abs. 1 Satz 3 **§ 49** Abs. 1 Nr. 3	80 €	1
9.1	um mehr als 20 km/h mit einem Kraftfahrzeug der in § 3 Abs. 3 Nr. 2 Buchstabe a oder b StVO genannten Art		**Tabelle 1** Buchstabe a	–
9.2	um mehr als 15 km/h mit kennzeichnungspflichtigen Kraftfahrzeugen der in Nr. 9.1 genannten Art mit gefährlichen Gütern oder Kraftomnibussen mit Fahrgästen		**Tabelle 1** Buchstabe b	–
9.3	um mehr als 25 km/h innerorts oder 30 km/h außerorts mit anderen als den in Nr. 9.1 oder 9.2 genannten Kraftfahrzeugen		**Tabelle 1** Buchstabe c	–
10	Beim Führen eines Fahrzeugs ein Kind, einen Hilfsbedürftigen oder älteren Menschen gefährdet, insbesondere durch nicht ausreichend verminderte Geschwindigkeit, mangelnde Bremsbereitschaft oder unzureichenden Seitenabstand beim Vorbeifahren oder Überholen	**§ 3** Abs. 2a **§ 49** Abs. 1 Nr. 3	80 €	1

Lfd. Nr.	Tatbestand	Straßenverkehrs-Ordnung (StVO)	Regelsatz in Euro, Fahrverbot in Monaten	Punkte
11	Zulässige Höchstgeschwindigkeit überschritten mit	§ 3 Abs. 3 Satz 1, Abs. 4		–
		§ 49 Abs. 1 Nr. 3		
		§ 18 Abs. 5 Satz 2		
		§ 49 Abs. 1 Nr. 18		
		§ 20 Abs. 2 Satz 1, Abs. 4 Satz 1, 2		
		§ 49 Abs. 1 Nr. 19 Buchstabe b		
		§ 41 Abs. 1 i. V. m. Anlage 2 lfd. Nr. 16, 17 (Zeichen 237, 238) Spalte 3 Nr. 3, lfd. Nr. 18 (Zeichen 239) Spalte 3 Nr. 2, lfd. Nr. 19 (Zeichen 240) Spalte 3 Nr. 3, lfd. Nr. 20 (Zeichen 241) Spalte 3 Nr. 4, lfd. Nr. 21 (Zeichen 239 oder 242.1 mit Zusatzzeichen, das den Fahrzeugverkehr zulässt) Spalte 3 Nr. 2 oder lfd. Nr. 23 (Zeichen 244.1 mit Zusatzzeichen, das den Fahrzeugverkehr zulässt) Spalte 3 Nr. 2, lfd. Nr. 49 (Zeichen 274), lfd. Nr. 50 (Zeichen 274.1, 274.2)		–
		§ 49 Abs. 3 Nr. 4		
		§ 42 Abs. 2 i. V. m. Anlage 3 lfd. Nr. 12 (Zeichen 325.1, 325.2) Spalte 3 Nr. 1		
		§ 49 Abs. 3 Nr. 5		

Der Bußgeldkatalog

Lfd. Nr.	Tatbestand	Straßenverkehrs-Ordnung (StVO)	Regelsatz in Euro, Fahrverbot in Monaten	Punkte
11.1	Kraftfahrzeugen der in § 3 Abs. 3 Nr. 2 Buchstabe a oder b StVO genannten Art		**Tabelle 1** Buchstabe a	
11.2	kennzeichnungspflichtigen Kraftfahrzeugen der in Nr. 11.1 genannten Art mit gefährlichen Gütern oder Kraftomnibussen mit Fahrgästen		**Tabelle 1** Buchstabe b	
11.3	anderen als den in Nr. 11.1 oder 11.2 genannten Kraftfahrzeugen		**Tabelle 1** Buchstabe c	1
	Abstand			
12	Erforderlichen Abstand von einem vorausfahrenden Fahrzeug nicht eingehalten	§ 4 Abs. 1 Satz 1 § 49 Abs. 1 Nr. 4		–
12.1	bei einer Geschwindigkeit bis 80 km/h		25 €	–
12.2	– mit Gefährdung	§ 4 Abs. 1 Satz 1 § 1 Abs. 2 § 49 Abs. 1 Nr. 1, 4	30 €	–
12.3	– mit Sachbeschädigung		35 €	1
12.4	bei einer Geschwindigkeit von mehr als 80 km/h, sofern der Abstand in Metern nicht weniger als ein Viertel des Tachowertes betrug	§ 4 Abs. 1 Satz 1 § 49 Abs. 1 Nr. 4	35 €	–
12.5	bei einer Geschwindigkeit von mehr als 80 km/h, sofern der Abstand in Metern weniger als ein Viertel des Tachowertes betrug		**Tabelle 2** Buchstabe a	–
12.6	bei einer Geschwindigkeit von mehr als 100 km/h, sofern der Abstand in Metern weniger als ein Viertel des Tachowertes betrug		**Tabelle 2** Buchstabe b	–

Lfd. Nr.	Tatbestand	Straßenverkehrs-Ordnung (StVO)	Regelsatz in Euro, Fahrverbot in Monaten	Punkte
12.7	bei einer Geschwindigkeit von mehr als 130 km/h, sofern der Abstand in Metern weniger als ein Viertel des Tachowertes betrug		**Tabelle 2** Buchstabe c	–
13	Vorausgefahren und ohne zwingenden Grund stark gebremst			–
13.1	– mit Gefährdung	§ 4 Abs. 1 Satz 2 § 1 Abs. 2 § 49 Abs. 1 Nr. 1, 4	20 €	–
13.2	– mit Sachbeschädigung		30 €	–
14	Den zum Einscheren erforderlichen Abstand von dem vorausfahrenden Fahrzeug außerhalb geschlossener Ortschaften nicht eingehalten	§ 4 Abs. 2 Satz 1 § 49 Abs. 1 Nr. 4	25 €	–
15	Mit Lastkraftwagen (zulässige Gesamtmasse über 3,5 t) oder Kraftomnibus bei einer Geschwindigkeit von mehr als 50 km/h auf einer Autobahn Mindestabstand von 50 m von einem vorausfahrenden Fahrzeug nicht eingehalten	§ 4 Abs. 3 § 49 Abs. 1 Nr. 4	80 €	1
	Überholen			
16	Innerhalb geschlossener Ortschaften rechts überholt	§ 5 Abs. 1 § 49 Abs. 1 Nr. 5	30 €	–
16.1	– mit Sachbeschädigung	§ 5 Abs. 1 § 1 Abs. 2 § 49 Abs. 1 Nr. 1, 5	35 €	–
17	Außerhalb geschlossener Ortschaften rechts überholt	§ 5 Abs. 1 § 49 Abs. 1 Nr. 5	100 €	1
18	Mit nicht wesentlich höherer Geschwindigkeit als der zu Überholende überholt	§ 5 Abs. 2 Satz 2 § 49 Abs. 1 Nr. 5	80 €	1

Lfd. Nr.	Tatbestand	Straßenverkehrs-Ordnung (StVO)	Regelsatz in Euro, Fahrverbot in Monaten	Punkte
19	Überholt, obwohl nicht übersehen werden konnte, dass während des ganzen Überholvorgangs jede Behinderung des Gegenverkehrs ausgeschlossen war, oder bei unklarer Verkehrslage	§ 5 Abs. 2 Satz 1, Abs. 3 Nr. 1 § 49 Abs. 1 Nr. 5	100 €	1
19.1	und dabei ein Überholverbot (§ 19 Abs. 1 Satz 3 StVO, Zeichen 276, 277) nicht beachtet oder Fahrstreifenbegrenzung (Zeichen 295, 296) überquert oder überfahren oder der durch Pfeile vorgeschriebenen Fahrtrichtung (Zeichen 297) nicht gefolgt	§ 5 Abs. 2 Satz 1, Abs. 3 Nr. 1 § 19 Abs. 1 Satz 3 § 49 Abs. 1 Nr. 5, 19a § 41 Abs. 1 i. V. m. Anlage 2 zu lfd. Nr. 53 und 54 und lfd. Nr. 53 und 54 (Zeichen 276, 277) Spalte 3, lfd. Nr. 68 (Zeichen 295) Spalte 3 Nr. 1a, lfd. Nr. 69, 70 (Zeichen 296, 297) Spalte 3 Nr. 1 § 49 Abs. 3 Nr. 4	150 €	1
19.1.1	– mit Gefährdung	§ 5 Abs. 2 Satz 1, Abs. 3 Nr. 1 § 19 Abs. 1 Satz 3 § 49 Abs. 1 Nr. 5, 19a § 41 Abs. 1 i. V. m. Anlage 2 zu lfd. Nr. 53 und 54 und lfd. Nr. 53 und 54 (Zeichen 276, 277) Spalte 3, lfd. Nr. 68 (Zeichen 295) Spalte 3 Nr. 1a, lfd. Nr. 69, 70 (Zeichen 296, 297) Spalte 3 Nr. 1 § 49 Abs. 3 Nr. 4 § 1 Abs. 2 § 49 Abs. 1 Nr. 1	250 € Fahrverbot 1 Monat	2
19.1.2	– mit Sachbeschädigung		300 € Fahrverbot 1 Monat	2

Lfd. Nr.	Tatbestand	Straßenverkehrs-Ordnung (StVO)	Regelsatz in Euro, Fahrverbot in Monaten	Punkte
20	(aufgehoben)			
21	Mit einem Kraftfahrzeug mit einer zulässigen Gesamtmasse über 7,5 t überholt, obwohl die Sichtweite durch Nebel, Schneefall oder Regen weniger als 50 m betrug	§ 5 Abs. 3a § 49 Abs. 1 Nr. 5	120 €	1
21.1	– mit Gefährdung	§ 5 Abs. 3a § 1 Abs. 2 § 49 Abs. 1 Nr. 1, 5	200 € Fahrverbot 1 Monat	2
21.2	– mit Sachbeschädigung		240 € Fahrverbot 1 Monat	2
22	Zum Überholen ausgeschert und dadurch nachfolgenden Verkehr gefährdet	§ 5 Abs. 4 Satz 1 § 49 Abs. 1 Nr. 5	80 €	1
23	Beim Überholen ausreichenden Seitenabstand zu anderen Verkehrsteilnehmern nicht eingehalte	§ 5 Abs. 4 Satz 2 § 49 Abs. 1 Nr. 5	30 €	–
23.1	– mit Sachbeschädigung	§ 5 Abs. 4 Satz 2 § 1 Abs. 2 § 49 Abs. 1 Nr. 1, 5	35 €	–
24	Nach dem Überholen nicht so bald wie möglich wieder nach rechts eingeordnet	§ 5 Abs. 4 Satz 3 § 49 Abs. 1 Nr. 5	10 €	–
25	Nach dem Überholen beim Einordnen denjenigen, der überholt wurde, behindert	§ 5 Abs. 4 Satz 4 § 49 Abs. 1 Nr. 5	20 €	–
26	Beim Überholtwerden Geschwindigkeit erhöht	§ 5 Abs. 6 Satz 1 § 49 Abs. 1 Nr. 5	30 €	–

Der Bußgeldkatalog

Lfd. Nr.	Tatbestand	Straßenverkehrs-Ordnung (StVO)	Regelsatz in Euro, Fahrverbot in Monaten	Punkte
27	Ein langsameres Fahrzeug geführt und die Geschwindigkeit nicht ermäßigt oder nicht gewartet, um mehreren unmittelbar folgenden Fahrzeugen das Überholen zu ermöglichen	**§ 5** Abs. 6 Satz 2 **§ 49** Abs. 1 Nr. 5	10 €	–
28	Vorschriftswidrig links überholt, obwohl der Fahrer des vorausfahrenden Fahrzeugs die Absicht, nach links abzubiegen, angekündigt und sich eingeordnet hatte	**§ 5** Abs. 7 Satz 1 **§ 49** Abs. 1 Nr. 5	25 €	–
28.1	– mit Sachbeschädigung	**§ 5** Abs. 7 Satz 1 **§ 1** Abs. 2 **§ 49** Abs. 1 Nr. 1, 5	30 €	–
	Fahrtrichtungsanzeiger			
29	Fahrtrichtungsanzeiger nicht wie vorgeschrieben benutzt	**§ 5** Abs. 4a **§ 49** Abs. 1 Nr. 5 **§ 6** Satz 3 **§ 49** Abs. 1 Nr. 6 **§ 7** Abs. 5 Satz 2 **§ 49** Abs. 1 Nr. 7 **§ 9** Abs. 1 Satz 1 **§ 49** Abs. 1 Nr. 9 **§ 10** Satz 2 § 49 Abs. 1 Nr. 10 § 42 Abs. 2 i. V. m. Anlage 3 lfd. Nr. 2.1 (Zusatzzeichen zu Zeichen 306) Spalte 3 Nr. 1 **§ 49** Abs. 3 Nr. 5	10 €	–
	Vorbeifahren			
30	An einer Fahrbahnverengung, einem Hindernis auf der Fahrbahn oder einem haltenden Fahrzeug auf der Fahrbahn links vorbeigefahren, ohne ein entgegenkommendes Fahrzeug durchfahren zu lassen	§ 6 Satz 1 § 49 Abs. 1 Nr. 6	20 €	–

Lfd. Nr.	Tatbestand	Straßenverkehrs-Ordnung (StVO)	Regelsatz in Euro, Fahrverbot in Monaten	Punkte
30.1	– mit Gefährdung	§ 6 Abs. 1 § 1 Abs. 2 § 49 Abs. 1 Nr. 1, 6	30 €	–
30.2	– mit Sachbeschädigung		35 €	–
Benutzung von Fahrstreifen durch Kraftfahrzeuge				
31	Fahrstreifen gewechselt und dadurch einen anderen Verkehrsteilnehmer gefährdet	§ 7 Abs. 5 Satz 1 § 49 Abs. 1 Nr. 7	30 €	–
31.1	– mit Sachbeschädigung	§ 7 Abs. 5 Satz 1 § 1 Abs. 2 § 49 Abs. 1 Nr. 1, 7	35 €	–
31a	Auf einer Fahrbahn für beide Richtungen den mittleren oder linken von mehreren durch Leitlinien (Zeichen 340) markierten Fahrstreifen zum Überholen benutzt	§ 7 Abs. 3a Satz 1, 2, Abs. 3b § 49 Abs. 1 Nr. 7	30 €	–
31a.1	– mit Gefährdung	§ 7 Abs. 3a Satz 1, 2, Abs. 3b § 1 Abs. 2 § 49 Abs. 1 Nr. 1, 7	40 €	–
31b	Außerhalb geschlossener Ortschaften linken Fahrstreifen mit einem Lastkraftwagen mit einer zulässigen Gesamtmasse von mehr als 3,5 t oder einem Kraftfahrzeug mit Anhänger zu einem anderen Zweck als dem des Linksabbiegens benutzt	§ 7 Abs. 3c Satz 3 § 49 Abs. 1 Nr. 7	15 €	–
31b.1	– mit Behinderung	§ 7 Abs. 3c Satz 3 § 1 Abs. 2 § 49 Abs. 1 Nr. 1, 7	20 €	–
Vorfahrt				
32	Nicht mit mäßiger Geschwindigkeit an eine bevorrechtigte Straße herangefahren	§ 8 Abs. 2 Satz 1 § 49 Abs. 1 Nr. 8	10 €	–

Der Bußgeldkatalog

Lfd. Nr.	Tatbestand	Straßenverkehrs-Ordnung (StVO)	Regelsatz in Euro, Fahrverbot in Monaten	Punkte
33	Vorfahrt nicht beachtet und dadurch eine vorfahrtberechtigte Person wesentlich behindert	§ 8 Abs. 2 Satz 2 § 49 Abs. 1 Nr. 8	25 €	–
34	Vorfahrt nicht beachtet und dadurch eine vorfahrtberechtigte Person gefährdet		100 €	1
	Abbiegen, Wenden, Rückwärtsfahren			
35	Abgebogen, ohne sich ordnungsgemäß oder rechtzeitig eingeordnet oder ohne vor dem Einordnen oder Abbiegen auf den nachfolgenden Verkehr geachtet zu haben	§ 9 Abs. 1 Satz 2, 4 § 49 Abs. 1 Nr. 9	10 €	–
35.1	– mit Gefährdung	§ 9 Abs. 1 Satz 2, 4 § 1 Abs. 2 § 49 Abs. 1 Nr. 1, 9	30 €	–
35.2	– mit Sachbeschädigung		35 €	–
36	Beim Linksabbiegen auf längs verlegten Schienen eingeordnet und dadurch ein Schienenfahrzeug behindert	§ 9 Abs. 1 Satz 3 § 49 Abs. 1 Nr. 9	5 €	–
(37 bis 37.3)	(aufgehoben)			
38	Beim Linksabbiegen mit dem Fahrrad nach einer Kreuzung oder Einmündung die Fahrbahn überquert und dabei den Fahrzeugverkehr nicht beachtet oder einer Radverkehrsführung im Kreuzungs- oder Einmündungsbereich nicht gefolgt	§ 9 Abs. 2 Satz 2, 3 § 49 Abs. 1 Nr. 9	15 €	–
38.1	– mit Behinderung	§ 9 Abs. 2 Satz 2, 3 § 1 Abs. 2 § 49 Abs. 1 Nr. 1, 9	20 €	–
38.2	– mit Gefährdung	§ 9 Abs. 3 Satz 1, 2, Abs. 4 Satz 1 § 1 Abs. 2 § 49 Abs. 1 Nr. 1, 9	25 €	–

Lfd. Nr.	Tatbestand	Straßenverkehrs-Ordnung (StVO)	Regelsatz in Euro, Fahrverbot in Monaten	Punkte
38.3	– mit Sachbeschädigung		30 €	–
39	Abgebogen, ohne Fahrzeug durch-fahren zu lassen	**§ 9** Abs. 3 Satz 1, 2, Abs. 4 Satz 1 **§ 49** Abs. 1 Nr. 9	20 €	–
39.1	– mit Gefährdung	**§ 9** Abs. 3 Satz 1, 2, Abs. 4 Satz 1 **§ 1** Abs. 2 **§ 49** Abs. 1 Nr. 1, 9	70 €	1
(40)	(aufgehoben)			
41	Beim Abbiegen auf zu Fuß Gehende keine besondere Rücksicht genom-men und diese dadurch gefährdet	**§ 9** Abs. 3 Satz 3 **§ 1** Abs. 2 **§ 49** Abs. 1 Nr. 1, 9	70 €	1
42	Beim Linksabbiegen nicht voreinan-der abgebogen	**§ 9** Abs. 4 Satz 2 **§ 49** Abs. 1 Nr. 9	10 €	–
42.1	– mit Gefährdung	**§ 9** Abs. 4 Satz 2 **§ 1** Abs. 2 **§ 49** Abs. 1 Nr. 1, 9	70 €	1
(43)	(aufgehoben)			
44	Beim Abbiegen in ein Grundstück, beim Wenden oder Rückwärtsfahren einen anderen Verkehrsteilnehmer gefährdet	**§ 9** Abs. 5 **§ 49** Abs. 1 Nr. 9	80 €	1
(45)	(aufgehoben)			
(46)	(aufgehoben)			

Der Bußgeldkatalog

Lfd. Nr.	Tatbestand	Straßenverkehrs-Ordnung (StVO)	Regelsatz in Euro, Fahrverbot in Monaten	Punkte
	Einfahren und Anfahren			
47	Aus einem Grundstück, einem Fußgängerbereich (Zeichen 242.1, 242.2), einem verkehrsberuhigten Bereich (Zeichen 325.1, 325.2) auf die Straße oder von einem anderen Straßenteil oder über einen abgesenkten Bordstein hinweg auf die Fahrbahn eingefahren oder vom Fahrbahnrand angefahren und dadurch einen anderen Verkehrsteilnehmer gefährdet	§ 10 Satz 1 § 49 Abs. 1 Nr. 10	30 €	–
47.1	– mit Sachbeschädigung	§ 10 Satz 1 § 1 Abs. 2 § 49 Abs. 1 Nr. 1, 10	35 €	–
(48)	(aufgehoben)			–
	Besondere Verkehrslagen			
49	Trotz stockenden Verkehrs in eine Kreuzung oder Einmündung eingefahren und dadurch einen Anderen behindert	§ 11 Abs. 1 § 1 Abs. 2 § 49 Abs. 1 Nr. 1, 11	20 €	–
50	Bei stockendem Verkehr auf einer Autobahn oder Außerortsstraße für die Durchfahrt von Polizei- oder Hilfsfahrzeugen keine vorschriftsmäßige Gasse gebildet	§ 11 Abs. 2 § 49 Abs. 1 Nr. 11	20 €	–
	Halten und Parken			
51	Unzulässig gehalten	§ 12 Abs. 1 § 49 Abs. 1 Nr. 12 § 37 Abs. 1 Satz 2, Abs. 5 § 49 Abs. 3 Nr. 2 § 41 Abs. 1 i. V. m. Anlage 2 lfd. Nr. 1, 2, 3 (Zeichen 201, 205, 206) Spalte 3 Nr. 2, lfd. Nr. 8 (Zeichen 215) Spalte 3 Nr. 3, lfd. Nr. 15 (Zeichen 229) Spalte 3 Satz 1, lfd. Nr. 62	10 €	–

Lfd. Nr.	Tatbestand	Straßenverkehrs-Ordnung (StVO)	Regelsatz in Euro, Fahrverbot in Monaten	Punkte
	Aus einem Grundstück, einem Fußgängerbereich (Zeichen 242.1, 242.2), einem verkehrsberuhigten Bereich (Zeichen 325.1, 325.2) auf die Straße oder von einem anderen Straßenteil oder über einen abgesenkten Bordstein hinweg auf die Fahrbahn eingefahren oder vom Fahrbahnrand angefahren und dadurch einen anderen Verkehrsteilnehmer gefährdet	(Zeichen 283) Spalte 3, lfd. Nr. 63, 64 (Zeichen 286, 290.1) Spalte 3 Nr. 1, lfd. Nr. 66 (Zeichen 293) Spalte 3, lfd. Nr. 68 (Zeichen 295) Spalte 3 Nr. 2a, lfd. Nr. 70 (Zeichen 297) Spalte 3 Nr. 2, lfd. Nr. 73 (Zeichen 299) Spalte 3 Satz 1 **§ 49** Abs. 3 Nr. 4		
51.1	– mit Behinderung	**§ 12** Abs. 1 **§ 1** Abs. 2 **§ 49** Abs. 1 Nr. 1,12 **§ 37** Abs. 1 Satz 2, Abs. 5 **§ 1** Abs. 2 **§ 49** Abs. 1 Nr. 1, Abs. 3 Nr. 2 **§ 41** Abs. 1 i. V. m. Anlage 2 lfd. Nr. 1, 2, 3 (Zeichen 201, 205, 206) Spalte 3 Nr. 2, lfd. Nr. 8 (Zeichen 215) Spalte 3 Nr. 3, lfd. Nr. 15 (Zeichen 229) Spalte 3 Satz 1, lfd. Nr. 62 (Zeichen 283) Spalte 3, lfd. Nr. 63, 64 (Zeichen 286, 290.1) Spalte 3 Nr. 1, lfd. Nr. 66 (Zeichen 293) Spalte 3, lfd. Nr. 68 (Zeichen 295) Spalte 3 Nr. 2a, lfd. Nr. 70 (Zeichen 297) Spalte 3 Nr. 2, lfd. Nr. 73 (Zeichen 299) Spalte 3 Satz 1 **§ 1** Abs. 2 **§ 49** Abs. 1 Nr. 1, Abs. 3 Nr. 4	15 €	–

Der Bußgeldkatalog

Lfd. Nr.	Tatbestand	Straßenverkehrs-Ordnung (StVO)	Regelsatz in Euro, Fahrverbot in Monaten	Punkte
51a	Unzulässig in „zweiter Reihe" ge halten	**§ 12** Abs. 4 Satz 1, 2 Halbsatz 2 **§ 49** Abs. 1 Nr. 12	15 €	–
51a.1	– mit Behinderung	**§ 12** Abs. 4 Satz 1, 2 Halbsatz 2 **§ 1** Abs. 2 **§ 49** Abs. 1 Nr. 1, 12	20 €	–
51b	An einer engen oder unübersichtlichen Straßenstelle oder im Bereich einer scharfen Kurve geparkt (§ 12 Abs. 2 StVO)	**§ 12** Abs. 1 Nr. 1, 2 **§ 49** Abs. 1 Nr. 12	15 €	–
51b.1	– mit Behinderung	**§ 12** Abs. 1 Nr. 1, 2 **§ 1** Abs. 2 **§ 49** Abs. 1 Nr. 1, 12	25 €	–
51b.2	– länger als 1 Stunde	**§ 12** Abs. 1 Nr. 1, 2 **§ 49** Abs. 1 Nr. 12	25 €	–
51b.2.1	– mit Behinderung	**§ 12** Abs. 1 Nr. 1, 2 **§ 1** Abs. 2 **§ 49** Abs. 1 Nr. 1, 12	35 €	–
51b.3	wenn ein Rettungsfahrzeug im Einsatz behindert worden ist	**§ 12** Abs. 1 Nr. 1, 2 **§ 1** Abs. 2 **§ 49** Abs. 1 Nr. 1, 12	60 €	1
52	Unzulässig geparkt (§ 12 Abs. 2 StVO) in den Fällen, in denen das Halten verboten ist	**§ 12** Abs. 1 Nr. 3, 4 **§ 49** Abs. 1 Nr. 12 **§ 37** Abs. 1 Satz 2, Abs. 5 **§ 49** Abs. 3 Nr. 2 **§ 41** Abs. 1 i. V. m. Anlage 2 lfd. Nr. 1, 2, 3 (Zeichen 201, 205, 206) Spalte 3 Nr. 2, lfd. Nr. 8 (Zeichen 215) Spalte 3 Nr. 3, lfd. Nr. 15 (Zeichen 229) Spalte 3 Satz 1, lfd. Nr. 17 (Zeichen 238) Spalte 3 Nr. 2	15 €	–

Lfd. Nr.	Tatbestand	Straßenverkehrs-Ordnung (StVO)	Regelsatz in Euro, Fahrverbot in Monaten	Punkte
		lfd. Nr. 62 (Zeichen 283) Spalte 3, lfd. Nr. 63, 64 (Zeichen 286, 290.1) Spalte 3 Nr. 1, lfd. Nr. 66 (Zeichen 293) Spalte 3, lfd. Nr. 68 (Zeichen 295) Spalte 3 Nr. 2a, lfd. Nr. 70 (Zeichen 297) Spalte 3 Nr. 2, lfd. Nr. 73 (Zeichen 299) Spalte 3 Satz 1 **§ 49** Abs. 3 Nr. 4		−
52.1	− mit Behinderung	**§ 12** Abs. 1 Nr. 3, 4 **§ 1** Abs. 2 **§ 49** Abs. 1 Nr. 1, 12 **§ 41** Abs. 1 i. V. m. Anlage 2, lfd. Nr. 1, 2, 3 (Zeichen 201, 205, 206) Spalte 3 Nr. 2, lfd. Nr. 8 (Zeichen 215) Spalte 3 Nr. 3, lfd. Nr. 15 (Zeichen 229) Spalte 3 Satz 1, lfd. Nr. 17 (Zeichen 238) Spalte 3 Nr. 2, lfd. Nr. 62 (Zeichen 283) Spalte 3, lfd. Nr. 63, 64 (Zeichen 286, 290.1) Spalte 3 Nr. 1, lfd. Nr. 66 (Zeichen 293) Spalte 3, lfd. Nr. 68 (Zeichen 295) Spalte 3 Nr. 2a, lfd. Nr. 70 (Zeichen 297) Spalte 3 Nr. 2, lfd. Nr. 73 (Zeichen 299) Spalte 3 Satz 1 **§ 1** Abs. 2 **§ 49** Abs. 1 Nr. 1, Abs. 3 Nr. 4	25 €	−

Der Bußgeldkatalog

Lfd. Nr.	Tatbestand	Straßenverkehrs-Ordnung (StVO)	Regelsatz in Euro, Fahrverbot in Monaten	Punkte
52.2	länger als 1 Stunde	**§ 12** Abs. 1 Nr. 3, 4 **§ 49** Abs. 1 Nr. 12 **§ 41** Abs. 1 i. V. m. Anlage 2 lfd. Nr. 1, 2, 3 (Zeichen 201, 205, 206) Spalte 3 Nr. 2, lfd. Nr. 8 (Zeichen 215) Spalte 3 Nr. 3, lfd. Nr. 15 (Zeichen 229) Spalte 3 Satz 1, lfd. Nr. 17 (Zeichen 238) Spalte 3 Nr. 2, lfd. Nr. 62 (Zeichen 283) Spalte 3, lfd. Nr. 63, 64 (Zeichen 286, 290.1) Spalte 3 Nr. 1 lfd. Nr. 66 (Zeichen 293) Spalte 3, lfd. Nr. 68 (Zeichen 295) Spalte 3 Nr. 2a, lfd. Nr. 70 (Zeichen 297) Spalte 3 Nr. 2, lfd. Nr. 73 (Zeichen 299) Spalte 3 Satz 1 **§ 49** Abs. 3 Nr. 4	25 €	–
52.2.1	– mit Behinderung	**§ 12** Abs. 1 Nr. 3, 4 **§ 1** Abs. 2 **§ 49** Abs. 1 Nr. 1, 12 **§ 41** Abs. 1 i. V. m. Anlage 2 lfd. Nr. 1, 2, 3 (Zeichen 201, 205, 206) Spalte 3 Nr. 2, lfd. Nr. 8 (Zeichen 215) Spalte 3 Nr. 3, lfd. Nr. 15 (Zeichen 229) Spalte 3 Satz 1, lfd. Nr. 17 (Zeichen 238) Spalte 3 Nr. 2, lfd. Nr. 62 (Zeichen 283) Spalte 3, lfd. Nr. 63, 64 (Zeichen 286, 290.1) Spalte 3 Nr. 1,	35 €	–

Lfd. Nr.	Tatbestand	Straßenverkehrs-Ordnung (StVO)	Regelsatz in Euro, Fahrverbot in Monaten	Punkte
		lfd. Nr. 66 (Zeichen 293) Spalte 3, lfd. Nr. 68 (Zeichen 295) Spalte 3 Nr. 2a, lfd. Nr. 70 (Zeichen 297) Spalte 3 Nr. 2, lfd. Nr. 73 (Zeichen 299) Spalte 3 Satz 1 **§ 1** Abs. 2 **§ 49** Abs. 1 Nr. 1, Abs. 3 Nr. 4		–
52a	Unzulässig auf Geh- und Radwegen geparkt (§ 12 Abs. 2 StVO)	**§ 12** Abs. 4 Satz 1, Abs. 4a **§ 49** Abs. 1 Nr. 12 **§ 41** Abs. 1 i. V. m. Anlage 2 lfd. Nr. 16, 19, 20 (Zeichen 237, 240, 241) Spalte 3 Nr. **2 § 49** Abs. 3 Nr. 4	20 €	–
52a.1	– mit Behinderung	**§ 12** Abs. 4 Satz 1, Abs. 4a **§ 1** Abs. 2 **§ 49** Abs. 1 Nr. 1, 12 **§ 41** Abs. 1 i. V. m. Anlage 2 lfd. Nr. 16, 19, 20 (Zeichen 237, 240, 241) Spalte 3 Nr. 2 **§ 1** Abs. 2 **§ 49** Abs. 1 Nr. 1, Abs. 3 Nr. 4	30 €	–
52a.2	länger als 1 Stunde	**§ 12** Abs. 4 Satz 1, Abs. 4a **§ 49** Abs. 1 Nr. 12 **§ 41** Abs. 1 i. V. m. Anlage 2 lfd. Nr. 16, 19, 20 (Zeichen 237, 240, 241) Spalte 3 Nr. 2 **§ 49** Abs. 3 Nr. 4	30 €	–

Der Bußgeldkatalog

Lfd. Nr.	Tatbestand	Straßenverkehrs-Ordnung (StVO)	Regelsatz in Euro, Fahrverbot in Monaten	Punkte
52a.2.1	– mit Behinderung	**§ 12** Abs. 4 Satz 1, Abs. 4a **§ 1** Abs. 2 **§ 49** Abs. 1 Nr. 1, 12 **§ 41** Abs. 1 i. V. m. Anlage 2 lfd. Nr. 16, 19, 20 (Zeichen 237, 240, 241) Spalte 3 Nr. **2 § 1** Abs. 2 **§ 49** Abs. 1 Nr. 1, Abs. 3 Nr. 4	35 €	–
53	Vor oder in amtlich gekennzeichneten Feuerwehrzufahrten geparkt (§ 12 Abs. 2 StVO)	**§ 12** Abs. 1 Nr. 5 **§ 49** Abs. 1 Nr. 12	35 €	–
53.1	und dadurch ein Rettungsfahrzeug im Einsatz behindert	**§ 12** Abs. 1 Nr. 5 **§ 1** Abs. 2 **§ 49** Abs. 1 Nr. 1, 12	65 €	1
54	Unzulässig geparkt (§ 12 Abs. 2 StVO) in den § 12 Abs. 3 Nr. 1 bis 5 genannten Fällen oder in den Fällen der Zeichen 201, 224, 295, 296, 299, 306, 314 mit Zusatzzeichen und 315 StVO	**§ 12** Abs. 3 Nr. 1 bis 5 **§ 49** Abs. 1 Nr. 12 **§ 41** Abs. 1 i. V. m. Anlage 2 lfd. Nr. 1 (Zeichen 201) Spalte 3 Nr. 3, lfd. Nr. 14 (Zeichen 224) Spalte 3 Satz 1, lfd. Nr. 68 (Zeichen 295) Spalte 3 Nr. 1d, lfd. Nr. 69 (Zeichen 296) Spalte 3 Nr. 2, lfd. Nr. 73 (Zeichen 299) Spalte 3 Satz 1 **§ 49** Abs. 3 Nr. 4 **§ 42** Abs. 2 i. V. m. Anlage 3 lfd. Nr. 2 (Zeichen 306) Spalte 3 Satz 1, lfd. Nr. 7 (Zeichen 314 mit Zusatzzeichen) Spalte 3 Nr. 1, 2, lfd. Nr. 10 (Zeichen 315) Spalte 3 Nr. 1, 2 **§ 49** Abs. 3 Nr. 5	10 €	–

Lfd. Nr.	Tatbestand	Straßenverkehrs-Ordnung (StVO)	Regelsatz in Euro, Fahrverbot in Monaten	Punkte
54.1	– mit Behinderung	**§ 12** Abs. 3 Nr. 1 bis 5	15 €	–
		§ 1 Abs. 2		
		§ 49 Abs. 1 Nr. 1, 12		
		§ 41 Abs. 1 i. V. m. Anlage 2 lfd. Nr. 1 (Zeichen 201) Spalte 3 Nr. 3, lfd. Nr. 14 (Zeichen 224) Spalte 3 Satz 1, lfd. Nr. 68 (Zeichen 295) Spalte 3 Nr. 1d, lfd. Nr. 69 (Zeichen 296) Spalte 3 Nr. 2, lfd. Nr. 73 (Zeichen 299) Spalte 3 Satz 1		
		§ 1 Abs. 2		
		§ 49 Abs. 1 Nr. 1, Abs. 3 Nr. 4		
		§ 42 Abs. 2 i. V. m. Anlage 3 lfd. Nr. 2 (Zeichen 306) Spalte 3 Satz 1, lfd. Nr. 7 (Zeichen 314 mit Zusatzzeichen) Spalte 3 Nr. 1, 2, lfd. Nr. 10 (Zeichen 315) Spalte 3 Nr. 1, 2		
		§ 1 Abs. 2		
		§ 49 Abs. 1 Nr. 1, Abs. 3 Nr. 5		
54.2	länger als 3 Stunden	**§ 12** Abs. 3 Nr. 1 bis 5	20 €	–
		§ 49 Abs. 1 Nr. 12		
		§ 41 Abs. 1 i. V. m. Anlage 2 lfd. Nr. 1 (Zeichen 201) Spalte 3 Nr. 3, lfd. Nr. 14 (Zeichen 224) Spalte 3 Satz 1, lfd. Nr. 68 (Zeichen 295) Spalte 3 Nr. 1d, lfd. Nr. 69 (Zeichen 296) Spalte 3 Nr. 2, lfd. Nr. 73 (Zeichen 299) Spalte 3 Satz 1		

Der Bußgeldkatalog

Lfd. Nr.	Tatbestand	Straßenverkehrs-Ordnung (StVO)	Regelsatz in Euro, Fahrverbot in Monaten	Punkte
		§ 49 Abs. 3 Nr. 4		
		§ 42 Abs. 2 i. V. m. Anlage 3 lfd. Nr. 2 (Zeichen 306) Spalte 3 Satz 1, lfd. Nr. 7 (Zeichen 314 mit Zusatzzeichen) Spalte 3 Nr. 1, 2, lfd. Nr. 10 (Zeichen 315) Spalte 3 Nr. 1, 2		
		§ 49 Abs. 3 Nr. 5		
54.2.1	– mit Behinderung	**§ 12** Abs. 3 Nr. 1 bis 5	30 €	–
		§ 1 Abs. 2		
		§ 49 Abs. 1 Nr. 1, 12		
		§ 41 Abs. 1 i. V. m. Anlage 2 lfd. Nr. 1 (Zeichen 201) Spalte 3 Nr. 3, lfd. Nr. 14 (Zeichen 224) Spalte 3 Satz 1, lfd. Nr. 68 (Zeichen 295) Spalte 3 Nr. 1d, lfd. Nr. 69 (Zeichen 296) Spalte 3 Nr. 2, lfd. Nr. 73 (Zeichen 299) Spalte 3 Satz 1		
		§ 1 Abs. 2		
		§ 49 Abs. 1 Nr. 1, Abs. 3 Nr. 4		
		§ 42 Abs. 2 i. V. m. Anlage 3 lfd. Nr. 2 (Zeichen 306) Spalte 3 Satz 1, lfd. Nr. 7 (Zeichen 314 mit Zusatzzeichen) Spalte 3 Nr. 1, 2, lfd. Nr. 10 (Zeichen 315) Spalte 3 Nr. 1, 2		
		§ 1 Abs. 2		
		§ 49 Abs. 1 Nr. 1, Abs. 3 Nr. 5		

Lfd. Nr.	Tatbestand	Straßenverkehrs-Ordnung (StVO)	Regelsatz in Euro, Fahrverbot in Monaten	Punkte
54a	Unzulässig auf Schutzstreifen für den Radverkehr geparkt	**§ 42 Abs.** 2 i. V. m. Anlage 3 lfd. Nr. 22 (Zeichen 340) Spalte 3 Nr. 3 **§ 49** Abs. 3 Nr. 5	20 €	–
54a.1	– mit Behinderung	**§ 42** Abs. 2 i. V. m. Anlage 3 lfd. Nr. 22 (Zeichen 340) Spalte 3 Nr. 3 **§ 1** Abs. 2 **§ 49** Abs. 1 Nr. 1, Abs. 3 Nr. 5	30 €	–
54a.2	länger als 3 Stunden	**§ 42** Abs. 2 i. V. m. Anlage 3 lfd. Nr. 22 (Zeichen 340) Spalte 3 Nr. 3 **§ 49** Abs. 3 Nr. 5	30 €	–
54a.2.1	– mit Behinderung	**§ 42** Abs. 2 i. V. m. Anlage 3 lfd. Nr. 22 (Zeichen 340) Spalte 3 Nr. 3 **§ 1** Abs. 2 **§ 49** Abs. 1 Nr. 1, Abs. 3 Nr. 5	35 €	–
55	Unberechtigt auf Schwerbehinderten-Parkplatz geparkt (§ 12 Abs. 2 StVO)	**§ 42** Abs. 2 i. V. m. Anlage 3 lfd. Nr. 7 (Zeichen 314) Spalte 3 Nr. 1, 2d, lfd. Nr. 10 (Zeichen 315) Spalte 3 Nr. 1 Satz 2, Nr. 2d **§ 49** Abs. 3 Nr. 5	35 €	–
56	In einem nach § 12 Abs. 3a Satz 1 StVO geschützten Bereich während nicht zugelassener Zeiten mit einem Kraftfahrzeug über 7,5 t zulässiger Gesamtmasse oder einem Kraftfahrzeuganhänger über 2 t zulässiger Gesamtmasse regelmäßig geparkt (§ 12 Abs. 2 StVO)	**§ 12** Abs. 3a Satz 1 **§ 49** Abs. 1 Nr. 12	30 €	–

Der Bußgeldkatalog

Lfd. Nr.	Tatbestand	Straßenverkehrs-Ordnung (StVO)	Regelsatz in Euro, Fahrverbot in Monaten	Punkte
57	Mit Kraftfahrzeuganhänger ohne Zugfahrzeug länger als zwei Wochen geparkt (§ 12 Abs. 2 StVO)	**§ 12** Abs. 3b Satz 1 **§ 49** Abs. 1 Nr. 12	20 €	–
58	In „zweiter Reihe" geparkt (§ 12 Abs. 2 StVO)	**§ 12** Abs. 4 Satz 1 **§ 49** Abs. 1 Nr. 12	20 €	–
58.1	– mit Behinderung	**§ 12** Abs. 4 Satz 1 **§ 1** Abs. 2 **§ 49** Abs. 1 Nr. 1, 12	25 €	–
58.2	länger als 15 Minuten	**§ 12** Abs. 4 Satz 1 **§ 49** Abs. 1 Nr. 12	30 €	–
58.2.1	– mit Behinderung	**§ 12** Abs. 4 Satz 1 **§ 1** Abs. 2 **§ 49** Abs. 1 Nr. 1, 12	35 €	–
59	Im Fahrraum von Schienenfahrzeugen gehalten	**§ 12** Abs. 4 Satz 5 **§ 49** Abs. 1 Nr. 12	20 €	–
59.1	– mit Behinderung	**§ 12** Abs. 4 Satz 5 **§ 1** Abs. 2 **§ 49** Abs. 1 Nr. 1, 12	30 €	–
60	Im Fahrraum von Schienenfahrzeugen geparkt (§ 12 Abs. 2 StVO)	**§ 12** Abs. 4 Satz 5 **§ 49** Abs. 1 Nr. 12	25 €	–
60.1	– mit Behinderung	**§ 12** Abs. 4 Satz 5 **§ 1** Abs. 2 **§ 49** Abs. 1 Nr. 1, 12	35€	–
61	Vorrang des Berechtigten beim Einparken in eine Parklücke nicht beachtet	**§ 12** Abs. 5 **§ 49** Abs. 1 Nr. 12	10 €	–
62	Nicht Platz sparend gehalten oder geparkt (§ 12 Abs. 2 StVO)	**§ 12** Abs. 6 **§ 49** Abs. 1 Nr. 12	10 €	–

Lfd. Nr.	Tatbestand	Straßenverkehrs-Ordnung (StVO)	Regelsatz in Euro, Fahrverbot in Monaten	Punkte

Einrichtungen zur Überwachung der Parkzeit

Lfd. Nr.	Tatbestand	Straßenverkehrs-Ordnung (StVO)	Regelsatz in Euro, Fahrverbot in Monaten	Punkte
163	An einer abgelaufenen Parkuhr, ohne vorgeschriebene Parkscheibe, ohne Parkschein oder unter Überschreiten der erlaubten Höchstparkdauer geparkt (**§ 12** Abs. 2 StVO)	**§ 13** Abs. 1, 2 **§ 49** Abs. 1 Nr. 13	10 €	–
163.1	bis zu 30 Minuten		10 €	–
163.2	bis zu 1 Stunde		15 €	–
163.3	bis zu 2 Stunden		20 €	–
163.4.	bis zu 3 Stunden		25 €	–
163.5	länger als 3 Stunden		30 €	–

Sorgfaltspflichten beim Ein- und Aussteigen

Lfd. Nr.	Tatbestand	Straßenverkehrs-Ordnung (StVO)	Regelsatz in Euro, Fahrverbot in Monaten	Punkte
164	Beim Ein- oder Aussteigen einen anderen Verkehrsteilnehmer gefährdet	**§ 14** Abs. 1 **§ 49** Abs. 1 Nr. 14	20 €	–
164.1	– mit Sachbeschädigung	**§ 14** Abs. 1 **§ 1** Abs. 2 **§ 49** Abs. 1 Nr. 1, 14	25 €	–
165	Fahrzeug verlassen, ohne die nötigen Maßnahmen getroffen zu haben, um Unfälle oder Verkehrsstörungen zu vermeiden	**§ 14** Abs. 2 Satz 1 **§ 49** Abs. 1 Nr. 14	15 €	–
165.1	– mit Sachbeschädigung	**§ 14** Abs. 2 Satz 1 **§ 1** Abs. 2 **§ 49** Abs. 1 Nr. 1, 14	25 €	–

Liegenbleiben von Fahrzeugen

Lfd. Nr.	Tatbestand	Straßenverkehrs-Ordnung (StVO)	Regelsatz in Euro, Fahrverbot in Monaten	Punkte
166	Liegengebliebenes mehrspuriges Fahrzeug nicht oder nicht wie vorgeschrieben abgesichert, beleuchtet oder kenntlich gemacht und dadurch einen Anderen gefährdet	**§ 15,** auch i. V. mit **§ 17** Abs. 4 Satz 1, 3 **§ 1** Abs. 2 **§ 49** Abs. 1 Nr. 1, 15	60 €	1

Der Bußgeldkatalog

Lfd. Nr.	Tatbestand	Straßenverkehrs-Ordnung (StVO)	Regelsatz in Euro, Fahrverbot in Monaten	Punkte
	Abschleppen von Fahrzeugen			
67	Beim Abschleppen eines auf der Autobahn liegengebliebenen Fahrzeugs die Autobahn nicht bei der nächsten Ausfahrt verlassen oder mit einem außerhalb der Autobahn liegen gebliebenen Fahrzeug in die Autobahn eingefahren	§ 15a Abs. 1, 2 § 49 Abs. 1 Nr. 15a	20 €	–
68	Während des Abschleppens Warnblinklicht nicht eingeschaltet	§ 15a Abs. 3 § 49 Abs. 1 Nr. 15a	5 €	–
69	Kraftrad abgeschleppt	§ 15a Abs. 4 § 49 Abs. 1 Nr. 15a	10 €	–
	Warnzeichen			
70	Missbräuchlich Schall- oder Leuchtzeichen gegeben und dadurch einen Anderen belästigt oder Schallzeichen gegeben, die aus einer Folge verschieden hoher Töne bestehen	§ 16 Abs. 1, 3 § 1 Abs. 2 § 49 Abs. 1 Nr. 1, 16	10 €	–
71	Einen Omnibus des Linienverkehrs oder einen gekennzeichneten Schulbus geführt und Warnblinklicht bei Annäherung an eine Haltestelle oder für die Dauer des Ein- und Aussteigens der Fahrgäste entgegen der straßenverkehrsbehördlichen Anordnung nicht eingeschaltet	§ 16 Abs. 2 Satz 1 § 49 Abs. 1 Nr. 16	10 €	–
72	Warnblinklicht missbräuchlich eingeschaltet	§ 16 Abs. 2 Satz 2 § 49 Abs. 1 Nr. 16	5 €	–
	Beleuchtung			
73	Vorgeschriebene Beleuchtungseinrichtungen nicht oder nicht vorschriftsmäßig benutzt, obwohl die Sichtverhältnisse es erforderten, oder nicht rechtzeitig abgeblendet oder Beleuchtungseinrichtungen in verdecktem oder beschmutztem Zustand benutzt	§ 17 Abs. 1, 2 Satz 3, Abs. 3 Satz 2, 5, Abs. 6 § 49 Abs. 1 Nr. 17	20 €	–

Lfd. Nr.	Tatbestand	Straßenverkehrs-Ordnung (StVO)	Regelsatz in Euro, Fahrverbot in Monaten	Punkte
73.1	– mit Gefährdung	**§ 17** Abs. 1, 2 Satz 3, Abs. 3 Satz 2, 5, Abs. 6	25 €	–
73.2	– mit Sachbeschädigung		35 €	–
74	Nur mit Standlicht oder auf einer Straße mit durchgehender, ausreichender Beleuchtung mit Fernlicht gefahren oder mit einem Kraftrad am Tage nicht mit Abblendlicht oder eingeschalteten Tagfahrleuchten gefahren	**§ 17** Abs. 2 Satz 1, 2, Abs. 2a **§ 49** Abs. 1 Nr. 17	10 €	–
74.1	– mit Gefährdung	**§ 17** Abs. 2 Satz 1, 2, Abs. 2a **§ 1** Abs. 2 **§ 49** Abs. 1 Nr. 1, 17	15 €	–
74.2	– mit Sachbeschädigung		35 €	–
75	Bei erheblicher Sichtbehinderung durch Nebel, Schneefall oder Regen innerhalb geschlossener Ortschaften am Tage nicht mit Abblendlicht gefahren	**§ 17** Abs. 3 Satz 1 **§ 49** Abs. 1 Nr. 17	25 €	–
75.1	– mit Sachbeschädigung	**§ 17** Abs. 3 Satz 1 **§ 1** Abs. 2 **§ 49** Abs. 1 Nr. 1, 17	35 €	–
76	Bei erheblicher Sichtbehinderung durch Nebel, Schneefall oder Regen außerhalb geschlossener Ortschaften am Tage nicht mit Abblendlicht gefahren	**§ 17** Abs. 3 Satz 1 **§ 49** Abs. 1 Nr. 17	60 €	1
77	Haltendes mehrspuriges Fahrzeug nicht oder nicht wie vorgeschrieben beleuchtet oder kenntlich gemacht	**§ 17** Abs. 4 Satz 1, 3 **§ 49** Abs. 1 Nr. 17	20 €	–
77.1	– mit Sachbeschädigung	**§ 17** Abs. 4 Satz 1, 3 **§ 1** Abs. 2 § **49** Abs. 1 Nr. 1, 17	35 €	–

Der Bußgeldkatalog

Lfd. Nr.	Tatbestand	Straßenverkehrs-Ordnung (StVO)	Regelsatz in Euro, Fahrverbot in Monaten	Punkte
	Autobahnen und Kraftfahrstraßen			
78	Autobahn oder Kraftfahrstraße mit einem Fahrzeug benutzt, dessen durch die Bauart bestimmte Höchstgeschwindigkeit weniger als 60 km/h betrug oder dessen zulässige Höchstabmessungen zusammen mit der Ladung überschritten waren, soweit die Gesamthöhe nicht mehr als 4,20 m betrug	**§ 18** Abs. 1 **§ 49** Abs. 1 Nr. 18	20 €	–
79	Autobahn oder Kraftfahrstraße mit einem Fahrzeug benutzt, dessen Höhe zusammen mit der Ladung mehr als 4,20 m betrug	**§ 18** Abs. 1 Satz 2 **§ 49** Abs. 1 Nr. 18	70 €	1
80	An dafür nicht vorgesehener Stelle eingefahren	**§ 18** Abs. 2 **§ 49** Abs. 1 Nr. 18	25 €	–
80.1	– mit Gefährdung	**§ 18** Abs. 2 **§ 1** Abs. 2 **§ 49** Abs. 1 Nr. 1, 18	75 €	1
(81)	(aufgehoben)			–
82	Beim Einfahren Vorfahrt auf der durchgehenden Fahrbahn nicht beachtet	**§ 18** Abs. 3 **§ 49** Abs. 1 Nr. 18	75 €	1
83	Gewendet, rückwärts oder entgegen der Fahrtrichtung gefahren	**§ 18** Abs. 7 **§ 2** Abs. 1 **§ 49** Abs. 1 Nr. 2, 18		–
83.1	in einer Ein- oder Ausfahrt		75 €	1
83.2	auf der Nebenfahrbahn oder dem Seitenstreifen		130 €	1
83.3	auf der durchgehenden Fahrbahn		200 € Fahrverbot 1 Monat	2
84	Auf einer Autobahn oder Kraftfahrstraße gehalten	**§ 18** Abs. 8 **§ 49** Abs. 1 Nr. 18	30 €	–

Lfd. Nr.	Tatbestand	Straßenverkehrs-Ordnung (StVO)	Regelsatz in Euro, Fahrverbot in Monaten	Punkte
85	Auf einer Autobahn oder Kraftfahrstraße geparkt (§ 12 Abs. 2 StVO)	§ 18 Abs. 8 § 49 Abs. 1 Nr. 18	70 €	1
86	Als zu Fuß Gehender Autobahn betreten oder Kraftfahrstraße an dafür nicht vorgesehener Stelle betreten	§ 18 Abs. 9 § 49 Abs. 1 Nr. 18	10 €	–
87	An dafür nicht vorgesehener Stelle ausgefahren	§ 18 Abs. 10 § 49 Abs. 1 Nr. 18	25 €	–
87a	Mit einem Lastkraftwagen über 7,5 t zulässiger Gesamtmasse, einschließlich Anhänger, oder einer Zugmaschine den äußerst linken Fahrstreifen bei Schneeglätte oder Glatteis oder, obwohl die Sichtweite durch erheblichen Schneefall oder Regen auf 50 m oder weniger eingeschränkt ist, benutzt	§ 18 Abs. 11 § 49 Abs. 1 Nr. 18	80 €	1
88	Seitenstreifen zum Zweck des schnelleren Vorwärtskommens benutzt	§ 2 Abs. 1 § 49 Abs. 1 Nr. 2	75 €	1
	Bahnübergänge			
89	Mit einem Fahrzeug den Vorrang eines Schienenfahrzeugs nicht beachtet	§ 18 Abs. 7 § 2 Abs. 1 § 49 Abs. 1 Nr. 2, 18	80 €	1
89a	Kraftfahrzeug an einem Bahnübergang (Zeichen 151, 156 bis einschließlich Kreuzungsbereich von Schiene und Straße) unzulässig überholt	§ 19 Abs. 1 Satz 3 § 49 Abs. 1 Nr. 19 Buchstabe a	70 €	1
89b	Bahnübergang unter Verstoß gegen die Wartepflicht nach § 19 Abs. 2 StVO überquert			–
89b.1	in den Fällen des § 19 Abs. 2 Satz 1 Nr. 1 StVO	§ 19 Abs. 2 Satz 1 Nr. 1 § 49 Abs. 1 Nr. 19 Buchstabe a	80 €	1

Lfd. Nr.	Tatbestand	Straßenverkehrs-Ordnung (StVO)	Regelsatz in Euro, Fahrverbot in Monaten	Punkte
89b.2	in den Fällen des § 19 Abs. 2 Satz 1 Nr. 2 bis 5 StVO (außer bei geschlossener Schranke)	**§ 19** Abs. 2 Satz 1 Nr. 2 bis 5 **§ 49** Abs. 1 Nr. 19 Buchstabe a	240 € Fahrverbot 1 Monat	2
90	Vor einem Bahnübergang Wartepflichten verletzt	**§ 19** Abs. 2 bis 5 **§ 49** Abs. 1 Nr. 19 Buchstabe a	10 €	–
	Öffentliche Verkehrsmittel und Schulbusse			
91	An einem Omnibus des Linienverkehrs, einer Straßenbahn oder einem gekennzeichneten Schulbus nicht mit Schrittgeschwindigkeit rechts vorbeigefahren, obwohl diese an einer Haltestelle (Zeichen 224) hielten und Fahrgäste ein- oder ausstiegen (soweit nicht von Nr. 11 erfasst)	**§ 20** Abs. 2 Satz 1 **§ 49** Abs. 1 Nr. 19 Buchstabe b	15 €	–
92	An einer Haltestelle (Zeichen 224) an einem haltenden Omnibus des Linienverkehrs, einer haltenden Straßenbahn oder einem haltenden gekennzeichneten Schulbus nicht mit Schrittgeschwindigkeit oder ohne ausreichenden Abstand rechts vorbeigefahren oder nicht gewartet, obwohl dies nötig war und Fahrgäste ein- oder ausstiegen, und dadurch einen Fahrgast			–
92.1	behindert	**§ 20** Abs. 2 **§ 49** Abs. 1 Nr. 19 Buchstabe b	60 €, soweit sich nicht aus Nr. 11 ein höher Regelsatz ergibt	1

Lfd. Nr.	Tatbestand	Straßenverkehrs-Ordnung (StVO)	Regelsatz in Euro, Fahrverbot in Monaten	Punkte
92.2	gefährdet	**§ 20** Abs. 2 Satz 1, 3 **§ 1** Abs. 2 **§ 49** Abs. 1 Nr. 1, 19 Buchstabe b	70 € soweit sich Nr. 11, auch i. V. m. Tabelle 4, ein höherer Regelsatz ergibt	1
93	Omnibus des Linienverkehrs oder gekennzeichneten Schulbus, der sich mit eingeschaltetem Warnblinklicht einer Haltestelle (Zeichen 224) nähert, überholt	**§ 20** Abs. 3 **§ 49** Abs. 1 Nr. 19 Buchstabe b	60 €	1
94	An einem Omnibus des Linienverkehrs oder einem gekennzeichneten Schulbus nicht mit Schrittgeschwindigkeit vorbeigefahren, obwohl dieser an einer Haltestelle (Zeichen 224) hielt und Warnblinklicht eingeschaltet hatte (soweit nicht von Nr. 11 erfasst)	**§ 20** Abs. 4 Satz 1, 2 **§ 49** Abs. 1 Nr. 19 Buchstabe b	15 €	–
95	An einem Omnibus des Linienverkehrs oder einem gekennzeichneten Schulbus, die an einer Haltestelle (Zeichen 224) hielten und Warnblinklicht eingeschaltet hatten, nicht mit Schrittgeschwindigkeit oder ohne ausreichendem Abstand vorbeigefahren oder nicht gewartet, obwohl dies nötig war, und dadurch einen Fahrgast			–
95.1	behindert	**§ 20** Abs. 4 **§ 49** Abs. 1 Nr. 19 Buchstabe b	60 €, soweit sich nicht aus Nr. 11 ein höherer Regelsatz ergibt	1

Der Bußgeldkatalog

Lfd. Nr.	Tatbestand	Straßenverkehrs-Ordnung (StVO)	Regelsatz in Euro, Fahrverbot in Monaten	Punkte
95.2	gefährdet	**§ 20** Abs. 4 Satz 1, 2, 4 **§ 1** Abs. 2 **§ 49** Abs. 1 Nr. 1, 19 Buchstabe b	70 €, soweit sich nicht aus Nr. 11, auch i. V. m. Tabelle 4, ein höherer Regelsatz ergibt	1
96	Einem Omnibus des Linienverkehrs oder einem Schulbus das Abfahren von einer gekennzeichneten Haltestelle nicht ermöglicht	**§ 20** Abs. 5 **§ 49** Abs. 1 Nr. 19 Buchstabe b	5 €	–
96.1	– mit Gefährdung	**§ 20** Abs. 5 **§ 1** Abs. 2 **§ 49** Abs. 1 Nr. 1, 19 Buchstabe b	20 €	–
96.2	– mit Sachbeschädigung		30 €	–
	Personenbeförderung, Sicherungspflichten			
97	Gegen eine Vorschrift über die Mitnahme von Personen auf oder in Fahrzeugen verstoßen	**§ 18** Abs. 11 **§ 49** Abs. 1 Nr. 18	5 €	–
98	Ein Kind mitgenommen, ohne für die vorschriftsmäßige Sicherung zu sorgen (außer in KOM über 3,5 t zulässige Gesamtmasse)	**§ 21** Abs. 1a Satz 1 **§ 21a** Abs. 1 Satz 1 **§ 49** Abs. 1 Nr. 20, 20a		
98.1	bei einem Kind		30 €	–
98.2	bei mehreren Kindern		35 €	–
99	Ein Kind ohne Sicherung mitgenommen oder nicht für eine Sicherung eines Kindes in einem Kfz gesorgt (außer in Kraftomnibus über 3,5 t zulässige Gesamtmasse) oder beim Führen eines Kraftrades ein Kind befördert, obwohl es keinen Schutzhelm trug	**§ 21** Abs. 1a Satz 1 **§ 21a** Abs. 1 Satz 1, Abs. 2 **§ 49** Abs. 1 Nr. 20, 20a		

Lfd. Nr.	Tatbestand	Straßenverkehrs-Ordnung (StVO)	Regelsatz in Euro, Fahrverbot in Monaten	Punkte
99.1	bei einem Kind		60 €	1
99.2	bei mehreren Kindern		70 €	1
100	Vorgeschriebenen Sicherheitsgurt während der Fahrt nicht angelegt	§ 21a Abs. 1 Satz 1 § 49 Abs. 1 Nr. 20a	30 €	–
101	Während der Fahrt keinen geeigneten Schutzhelm getragen	§ 21a Abs. 2 Satz 1 § 49 Abs. 1 Nr. 20a	15 €	–
	Ladung			
102	Ladung oder Ladeeinrichtung nicht so verstaut oder gesichert, dass sie selbst bei Vollbremsung oder plötzlicher Ausweichbewegung nicht verrutschen, umfallen, hin- und herrollen oder herabfallen können			–
102.1	bei Lastkraftwagen oder Kraftomnibussen bzw. ihren Anhängern	§ 22 Abs. 1 § 49 Abs. 1 Nr. 21	60 €	1
102.1.1	– mit Gefährdung	§ 22 Abs. 1 § 1 Abs. 2 § 49 Abs. 1 Nr. 1, 21	75 €	1
102.2	bei anderen als in Nr. 102.1 genannten Kraftfahrzeugen bzw. ihren Anhängern	§ 22 Abs. 1 § 49 Abs. 1 Nr. 21	35 €	–
102.2.1	– mit Gefährdung	§ 22 Abs. 1 § 1 Abs. 2 § 49 Abs. 1 Nr. 1, 21	60 €	1
103	Ladung oder Ladeeinrichtung nicht so verstaut oder gesichert, dass sie keinen vermeidbaren Lärm erzeugen können	§ 22 Abs. 1 § 49 Abs. 1 Nr. 21	10 €	–
104	Fahrzeug geführt, dessen Höhe zusammen mit der Ladung mehr als 4,20 m betrug	§ 22 Abs. 2 Satz 1 § 49 Abs. 1 Nr. 21	60 €	1

Der Bußgeldkatalog

Lfd. Nr.	Tatbestand	Straßenverkehrs-Ordnung (StVO)	Regelsatz in Euro, Fahrverbot in Monaten	Punkte
105	Fahrzeug geführt, das zusammen mit der Ladung eine der höchstzulässigen Abmessungen überschritt, soweit die Gesamthöhe nicht mehr als 4,20 m betrug, oder dessen Ladung unzulässig über das Fahrzeug hinausragte	**§ 22** Abs. 2, 3, 4 Satz 1, 2, Abs. 5 Satz 2 **§ 49** Abs. 1 Nr. 21	20 €	–
106	Vorgeschriebene Sicherungsmittel nicht oder nicht ordnungsgemäß angebracht	**§ 22** Abs. 4 Satz 3 bis 5, Abs. 5 Satz 1 **§ 49** Abs. 1 Nr. 21	25 €	–
	Sonstige Pflichten von Fahrzeugführenden			
107	Beim Führen eines Fahrzeugs nicht dafür gesorgt, dass			
107.1	seine Sicht oder das Gehör durch die Besetzung, Tiere, die Ladung, ein Gerät oder den Zustand des Fahrzeugs nicht beeinträchtigt waren	**§ 23** Abs. 1 Satz 1 **§ 49** Abs. 1 Nr. 22	10 €	–
107.2	das Fahrzeug, der Zug, das Gespann, die Ladung oder die Besetzung vorschriftsmäßig waren oder die Verkehrssicherheit des Fahrzeugs durch die Ladung oder die Besetzung nicht litt	**§ 23** Abs. 1 Satz 2 **§ 49** Abs. 1 Nr. 22	25 €	–
107.3	die vorgeschriebenen Kennzeichen stets gut lesbar waren	**§ 23** Abs. 1 Satz 3 **§ 49** Abs. 1 Nr. 22	5 €	–
107.4	an einem Kraftfahrzeug, an dessen Anhänger oder an einem Fahrrad die vorgeschriebene Beleuchtungseinrichtung auch am Tage vorhanden oder betriebsbereit war	**§ 23** Abs. 1 Satz 4 **§ 49** Abs. 1 Nr. 22	20 €	–
107.4.1	– mit Gefährdung	**§ 23** Abs. 1 Satz 4 **§ 1** Abs. 2 **§ 49** Abs. 1 Nr. 1, 22	25 €	–

Lfd. Nr.	Tatbestand	Straßenverkehrs-Ordnung (StVO)	Regelsatz in Euro, Fahrverbot in Monaten	Punkte
107.4.2	– mit Sachbeschädigung		35 €	–
108	Beim Führen eines Fahrzeugs nicht dafür gesorgt, dass das Fahrzeug, der Zug, das Gespann, die Ladung oder die Besetzung vorschriftsmäßig waren, wenn dadurch die Verkehrssicherheit wesentlich beeinträchtigt war oder die Verkehrssicherheit des Fahrzeugs durch die Ladung oder die Besetzung wesentlich litt	§ 23 Abs. 1 Satz 2 § 49 Abs. 1 Nr. 22	80 €	1
(109)	(aufgehoben)			
(109a)	(aufgehoben)			
110	Fahrzeug, Zug oder Gespann nicht auf dem kürzesten Weg aus dem Verkehr gezogen, obwohl unterwegs die Verkehrssicherheit wesentlich beeinträchtigende Mängel aufgetreten waren, die nicht alsbald beseitigt werden konnten	§ 23 Abs. 2 Halbsatz 1 § 49 Abs. 1 Nr. 22	10 €	–

Fußgänger

Lfd. Nr.	Tatbestand	Straßenverkehrs-Ordnung (StVO)	Regelsatz in Euro, Fahrverbot in Monaten	Punkte
111	Trotz vorhandenen Gehwegs oder Seitenstreifens auf der Fahrbahn oder außerhalb geschlossener Ortschaften nicht am linken Fahrbahnrand gegangen	§ 25 Abs. 1 Satz 2, 3 Halbsatz 2 § 49 Abs. 1 Nr. 24 Buchstabe a	5 €	–
112	Fahrbahn ohne Beachtung des Fahrzeugverkehrs oder nicht zügig auf dem kürzesten Weg quer zur Fahrtrichtung oder an nicht vorgesehener Stelle überschritten	§ 25 Abs. 3 Satz 1 § 49 Abs. 1 Nr. 24 Buchstabe a		
112.1	– mit Gefährdung	§ 25 Abs. 3 Satz 1 § 1 Abs. 2 § 49 Abs. 1 Nr. 1, 24 Buchstabe a	5 €	–
112.2	– mit Sachbeschädigung		10 €	–

Der Bußgeldkatalog

Lfd. Nr.	Tatbestand	Straßenverkehrs-Ordnung (StVO)	Regelsatz in Euro, Fahrverbot in Monaten	Punkte
	Fußgängerüberweg			
113	An einem Fußgängerüberweg, den zu Fuß Gehenden oder Fahrende von Krankenfahrstühlen oder Rollstühlen erkennbar benutzen wollten, das Überqueren der Fahrbahn nicht ermöglicht oder nicht mit mäßiger Geschwindigkeit herangefahren oder an einem Fußgängerüberweg überholt	§ 26 Abs. 1, 3 § 49 Abs. 1 Nr. 24 Buchstabe b	80 €	1
114	Bei stockendem Verkehr auf einen Fußgängerüberweg gefahren	§ 26 Abs. 2 § 49 Abs. 1 Nr. 24 Buchstabe b	5 €	–
	Übermäßige Straßenbenutzung			
115	Als Veranstalter erlaubnispflichtige Veranstaltung ohne Erlaubnis durchgeführt	§ 29 Abs. 2 Satz 1 § 49 Abs. 2 Nr. 6	40 €	–
116	Ohne Erlaubnis ein Fahrzeug oder einen Zug geführt, dessen Abmessungen, Achslasten oder Gesamtmasse die gesetzlich allgemein zugelassenen Grenzen tatsächlich überschritten oder dessen Bauart dem Fahrzeugführenden kein ausreichendes Sichtfeld ließ	§ 29 Abs. 3 § 49 Abs. 2 Nr. 7	60 €	1
	Umweltschutz			
117	Bei Benutzung eines Fahrzeugs unnötigen Lärm oder vermeidbare Abgasbelästigungen verursacht	§ 30 Abs. 1 Satz 1, 2 § 49 Abs. 1 Nr. 25	10 €	–
118	Innerhalb einer geschlossenen Ortschaft unnütz hin- und hergefahren und dadurch Andere belästigt	§ 30 Abs. 1 Satz 3 § 49 Abs. 1 Nr. 25	20 €	–

Lfd. Nr.	Tatbestand	Straßenverkehrs-Ordnung (StVO)	Regelsatz in Euro, Fahrverbot in Monaten	Punkte
	Sonn- und Feiertagsfahrverbot			
119	Verbotswidrig an einem Sonntag oder Feiertag gefahren	**§ 30** Abs. 3 Satz 1 **§ 49** Abs. 1 Nr. 25	120 €	–
120	Als Halter das verbotswidrige Fahren an einem Sonntag oder Feiertag angeordnet oder zugelassen	**§ 23** Abs. 1 Satz 2 **§ 49** Abs. 1 Nr. 22	570 €	–
	Inline-Skaten und Rollschuhfahren			
120a	Beim Inline-Skaten oder Rollschuhfahren Fahrbahn, Seitenstreifen oder Radweg unzulässig benutzt oder bei durch Zusatzzeichen erlaubtem Inline-Skaten und Rollschuhfahren sich nicht mit äußerster Vorsicht und unter besonderer Rücksichtnahme auf den übrigen Verkehr am rechten Rand in Fahrtrichtung bewegt oder Fahrzeugen das Überholen nicht ermöglicht	**§ 31** Abs. 1 Satz 1, Abs. 2 Satz 3 **§ 49** Abs. 1 Nr. 26	10 €	–
120a.1	– mit Behinderung	**§ 31** Abs. 1 Satz 1, Abs. 2 Satz 3 **§ 1** Abs. 2 **§ 49** Abs. 1 Nr. 1, 26	15 €	–
120a.2	– mit Gefährdung		20 €	–
	Verkehrshindernisse			
121	Straße beschmutzt oder benetzt, obwohl dadurch der Verkehr gefährdet oder erschwert werden konnte	**§ 32** Abs. 1 Satz 1 **§ 49** Abs. 1 Nr. 27	10 €	–
122	Verkehrswidrigen Zustand nicht oder nicht rechtzeitig beseitigt oder nicht ausreichend kenntlich gemacht	**§ 32** Abs. 1 Satz 2 **§ 49** Abs. 1 Nr. 27	10 €	–
123	Gegenstand auf eine Straße gebracht oder dort liegen gelassen, obwohl dadurch der Verkehr gefährdet oder erschwert werden konnte	**§ 32** Abs. 1 Satz 1 **§ 49** Abs. 1 Nr. 27	60 €	1
124	Gefährliches Gerät nicht wirksam verkleidet	**§ 32** Abs. 2 **§ 49** Abs. 1 Nr. 27	5 €	–

Der Bußgeldkatalog

Lfd. Nr.	Tatbestand	Straßenverkehrs-Ordnung (StVO)	Regelsatz in Euro, Fahrverbot in Monaten	Punkte
	Unfall			
125	Als an einem Unfall beteiligte Person den Verkehr nicht gesichert oder bei geringfügigem Schaden nicht unverzüglich beiseite gefahren	**§ 34** Abs. 1 Nr. 2 **§ 49** Abs. 1 Nr. 29	30 €	–
125.1	– mit Sachbeschädigung	**§ 34** Abs. 1 Nr. 2 **§ 1** Abs. 2 **§ 49** Abs. 1 Nr. 1, 29	35 €	–
126	Unfallspuren beseitigt, bevor die notwendigen Feststellungen getroffen worden waren	**§ 34** Abs. 3 **§ 49** Abs. 1 Nr. 29	30 €	–
	Warnkleidung			
127	Bei Arbeiten außerhalb von Gehwegen oder Absperrungen keine auffällige Warnkleidung getragen	**§ 35** Abs. 6 Satz 4 **§ 49** Abs. 4 Nr. 1a	5 €	–
	Zeichen und Weisungen der Polizeibeamten			
128	Weisung eines Polizeibeamten nicht befolgt	**§ 36** Abs. 1 Satz 1, Abs. 3, Abs. 5 Satz 4 **§ 49** Abs. 3 Nr. 1	20 €	–
129	Zeichen oder Haltgebot eines Polizeibeamten nicht befolgt	**§ 36** Abs. 1 Satz 1, Abs. 2, Abs. 4, Abs. 5 Satz 4 **§ 49** Abs. 3 Nr. 1	70 €	1
	Wechsellichtzeichen, Dauerlichtzeichen und Grünpfeil			
130	Beim zu Fuß gehen rotes Wechsellichtzeichen nicht befolgt oder den Weg beim Überschreiten der Fahrbahn beim Wechsel von Grün auf Rot nicht zügig fortgesetzt	**§ 37** Abs. 2 Nr. 1 Satz 7, Nr. 2, 5 Satz 3 **§ 49** Abs. 3 Nr. 2	5 €	–
130.1	– mit Gefährdung	**§ 37** Abs. 2 Nr. 1 Satz 7, Nr. 2, 5 Satz 3 **§ 1** Abs. 2 **§ 49** Abs. 1 Nr. 1, Abs. 3 Nr. 2	5 €	

Lfd. Nr.	Tatbestand	Straßenverkehrs-Ordnung (StVO)	Regelsatz in Euro, Fahrverbot in Monaten	Punkte
130.2	– mit Sachbeschädigung		10 €	–
131	Beim Rechtsabbiegen mit Grünpfeil			–
131.1	aus einem anderen als dem rechten Fahrstreifen abgebogen	§ 37 Abs. 2 Nr. 1 Satz 9 § 49 Abs. 3 Nr. 2	15€	–
131.2	den Fahrzeugverkehr der freigegebenen Verkehrsrichtungen, ausgenommen den Fahrradverkehr auf Radwegfurten, behindert	§ 37 Abs. 2 Nr. 1 Satz 10 § 49 Abs. 3 Nr. 2	35 €	–
132	Als Kfz-Führer in anderen als den Fällen des Rechtsabbiegens mit Grünpfeil rotes Wechsellichtzeichen oder rotes Dauerlichtzeichen nicht befolgt	§ 37 Abs. 2 Nr. 1 Satz 7, 11, Nr. 2, Abs. 3 Satz 1, 2 § 49 Abs. 3 Nr. 2	90 €	1
132.1	– mit Gefährdung	§ 37 Abs. 2 Nr. 1 Satz 7, 11, Nr. 2, Abs. 3 Satz 1, 2 § 1 Abs. 2 § 49 Abs. 1 Nr. 1, Abs. 3 Nr. 2	200 € Fahrverbot 1 Monatt	2
132.2	– mit Sachbeschädigung		240 € Fahrverbot 1 Monatt	2
132.3	bei schon länger als 1 Sekunde andauernder Rotphase eines Wechsellichtzeichens	§ 37 Abs. 2 Nr. 1 Satz 7, 11, Nr. 2 § 49 Abs. 3 Nr. 2	200 € Fahrverbot 1 Monat	2
132.3.1	– mit Gefährdung	§ 37 Abs. 2 Nr. 1 Satz 7, 11, Nr. 2 § 1 Abs. 2 § 49 Abs. 1 Nr. 1, Abs. 3 Nr. 2	320 € Fahrverbot 1 Monat	2
132.3.2	– mit Sachbeschädigung		360 € Fahrverbot 1 Monat	2

Der Bußgeldkatalog

Lfd. Nr.	Tatbestand	Straßenverkehrs-Ordnung (StVO)	Regelsatz in Euro, Fahrverbot in Monaten	Punkte
132a	Als Radfahrer in anderen als den Fällen des Rechtsabbiegens mit Grünpfeil rotes Wechsellichtzeichen oder rotes Dauerlichtzeichen nicht befolgt	**§ 37** Abs. 2 Nr. 1 Satz 7, 11, Nr. 2, Abs. 3 Satz 1, 2 **§ 49** Abs. 3 Nr. 2	60 €	1
132a.1	– mit Gefährdung	**§ 37** Abs. 2 Nr. 1 Satz 7, 11, Nr. 2, Abs. 3 Satz 1, 2	100 €	1
132a.2	– mit Sachbeschädigung	**§ 1** Abs. 2 **§ 49** Abs. 1 Nr. 1, Abs. 3 Nr. 2	120 €	1
132a.3	bei schon länger als 1 Sekunde andauernder Rotphase eines Wechsellichtzeichens	**§ 37** Abs. 2 Nr. 1 Satz 7, 11, Nr. 2 **§ 49** Abs. 3 Nr. 2	100 €	1
132a.3.1	– mit Gefährdung	**§ 37** Abs. 2 Nr. 1 Satz 7, 11, Nr. 2	160 €	1
132a.3.2	– mit Sachbeschädigung	**§ 1** Abs. 2 **§ 49** Abs. 1 Nr. 1, Abs. 3 Nr. 2	180 €	1
133	Beim Rechtsabbiegen mit Grünpfeil			
133.1	vor dem Rechtsabbiegen nicht angehalten	**§ 37** Abs. 2 Nr. 1 Satz 7 **§ 49** Abs. 3 Nr. 2	70 €	1
133.2	den Fahrzeugverkehr der freigegebenen Verkehrsrichtungen, ausgenommen den Fahrradverkehr auf Radwegfurten, gefährdet	**§ 37** Abs. 2 Nr. 1 Satz 10 **§ 49** Abs. 3 Nr. 2	100 €	1
133.3	den Fußgängerverkehr oder den Fahrradverkehr auf Radwegfurten der freigegebenen Verkehrsrichtungen	**§ 37** Abs. 2 Nr. 1 Satz 10 **§ 49** Abs. 3 Nr. 2		
133.3.1	behindert		100 €	1
133.3.2	gefährdet		150 €	1

Lfd. Nr.	Tatbestand	Straßenverkehrs-Ordnung (StVO)	Regelsatz in Euro, Fahrverbot in Monaten	Punkte
	Blaues und gelbes Blinklicht			
134	Blaues Blinklicht zusammen mit dem Einsatzhorn oder allein oder gelbes Blinklicht missbräuchlich verwendet	**§ 38** Abs. 1 Satz 1, Abs. 2, Abs. 3 Satz 3 **§ 49** Abs. 3 Nr. 3	20 €	–
135	Einem Einsatzfahrzeug, das blaues Blinklicht zusammen mit dem Einsatzhorn verwendet hatte, nicht sofort freie Bahn geschaffen	**§ 38** Abs. 1 Satz 2 **§ 49** Abs. 3 Nr. 3	20 €	–
	Vorschriftzeichen			
136	Zeichen 206 (Halt. Vorfahrt gewähren.) nicht befolgt	**§ 41** Abs. 1 i. V. m. Anlage 2 lfd. Nr. 3 (Zeichen 206) Spalte 3 Nr. 1, 3 **§ 49** Abs. 3 Nr. 4	10 €	–
137	Bei verengter Fahrbahn (Zeichen 208) dem Gegenverkehr keinen Vorrang gewährt	**§ 41** Abs. 1 i. V. m. Anlage 2 lfd. Nr. 4 (Zeichen 208) Spalte 3 **§ 49** Abs. 3 Nr. 4	5 €	–
137.1	– mit Gefährdung	**§ 41** Abs. 1 i. V. m. Anlage 2 lfd. Nr. 4 (Zeichen 208) Spalte 3 **§ 1** Abs. 2 **§ 49** Abs. 1 Nr. 1, Abs. 3 Nr. 4	10 €	–
137.2	– mit Sachbeschädigung		20 €	–
138	Die durch Vorschriftzeichen (Zeichen 209, 211, 214, 222) vorgeschriebene Fahrtrichtung oder Vorbeifahrt nicht befolgt	**§ 41** Abs. 1 i. V. m. Anlage 2 lfd. Nr. 5, 6, 7, 10 (Zeichen 209, 211, 214, 222) Spalte 3 Satz 1 **§ 49** Abs. 3 Nr. 4	10 €	–

Der Bußgeldkatalog

Lfd. Nr.	Tatbestand	Straßenverkehrs-Ordnung (StVO)	Regelsatz in Euro, Fahrverbot in Monaten	Punkte
138.1	– mit Gefährdung	**§ 41** Abs. 1 i. V. m. Anlage 2 lfd. Nr. 5, 6, 7, 10 (Zeichen 209, 211, 214, 222) Spalte 3 Satz 1 **§ 1** Abs. 2 **§ 49** Abs. 1 Nr. 1, Abs. 3 Nr. 4	15 €	–
138.2	– mit Sachbeschädigung		25 €	–
139	Die durch Zeichen 215 (Kreisverkehr) oder Zeichen 220 (Einbahnstraße) vorgeschriebene Fahrtrichtung nicht befolgt	**§ 41** Abs. 1 i. V. m. Anlage 2 lfd. Nr. 8 (Zeichen 215) Spalte 3 Nr. 1, lfd. Nr. 9 (Zeichen 220) Spalte 3 Satz 1 **§ 49** Abs. 3 Nr. 4		
139.1	als Kfz-Führer		25 €	–
139.2	als Radfahrer		20 €	–
139.2.1	– mit Behinderung	**§ 41** Abs. 1 i. V. m. Anlage 2 lfd. Nr. 8 (Zeichen 215) Spalte 3 Nr. 1, lfd. Nr. 9 (Zeichen 220) Spalte 3 Satz 1 **§ 1** Abs. 2 **§ 49** Abs. 1 Nr. 1, Abs. 3 Nr. 4	25 €	–
139.2.2	– mit Gefährdung		30 €	–
139.2.3	– mit Sachbeschädigung		35 €	–
139a	Beim berechtigten Überfahren der Mittelinsel eines Kreisverkehrs einen anderen Verkehrsteilnehmer gefährdet	**§ 41** Abs. 1 i. V. m. Anlage 2 lfd. Nr. 8 (Zeichen 215) Spalte 3 Nr. 2 **§ 49** Abs. 3 Nr. 4	35 €	–

Lfd. Nr.	Tatbestand	Straßenverkehrs-Ordnung (StVO)	Regelsatz in Euro, Fahrverbot in Monaten	Punkte
140	Vorschriftswidrig einen Radweg (Zeichen 237) oder einen sonstigen Sonderweg (Zeichen 238, 240, 241) benutzt oder mit einem Fahrzeug eine Fahrradstraße (Zeichen 244.1) vorschriftswidrig benutzt	**§ 41** Abs. 1 i. V. m. Anlage 2 lfd. Nr. 16, 17, 19, 20 (Zeichen 237, 238, 240, 241) Spalte 3 Nr. 2, lfd. Nr. 23 (Zeichen 244.1) Spalte 3 Nr. 1 **§ 49** Abs. 3 Nr. 4	15 €	–
140.1	– mit Behinderung	**§ 41** Abs. 1 i. V. m. Anlage 2 lfd. Nr. 16, 17, 19, 20 (Zeichen 237, 238, 240, 241) Spalte 3 Nr. 2, lfd. Nr. 23 (Zeichen 244.1) Spalte 3 Nr. 1 **§ 1** Abs. 2 **§ 49** Abs. 1 Nr. 1, Abs. 3 Nr. 4	20 €	–
140.2	– mit Gefährdung		25 €	–
140.3	– mit Sachbeschädigung		30 €	–
141	Vorschriftswidrig Fußgängerbereich (Zeichen 239, 242.1, 242.2) benutzt oder ein Verkehrsverbot (Zeichen 250, 251, 253, 254, 255, 260) nicht beachtet	**§ 41** Abs. 1 i. V. m. Anlage 2 lfd. Nr. 18 (Zeichen 239) Spalte 3 Nr. 1, lfd. Nr. 21 (Zeichen 242.1) Spalte 3 Nr. 1, lfd. Nr. 26 Spalte 3 Satz 1 i. V. m. lfd. Nr. 28, 29, 30, 31, 32, 34 (Zeichen 250, 251, 253, 254, 255, 260) Spalte 3 **§ 49** Abs. 3 Nr. 4		–
141.1	mit Kraftfahrzeugen über 3,5 t zulässiger Gesamtmasse, ausgenommen Personenkraftwagen und Kraftomnibusse		75 €	–

Der Bußgeldkatalog

Lfd. Nr.	Tatbestand	Straßenverkehrs-Ordnung (StVO)	Regelsatz in Euro, Fahrverbot in Monaten	Punkte
141.2	mit den übrigen Kraftfahrzeugen der in § 3 Abs. 3 Nr. 2 Buchstabe a oder b StVO genannten Art		25 €	–
141.3	mit anderen als in den Nr.n 141.1 und 141.2 genannten Kraftfahrzeugen		20 €	–
141.4	als Radfahrer		15 €	–
141.4.1	– mit Behinderung	**§ 41** Abs. 1 i. V. m. Anlage 2 lfd. Nr. 18 (Zeichen 239) Spalte 3 Nr. 1, lfd. Nr. 21 (Zeichen 242.1) Spalte 3 Nr. 1, lfd. Nr. 26 Spalte 3 Satz 1 i. V. m. lfd. Nr. 28, 31 (Zeichen 250, 254) **§ 1** Abs. 2 **§ 49** Abs. 1 Nr. 1, Abs. 3 Nr. 4	20 €	–
141.4.2	– mit Gefährdung		25 €	–
141.4.3	– mit Sachbeschädigung		30 €	–
142	Verkehrsverbot (Zeichen 262 bis 266) nicht beachtet	**§ 41** Abs. 1 i. V. m. Anlage 2 lfd. Nr. 36 bis 40 (Zeichen 262 bis 266) Spalte 3 **§ 49** Abs. 3 Nr. 4	20 €	–
142a	Verbot des Einfahrens (Zeichen 267) nicht beachtet	**§ 41** Abs. 1 i. V. m. Anlage 2 lfd. Nr. 41 (Zeichen 267) Spalte 3 **§ 49** Abs. 3 Nr. 4	25 €	–
143	Beim Radfahren Verbot des Einfahrens (Zeichen 267) nicht beachtet	**§ 41** Abs. 1 i. V. m. Anlage 2 lfd. Nr. 41 (Zeichen 267) Spalte 3 **§ 49** Abs. 3 Nr. 4	20 €	–

Lfd. Nr.	Tatbestand	Straßenverkehrs-Ordnung (StVO)	Regelsatz in Euro, Fahrverbot in Monaten	Punkte
143.1	– mit Behinderung	**§ 41** Abs. 1 i. V. m. Anlage 2 lfd. Nr. 41 (Zeichen 267) Spalte 3 **§ 1** Abs. 2 **§ 49** Abs. 1 Nr. 1, Abs. 3 Nr. 4	25 €	–
143.2	– mit Gefährdung		30 €	–
143.3	– mit Sachbeschädigung		35 €	–
144	In einem Fußgängerbereich, der durch Zeichen 239, 242.1 oder 250 gesperrt war, geparkt (§ 12 Abs. 2 StVO)	**§ 41** Abs. 1 i. V. m. Anlage 2 lfd. Nr. 18, 21 (Zeichen 239, 242.1) Spalte 3 Nr. 1, lfd. Nr. 26 Spalte 3 Satz 1 i. V. m. lfd. Nr. 28 (Zeichen 250) **§ 49** Abs. 3 Nr. 4	30 €	–
144.1	– mit Behinderung	**§ 41** Abs. 1 i. V. m. Anlage 2 lfd. Nr. 18, 21 (Zeichen 239, 242.1) Spalte 3 Nr. 1, lfd. Nr. 26 Spalte 3 Satz 1 i. V. m. lfd. Nr. 28 (Zeichen 250) **§ 1** Abs. 2 **§ 49** Abs. 1 Nr. 1, Abs. 3 Nr. 4	35 €	–
144.2	länger als 3 Stunden	**§ 41** Abs. 1 i. V. m. Anlage 2 lfd. Nr. 18, 21 (Zeichen 239, 242.1) Spalte 3 Nr. 1, lfd. Nr. 26 Spalte 3 Satz 1 i. V. m. lfd. Nr. 28 (Zeichen 250) **§ 49** Abs. 3 Nr. 4	35 €	–
(145 bis 145.3)	(aufgehoben)			

Der Bußgeldkatalog

Lfd. Nr.	Tatbestand	Straßenverkehrs-Ordnung (StVO)	Regelsatz in Euro, Fahrverbot in Monaten	Punkte
146	Bei zugelassenem Fahrzeugverkehr auf einem Gehweg (Zeichen 239) oder in einem Fußgängerbereich (Zeichen 242.1, 242.2) nicht mit Schrittgeschwindigkeit gefahren (soweit nicht von Nr. 11 erfasst)	**§ 41** Abs. 1 i. V. m. Anlage 2 lfd. Nr. 18 (Zeichen 239) Spalte 3 Nr. 2 Satz 3 Halbsatz 2, lfd. Nr. 21 (Zeichen 242.1) Spalte 3 Nr. 2 **§ 49** Abs. 3 Nr. 4	15 €	–
146a	Bei zugelassenem Fahrzeugverkehr auf einem Radweg (Zeichen 237), einem gemeinsamen Geh- und Radweg (Zeichen 240) oder einem getrennten Rad- und Gehweg (Zeichen 241) die Geschwindigkeit nicht angepasst (soweit nicht von Nr. 11 erfasst)	**§ 41** Abs. 1 i. V. m. Anlage 2 lfd. Nr. 16 (Zeichen 237) Spalte 3 Nr. 3, lfd. Nr. 19 (Zeichen 240) Spalte 3 Nr. 3 Satz 2, lfd. Nr. 20 (Zeichen 241) Spalte 3 Nr. 4 Satz 2 **§ 49** Abs. 3 Nr. 4	15 €	–
147	Unberechtigt mit einem Fahrzeug einen Bussonderfahrstreifen (Zeichen 245) benutzt	**§ 41** Abs. 1 i. V. m. Anlage 2 lfd. Nr. 25 (Zeichen 245) Spalte 3 Nr. 1 und 2 **§ 49** Abs. 3 Nr. 4	15 €	–
147.1	– mit Behinderung	**§ 41** Abs. 1 i. V. m. Anlage 2 lfd. Nr. 25 (Zeichen 245) Spalte 3 Nr. 1 und 2 **§ 1** Abs. 2 **§ 49** Abs. 1 Nr. 1, Abs. 3 Nr. 4	35 €	–
148	Wendeverbot (Zeichen 272) nicht beachtet	**§ 41** Abs. 1 i. V. m. Anlage 2 lfd. Nr. 47 (Zeichen 272) Spalte 3 **§ 49** Abs. 3 Nr. 4	20 €	–
149	Vorgeschriebenen Mindestabstand (Zeichen 273) zu einem vorausfahrenden Fahrzeug unterschritten	**§ 41** Abs. 1 i. V. m. Anlage 2 lfd. Nr. 48 (Zeichen 273) Spalte 3 Satz 1 **§ 49** Abs. 3 Nr. 4	25 €	–

Lfd. Nr.	Tatbestand	Straßenverkehrs-Ordnung (StVO)	Regelsatz in Euro, Fahrverbot in Monaten	Punkte
150	Zeichen 206 (Halt. Vorfahrt gewähren.) nicht befolgt oder trotz Rotlicht nicht an der Haltlinie (Zeichen 294) gehalten und dadurch einen Anderen gefährdet	**§ 41** Abs. 1 i. V. m. Anlage 2 lfd. Nr. 3 (Zeichen 206) Spalte 3 Nr. 1, lfd. Nr. 67 (Zeichen 294) Spalte 3 **§ 1** Abs. 2 **§ 49** Abs. 1 Nr. 1, Abs. 3 Nr. 4	70 €	1
151	Beim Führen eines Fahrzeugs in einem Fußgängerbereich (Zeichen 239, 242.1, 242.2) einen Fußgänger gefährdet			–
151.1	bei zugelassenem Fahrzeugverkehr (Zeichen 239, 242.1 mit Zusatzzeichen)	**§ 41** Abs. 1 i. V. m. Anlage 2 lfd. Nr. 18, 21 (Zeichen 239, 242.1 mit Zusatzzeichen) Spalte 3 Nr. 2 **§ 1** Abs. 2 **§ 49** Abs. 3 Nr. 1, 4	60 €	1
151.2	bei nicht zugelassenem Fahrzeugverkehr		70 €	1
152	eine für kennzeichnungspflichtige Kraftfahrzeuge mit gefährlichen Gütern (Zeichen 261) oder für Kraftfahrzeuge mit wassergefährdender Ladung (Zeichen 269) gesperrte Straße befahren	**§ 41** Abs. 1 i. V. m. Anlage 2 lfd. Nr. 35, 43 (Zeichen 261, 269) Spalte 3 **§ 49** Abs. 3 Nr. 4	100 €	1
152.1	bei Eintragung von bereits einer Entscheidung wegen Verstoßes gegen Zeichen 261 oder 269 im Fahreignungsregister		250 € Fahrverbot 1 Monat	1
153	Mit einem Kraftfahrzeug trotz Verkehrsverbotes zur Verminderung schädlicher Luftverunreinigungen (Zeichen 270.1, 270.2) am Verkehr teilgenommen	**§ 41** Abs. 1 i. V. m. Anlage 2 lfd. Nr. 44, 45 (Zeichen 270.1, 270.2) Spalte 3 **§ 49** Abs. 3 Nr. 4	80 €	–

Der Bußgeldkatalog

Lfd. Nr.	Tatbestand	Straßenverkehrs-Ordnung (StVO)	Regelsatz in Euro, Fahrverbot in Monaten	Punkte
153a	Überholt unter Nichtbeachten von Verkehrszeichen (Zeichen 276, 277)	**§ 41** Abs. 1 i. V. m. Anlage 2 zu lfd. Nr. 53 und 54 und lfd. Nr. 53, 54 (Zeichen 276, 277) Spalte 3 **§ 49** Abs. 3 Nr. 4	70 €	1
154	An der Haltlinie (Zeichen 294) nicht gehalten	**§ 41** Abs. 1 i. V. m. Anlage 2 lfd. Nr. 67 (Zeichen 294) Spalte 3 **§ 49** Abs. 3 Nr. 4	10 €	–
155	Fahrstreifenbegrenzung (Zeichen 295, 296) überfahren oder durch Pfeile vorgeschriebener Fahrtrichtung (Zeichen 297) nicht gefolgt oder Sperrfläche (Zeichen 298) benutzt (außer Parken)	**§ 41** Abs. 1 i. V. m. Anlage 2 lfd. Nr. 68 (Zeichen 295) Spalte 3 Nr. 1a, lfd. Nr. 69 (Zeichen 296) Spalte 3 Nr. 1, lfd. Nr. 70 (Zeichen 297) Spalte 3 Nr. 1, lfd. Nr. 72 (Zeichen 298) Spalte 3 **§ 49** Abs. 3 Nr. 4	10 €	–
155.1	– mit Sachbeschädigung	**§ 41** Abs. 1 i. V. m. Anlage 2 lfd. Nr. 68 (Zeichen 295) Spalte 3 Nr. 1a, lfd. Nr. 69 (Zeichen 296) Spalte 3 Nr. 1, lfd. Nr. 70 (Zeichen 297) Spalte 3 Nr. 1, lfd. Nr. 72 (Zeichen 298) Spalte 3 **§ 1** Abs. 2 **§ 49** Abs. 1 Nr. 1, Abs. 3 Nr. 4	35 €	–

Lfd. Nr.	Tatbestand	Straßenverkehrs-Ordnung (StVO)	Regelsatz in Euro, Fahrverbot in Monaten	Punkte
55.2	und dabei überholt	**§ 41** Abs. 1 i. V. m. Anlage 2 lfd. Nr. 68 (Zeichen 295) Spalte 3 Nr. 1a, lfd. Nr. 69 (Zeichen 296) Spalte 3 Nr. 1, lfd. Nr. 70 (Zeichen 297) Spalte 3 Nr. 1, lfd. Nr. 72 (Zeichen 298) Spalte 3 **§ 49** Abs. 3 Nr. 4	30 €	–
55.3	und dabei nach links abgebogen oder gewendet	**§ 41** Abs. 1 i. V. m. Anlage 2 lfd. Nr. 68 (Zeichen 295) Spalte 3 Nr. 1a, lfd. Nr. 69 (Zeichen 296) Spalte 3 Nr. 1, lfd. Nr. 70 (Zeichen 297) Spalte 3 Nr. 1, lfd. Nr. 72 (Zeichen 298) Spalte 3 **§ 49** Abs. 3 Nr. 4	30 €	–
55.3.1	– mit Gefährdung	**§ 41** Abs. 1 i. V. m. Anlage 2 lfd. Nr. 68 (Zeichen 295) Spalte 3 Nr. 1a, lfd. Nr. 69 (Zeichen 296) Spalte 3 Nr. 1, lfd. Nr. 70 (Zeichen 297) Spalte 3 Nr. 1, lfd. Nr. 72 (Zeichen 298) Spalte 3 **§ 1** Abs. 2 **§ 49** Abs. 1 Nr. 1, Abs. 3 Nr. 4	35 €	–
156	Sperrfläche (Zeichen 298) zum Parken benutzt	**§ 41** Abs. 1 i. V. m. Anlage 2 lfd. Nr. 72 (Zeichen 298) Spalte 3 **§ 49** Abs. 3 Nr. 4 **§ 49** Abs. 1 Nr. 1, Abs. 3 Nr. 4	25 €	–

Der Bußgeldkatalog

Lfd. Nr.	Tatbestand	Straßenverkehrs-Ordnung (StVO)	Regelsatz in Euro, Fahrverbot in Monaten	Punkte
	Richtzeichen			
157	Beim Führen eines Fahrzeugs in einem verkehrsberuhigten Bereich (Zeichen 325.1, 325.2)			–
157.1	– Schrittgeschwindigkeit nicht eingehalten (soweit nicht von Nr. 11 erfasst)	**§ 42** Abs. 2 i. V. m. Anlage 3 lfd. Nr. 12 (Zeichen 325.1) Spalte 3 Nr. 1 **§ 49** Abs. 3 Nr. 5	15 €	–
157.2	– Fußgängerverkehr behindert	**§ 42** Abs. 2 i. V. m. Anlage 3 lfd. Nr. 12 (Zeichen 325.1) Spalte 3 Nr. 2 **§ 49** Abs. 3 Nr. 5	15 €	–
157.3	– Fußgängerverkehr gefährdet		60 €	1
(158)	(aufgehoben)			
159	In einem verkehrsberuhigten Bereich (Zeichen 325.1, 325.2) außerhalb der zum Parken gekennzeichneten Flächen geparkt (§ 12 Abs. 2 StVO)	**§ 42** Abs. 2 i. V. m. Anlage 3 lfd. Nr. 12 (Zeichen 325.1) Spalte 3 Nr. 4 **§ 49** Abs. 3 Nr. 5	10 €	–
159.1	– mit Behinderung	**§ 42** Abs. 2 i. V. m. Anlage 3 lfd. Nr. 12 (Zeichen 325.1) Spalte 3 Nr. 4 **§ 1** Abs. 2 **§ 49** Abs. 1 Nr. 1, Abs. 3 Nr. 5	15 €	–
159.2	länger als 3 Stunden	**§ 42** Abs. 2 i. V. m. Anlage 3 lfd. Nr. 12 (Zeichen 325.1) Spalte 3 Nr. 4 **§ 49** Abs. 3 Nr. 5	20 €	–
159.2.1	– mit Behinderung	**§ 42** Abs. 2 i. V. m. Anlage 3 lfd. Nr. 12 (Zeichen 325.1) Spalte 3 Nr. 4 **§ 1** Abs. 2 **§ 49** Abs. 1 Nr. 1, Abs. 3 Nr. 5	30 €	–

Lfd. Nr.	Tatbestand	Straßenverkehrs-Ordnung (StVO)	Regelsatz in Euro, Fahrverbot in Monaten	Punkte
159a	In einem Tunnel (Zeichen 327) Abblendlicht nicht benutzt)	§ 42 Abs. 2 i. V. m. Anlage 3 lfd. Nr. 14 (Zeichen 327) Spalte 3 Nr. 1 § 49 Abs. 3 Nr. 5	10 €	–
159a.1	– mit Gefährdung	§ 42 Abs. 2 i. V. m. Anlage 3 lfd. Nr. 14 (Zeichen 327) Spalte 3 Nr. 1 § 1 Abs. 2 § 49 Abs. 1 Nr. 1, Abs. 3 Nr. 5	15 €	–
159a.2	– mit Sachbeschädigung		35 €	–
159b	In einem Tunnel (Zeichen 327) gewendet	§ 42 Abs. 2 i. V. m. Anlage 3 lfd. Nr. 14 (Zeichen 327) Spalte 3 Nr. 1 § 49 Abs. 3 Nr. 5	60 €	1
159c	In einer Nothalte- und Pannenbucht (Zeichen 328) unberechtigt	§ 42 Abs. 2 i. V. m. Anlage 3 lfd. Nr. 15 (Zeichen 328) Spalte 3 § 49 Abs. 3 Nr. 5		–
159c.1	– gehalten		20 €	–
159c.2	– geparkt		25 €	–
(160 bis 162)	(aufgehoben)			
	Verkehrseinrichtungen			
163	Durch Verkehrseinrichtungen abgesperrte Straßenfläche befahren	§ 43 Abs. 3 Satz 2 i. V. m. Anlage 4 lfd. Nr. 1 bis 7 (Zeichen 600, 605, 628, 629, 610, 615, 616) Spalte 3 § 49 Abs. 3 Nr. 6	5 €	–

Der Bußgeldkatalog

Lfd. Nr.	Tatbestand	Straßenverkehrs-Ordnung (StVO)	Regelsatz in Euro, Fahrverbot in Monaten	Punkte
	Andere verkehrsrechtliche Anordnungen			
164	Einer den Verkehr verbietenden oder beschränkenden Anordnung, die öffentlich bekannt gemacht wurde, zuwidergehandelt	**§ 45** Abs. 4 Halbsatz 2 **§ 49** Abs. 3 Nr. 7	60 €	1
165	Mit Arbeiten begonnen, ohne zuvor Anordnungen eingeholt zu haben, diese Anordnungen nicht befolgt oder Lichtzeichenanlagen nicht bedient	**§ 45** Abs. 6 **§ 49** Abs. 4 Nr. 3	75 €	–
	Ausnahmegenehmigung und Erlaubnis			
166	Vollziehbare Auflage einer Ausnahmegenehmigung oder Erlaubnis nicht befolgt	**§ 46** Abs. 3 Satz 1 **§ 49** Abs. 4 Nr. 4	60 €	1
167	Genehmigungs- oder Erlaubnisbescheid nicht mitgeführt	**§ 46** Abs. 3 Satz 3 **§ 49** Abs. 4 Nr. 5	10 €	–

b) Fahrerlaubnis-Verordnung
Mitführen von Führerscheinen und Bescheinigungen

	Tatbestand	Fahrerlaubnis-Verordnung (FeV)	Regelsatz in Euro, Fahrverbot in Monaten	Punkte
168	Führerschein oder Bescheinigung oder die Übersetzung des ausländischen Führerscheins nicht mitgeführt	**§ 75** Nr. 4 i. V. m. den dort genannten Vorschriften	10 €	–
168a	Führerscheinverlust nicht unverzüglich angezeigt und sich kein Ersatzdokument ausstellen lassen	**§ 75** Nr. 4	10 €	–
169	Einer vollziehbaren Auflage nicht nachgekommen	**§ 10** Abs. 2 Satz 4 **§ 23** Abs. 2 Satz 1 **§ 28** Abs. 1 Satz 2 **§ 46** Abs. 2 **§ 74** Abs. 3 **§ 75** Nr. 9, 14, 15	25 €	–

Lfd. Nr.	Tatbestand	Straßenverkehrs-Ordnung (StVO)	Regelsatz in Euro, Fahrverbot in Monaten	Punkte
	Ablieferung und Vorlage des Führerscheins			
170	Einer Pflicht zur Ablieferung oder zur Vorlage eines Führerscheins nicht oder nicht rechtzeitig nachgekommen	**§ 75** Nr. 10 i. V. m. den dort genannten Vorschriften	25 €	–
	Fahrerlaubnis zur Fahrgastbeförderung			
171	Ohne erforderliche Fahrerlaubnis zur Fahrgastbeförderung einen oder mehrere Fahrgäste in einem in § 48 Abs. 1 FeV genannten Fahrzeug befördert	**§ 48** Abs. 1 **§ 75** Nr. 12	75 €	1
172	Als Halter die Fahrgastbeförderung in einem in § 48 Abs. 1 FeV genannten Fahrzeug angeordnet oder zugelassen, obwohl der Fahrzeugführer die erforderliche Fahrerlaubnis zur Fahrgastbeförderung nicht besaß	**§ 48** Abs. 8 **§ 75** Nr. 12	75 €	1
	Ortskenntnisse bei Fahrgastbeförderung			
173	Als Halter die Fahrgastbeförderung in einem in § 48 Abs. 1 i. V. m. § 48 Abs. 4 Nr. 7 FeV genannten Fahrzeug angeordnet oder zugelassen, obwohl der Fahrzeugführer die erforderlichen Ortskenntnisse nicht nachgewiesen hat	**§ 48** Abs. 8 **§ 75** Nr. 12	35 €	–
	c) Fahrzeug-Zulassungsverordnung **Mitführen von Fahrzeugpapieren**			
	Tatbestand	Fahrerlaubnis-Verordnung (FeV)	Regelsatz in Euro, Fahrverbot in Monaten	Punkte
174	Die Zulassungsbescheinigung Teil I oder sonstige Bescheinigung nicht mitgeführt	**§ 4** Abs. 5 Satz 1 **§ 11** Abs. 5 **§ 26** Abs. 1 Satz 6 **§ 48** Nr. 5	10 €	–

Der Bußgeldkatalog

Lfd. Nr.	Tatbestand	Fahrerlaubnis-Verordnung (FeV)	Regelsatz in Euro, Fahrverbot in Monaten	Punkte
	Zulassung			
175	Kraftfahrzeug oder Kraftfahrzeuganhänger ohne die erforderliche EG-Typgenehmigung, Einzelgenehmigung oder Zulassung auf einer öffentlichen Straße in Betrieb gesetzt	§ 3 Abs. 1 Satz 1 § 4 Abs. 1 § 48 Nr. 1	70 €	1
175a	Kraftfahrzeug oder Kraftfahrzeuganhänger außerhalb des auf dem Saisonkennzeichen angegebenen Betriebszeitraums oder nach dem auf dem Kurzzeitkennzeichen oder nach dem auf dem Ausfuhrkennzeichen angegebenen Ablaufdatum oder Fahrzeug mit Wechselkennzeichen ohne oder mit einem unvollständigen Wechselkennzeichen auf einer öffentlichen Straße in Betrieb gesetzt	§ 8 Abs. 1a Satz 6 § 9 Abs. 3 Satz 5 § 16a Abs. 3 Satz 5 § 19 Abs. 1 Nr. 4 Satz 3 § 48 Nr. 1	50 €	–
176	Das vorgeschriebene Kennzeichen an einem von der Zulassungspflicht ausgenommenen Fahrzeug nicht geführt	§ 4 Abs. 2 Satz 1, Abs. 3 Satz 1, 2 § 48 Nr. 3	40 €	–
177	Fahrzeug außerhalb des auf dem Saisonkennzeichen angegebenen Betriebszeitraums oder mit Wechselkennzeichen ohne oder mit einem unvollständigem Wechselkennzeichen auf einer öffentlichen Straße abgestellt	§ 8 Abs. 1a Satz 6 § 9 Abs. 3 Satz 5 § 48 Nr. 9	40 €	–
	Betriebsverbot und -beschränkungen			
(178)	(aufgehoben)			
178a	Betriebsverbot wegen Verstoßes gegen Mitteilungspflichten oder die Pflichten beim Erwerb des Fahrzeugs nicht beachtet	§ 13 Abs. 1 Satz 5, Abs. 4 Satz 1 § 48 Nr. 7, 12	40 €	–

Lfd. Nr.	Tatbestand	Fahrerlaubnis-Verordnung (FeV)	Regelsatz in Euro, Fahrverbot in Monaten	Punkte
179	Ein Fahrzeug in Betrieb gesetzt, dessen Kennzeichen nicht wie vorgeschrieben ausgestaltet oder angebracht ist; ausgenommen ist das Fehlen des vorgeschriebenen Kennzeichens	§ 10 Abs. 12 i. V. m. § 10 Abs. 1, 2 Satz 2 und 3 Halbsatz 1, Abs. 6, 7, 8 Halbsatz 1, Abs. 9 Satz 1 auch i. V. m. § 16 Abs. 5 Satz 3 oder § 16a Abs. 5 i. V. m. § 16 Abs. 5 Satz 3 § 17 Abs. 2 Satz 4 § 19 Abs. 1 Nr. 3 Satz 5 § 48 Nr. 1	10 €	–
179a	Fahrzeug in Betrieb genommen, obwohl das vorgeschriebene Kennzeichen fehlt	§ 10 Abs. 12 i. V m. § 10 Abs. 5 Satz 1, Abs. 8 § 48 Nr. 1	60 €	–
179b	Fahrzeug in Betrieb genommen, dessen Kennzeichen mit Glas, Folien oder ähnlichen Abdeckungen versehen ist	§ 10 Abs. 12 i. V. m. § 10 Abs. 2 Satz 1, Abs. 8 § 48 Nr. 1	65 €	–

Mitteilungs-, Anzeige- und Vorlagepflichten, Zurückziehen aus dem Verkehr, Verwertungsnachweis

Lfd. Nr.	Tatbestand	Fahrerlaubnis-Verordnung (FeV)	Regelsatz in Euro, Fahrverbot in Monaten	Punkte
180	Gegen die Mitteilungspflicht bei Änderungen der tatsächlichen Verhältnisse, Wohnsitz- oder Sitzänderung des Halters, Standort-verlegung des Fahrzeuges oder Veräußerung verstoßen	§ 13 Abs. 1 Satz 1 bis 4, Abs. 3 Satz 1 § 48 Nr. 12	15 €	–
180a	Verwertungsnachweis nicht vorgelegt	§ 15 Abs. 1 Satz 1 § 48 Nr. 13	15 €	–

Prüfungs-, Probe-, Überführungsfahrten

Lfd. Nr.	Tatbestand	Fahrerlaubnis-Verordnung (FeV)	Regelsatz in Euro, Fahrverbot in Monaten	Punkte
181	Gegen die Pflicht zur Eintragung in Fahrzeugscheinhefte verstoßen oder das rote Kennzeichen oder das Fahrzeugscheinheft nicht zurück-gegeben	§ 16 Abs. 2 Satz 3, 7 § 48 Nr. 15, 18	10 €	–

Der Bußgeldkatalog

Lfd. Nr.	Tatbestand	Fahrerlaubnis-Verordnung (FeV)	Regelsatz in Euro, Fahrverbot in Monaten	Punkte
181a	Kurzzeitkennzeichen für andere als Probe- oder Überführungsfahrten verwendet	**§ 16a** Abs. 2 Satz 2 Nr. 1 **§ 48** Nr. 15a	50 €	–
181b	Kurzzeitkennzeichen einer anderen Person zur Nutzung an einem anderen Fahrzeug überlassen	**§ 16a** Abs. 2 Satz 2 Nr. 2 **§ 48** Nr. 15b	50 €	–
182	Kurzzeitkennzeichen an nicht nur einem Fahrzeug verwendet	**§ 16a** Abs. 3 Satz 4 **§ 48** Nr. 16	50 €	–
183	Gegen die Pflicht zum Fertigen, Aufbewahren oder Aushändigen von Aufzeichnungen über Prüfungs-, Probe- oder Überführungsfahrten verstoßen	**§ 16** Abs. 2 Satz 5, 6 **§ 48** Nr. 6, 17	25 €	–
183a	Fahrzeugscheinheft für Fahrzeuge mit rotem Kennzeichen oder Fahrzeugscheinheft für Oldtimerfahrzeuge mit roten Kennzeichen nicht mitgeführt	**§ 16** Abs. 2 Satz 4 **§ 17** Abs. 2 Satz 1 **§ 48** Nr. 5	10 €	–
183b	Fahrzeugschein für Fahrzeuge mit Kurzzeitkennzeichen nicht mitgeführt	**§ 16a** Abs. 3 Satz 1 **§ 48** Nr. 5	20 €	–

Versicherungskennzeichen

Lfd. Nr.	Tatbestand	Fahrerlaubnis-Verordnung (FeV)	Regelsatz in Euro, Fahrverbot in Monaten	Punkte
184	Fahrzeug in Betrieb genommen, dessen Versicherungskennzeichen nicht wie vorgeschrieben ausgestaltet ist	**§ 27** Abs. 7 **§ 48** Nr. 1	10 €	–

Ausländische Kraftfahrzeuge

Lfd. Nr.	Tatbestand	Fahrerlaubnis-Verordnung (FeV)	Regelsatz in Euro, Fahrverbot in Monaten	Punkte
185	Zulassungsbescheinigung oder die Übersetzung des ausländischen Zulassungsscheins nicht mitgeführt oder nicht ausgehändigt	**§ 20** Abs. 5 **§ 48** Nr. 5	10 €	–
185a	An einem ausländischen Kraftfahrzeug oder ausländischen Kraftfahrzeuganhänger das heimische Kennzeichen oder das Unterscheidungszeichen unter Verstoß gegen eine Vorschrift über deren Anbringung geführt	**§ 21** Abs. 1 Satz 1 Halbsatz 2, Abs. 2 Satz 1 Halbsatz 2 **§ 48** Nr. 19	10 €	–

Lfd. Nr.	Tatbestand	Fahrerlaubnis-Verordnung (FeV)	Regelsatz in Euro, Fahrverbot in Monaten	Punkte
185b	An einem ausländischen Kraftfahrzeug oder ausländischen Kraftfahrzeuganhänger das vorgeschriebene heimische Kennzeichen nicht geführt	**§ 21** Abs. 1 Satz 1 Halbsatz 1 **§ 48** Nr. 19	40 €	–
185c	An einem ausländischen Kraftfahrzeug oder ausländischen Kraftfahrzeuganhänger das Unterscheidungszeichen nicht geführt	**§ 21** Abs. 2 Satz 1 Halbsatz 1 **§ 48** Nr. 19	15 €	–

d) Straßenverkehrs-Zulassungs-Ordnung
Untersuchung der Kraftfahrzeuge und Anhänger

	Tatbestand	Straßenverkehrs-Zulassungs-Ordnung (StVZO)	Regelsatz in Euro, Fahrverbot in Monaten	Punkte
186	Als Halter Fahrzeug zur Hauptuntersuchung oder zur Sicherheitsprüfung nicht vorgeführt	**§ 29** Abs. 1 Satz 1 i. V. m. Nr. 2.1, 2.2, 2.6, 2.7 Satz 2, 3, Nr. 3.1.1, 3.1.2, 3.2.2 der Anlage VIII **§ 69a** Abs. 2 Nr. 14		–
186.1	bei Fahrzeugen, die nach Nr. 2.1 der Anlage VIII zu § 29 StVZO in bestimmten Zeitabständen einer Sicherheitsprüfung zu unterziehen sind, wenn der Vorführtermin überschritten worden ist um			–
186.1.1	bis zu 2 Monate		15 €	–
186.1.2	mehr als 2 bis zu 4 Monate		25 €	–
186.1.3	mehr als 4 bis zu 8 Monate		60 €	1
186.1.4	mehr als 8 Monate		75 €	1
186.2	bei anderen als in Nr. 186.1 genannten Fahrzeugen, wenn der Vorführtermin überschritten worden ist um			
186.2.1	mehr als 2 bis zu 4 Monate		15 €	–

Der Bußgeldkatalog

Lfd. Nr.	Tatbestand	Straßenverkehrs-Ordnung (StVO)	Regelsatz in Euro, Fahrverbot in Monaten	Punkte
186.2.2	mehr als 4 bis zu 8 Monate		25 €	–
186.2.3	mehr als 8 Monate		60 €	1
187	Fahrzeug zur Nachprüfung der Mängelbeseitigung nicht rechtzeitig vorgeführt	**§ 29** Abs. 1 Satz 1 i. V. m. Nr. 3.1.4.3 Satz 2 Halbsatz 2 der Anlage VIII **§ 69a** Abs. 2 Nr. 18	15 €	–
187a	Betriebsverbot oder -beschränkung wegen Fehlens einer gültigen Prüfplakette oder Prüfmarke in Verbindung mit einem SP-Schild nicht beachtet	**§ 29** Abs. 7 Satz 5 **§ 69a** Abs. 2 Nr. 15	60 €	1
	Vorstehende Außenkanten			
188	Fahrzeug oder Fahrzeugkombination in Betrieb genommen, obwohl Teile, die den Verkehr mehr als unvermeidbar gefährdeten, an dessen Umriss hervorragten	**§ 30c** Abs. 1 **§ 69a** Abs. 3 Nr. 1a	20 €	–
	Verantwortung für den Betrieb der Fahrzeuge			
189	Als Halter die Inbetriebnahme eines Fahrzeugs oder Zuges angeordnet oder zugelassen, obwohl	**§ 31** Abs. 2 **§ 69a** Abs. 5 Nr. 3		
189.1	der Führer zur selbstständigen Leitung nicht geeignet war			
189.1.1	bei Lastkraftwagen oder Kraftomnibussen		180 €	1
189.1.2	bei anderen als in Nr. 189.1.1 genannten Fahrzeugen		90 €	1
189.2	das Fahrzeug oder der Zug nicht vorschriftsmäßig war und dadurch die Verkehrssicherheit wesentlich beeinträchtigt war,	**§ 31** Abs. 2 **§ 69a** Abs. 5 Nr. 3		

Lfd. Nr.	Tatbestand	Straßenverkehrs-Ordnung (StVO)	Regelsatz in Euro, Fahrverbot in Monaten	Punkte
	insbesondere unter Verstoß gegen eine Vorschrift über Lenkeinrichtungen, Bremsen, Einrichtungen zur Verbindung von Fahrzeugen	**§ 31** Abs. 2, jeweils i. V. m. § 38 **§ 41** Abs. 1 bis 12, 15 bis 17 **§ 43** Abs. 1 Satz 1 bis 3, Abs. 4 Satz 1, 3 **§ 69a** Abs. 5 Nr. 3		
189.2.1	bei Lastkraftwagen oder Kraftomnibussen bzw. ihren Anhängern		270 €	1
189.2.2	bei anderen als in Nr. 189.2.1 genannten Fahrzeugen		135 €	1
189.3	die Verkehrssicherheit des Fahrzeugs oder des Zuges durch die Ladung oder die Besetzung wesentlich litt	**§ 31** Abs. 2 **§ 69a** Abs. 5 Nr. 3		
189.3.1	bei Lastkraftwagen oder Kraftomnibussen bzw. ihren Anhängern		270 €	1
189.3.2	bei anderen als in Nr. 189.3.1 genannten Fahrzeugen		135 €	1
189a	Als Halter die Inbetriebnahme eines Fahrzeugs angeordnet oder zugelassen, obwohl die Betriebserlaubnis erloschen war, und dadurch die Verkehrssicherheit wesentlich beeinträchtigt	**§ 19** Abs. 5 Satz 1 **§ 69a** Abs. 2 Nr. 1a		
189a.1	bei Lastkraftwagen oder Kraftomnibussen		270 €	1
189a.2	bei anderen als in Nr. 189a.1 genannten Fahrzeugen		135 €	1
189b	Als Halter die Inbetriebnahme eines Fahrzeugs angeordnet oder zugelassen, obwohl die Betriebserlaubnis erloschen war, und dadurch die Umwelt wesentlich beeinträchtigt			
189b.1	bei Lastkraftwagen oder Kraftomnibussen		270 €	1
189b.2	bei anderen als in Nr. 189b.1 genannten Fahrzeugen		135 €	1

Der Bußgeldkatalog

Lfd. Nr.	Tatbestand	Straßenverkehrs-Ordnung (StVO)	Regelsatz in Euro, Fahrverbot in Monaten	Punkte
	Führung eines Fahrtenbuches			
190	Fahrtenbuch nicht ordnungsgemäß geführt, auf Verlangen nicht ausgehändigt oder nicht für die vorgeschriebene Dauer aufbewahrt	**§ 31a** Abs. 2, 3 **§ 69a** Abs. 5 Nr. 4, 4a	100 €	–
	Überprüfung mitzuführender Gegenstände			
191	Mitzuführende Gegenstände auf Verlangen nicht vorgezeigt oder zur Prüfung nicht ausgehändigt	**§ 31b** **§ 69a** Abs. 5 Nr. 4b	5 €	–
	Abmessungen von Fahrzeugen und Fahrzeugkombinationen			
192	Kraftfahrzeug, Anhänger oder Fahrzeugkombination in Betrieb genommen, obwohl die höchstzulässige Breite, Höhe oder Länge überschritten war	**§ 32** Abs. 1 bis 4, 9 **§ 69a** Abs. 3 Nr. 2	60 €	1
193	Als Halter die Inbetriebnahme eines Kraftfahrzeugs, Anhängers oder einer Fahrzeugkombination angeordnet oder zugelassen, obwohl die höchstzulässige Breite, Höhe oder Länge überschritten war	**§ 31** Abs. 2 i. V. m. **§ 32** Abs. 1 bis 4, 9 **§ 69a** Abs. 5 Nr. 3	75 €	1
	Unterfahrschutz			
194	Kraftfahrzeug, Anhänger oder Fahrzeug mit austauschbarem Ladungsträger ohne vorgeschriebenen Unterfahrschutz in Betrieb genommen	**§ 32b** Abs. 1, 2, 4 **§ 69a** Abs. 3 Nr. 3a	25 €	–
	Kurvenlaufeigenschaften			
195	Kraftfahrzeug oder Fahrzeugkombination in Betrieb genommen, obwohl die vorgeschriebenen Kurvenlaufeigenschaften nicht eingehalten waren	**§ 32d** Abs. 1, 2 Satz 1 **§ 69a** Abs. 3 Nr. 3c	60 €	

Lfd. Nr.	Tatbestand	Straßenverkehrs-Ordnung (StVO)	Regelsatz in Euro, Fahrverbot in Monaten	Punkte
196	Als Halter die Inbetriebnahme eines Kraftfahrzeugs oder einer Fahrzeugkombination angeordnet oder zugelassen, obwohl die vorgeschriebenen Kurvenlaufeigenschaften nicht eingehalten waren	**§ 31** Abs. 2 i. V. m. **§ 32d** Abs. 1, 2 Satz 1 **§ 69a** Abs. 5 Nr. 3	75 €	–

Schleppen von Fahrzeugen

Lfd. Nr.	Tatbestand	Straßenverkehrs-Ordnung (StVO)	Regelsatz in Euro, Fahrverbot in Monaten	Punkte
197	Fahrzeug unter Verstoß gegen eine Vorschrift über das Schleppen von Fahrzeugen in Betrieb genommen	**§ 33** Abs. 1 Satz 1, Abs. 2 Nr. 1, 6 **§ 69a** Abs. 3 Nr. 3	25 €	–

Achslast, Gesamtgewicht, Anhängelast hinter Kraftfahrzeugen

Lfd. Nr.	Tatbestand	Straßenverkehrs-Ordnung (StVO)	Regelsatz in Euro, Fahrverbot in Monaten	Punkte
198	Kraftfahrzeug, Anhänger oder Fahrzeugkombination in Betrieb genommen, obwohl die höchstzulässige Breite, Höhe oder Länge überschritten war	**§ 34** Abs. 3 Satz 3 § **31d** Abs. 1 **§ 42** Abs. 1, 2 Satz 2 **§ 69a** Abs. 3 Nr. 4		
198.1	bei Kraftfahrzeugen mit einem zulässigen Gesamtgewicht über 7,5 t oder Kraftfahrzeugen mit Anhängern, deren zulässiges Gesamtgewicht 2 t übersteigt		**Tabelle 3** Buchstabe a	–
198.2	bei anderen Kraftfahrzeugen bis 7,5 t zulässiges Gesamtgewicht	**§ 32b** Abs. 1, 2, 4 **§ 69a** Abs. 3 Nr. 3a	**Tabelle 3** Buchstabe b	–
199	Als Halter die Inbetriebnahme eines Kraftfahrzeugs, eines Anhängers oder einer Fahrzeugkombination angeordnet oder zugelassen, obwohl die zulässige Achslast, das zulässige Gesamtgewicht oder die zulässige Anhängelast hinter einem Kraftfahrzeug überschritten war	**§ 31** Abs. 2 i. V. m. **§ 34** Abs. 3 Satz 3 **§ 42** Abs. 1, 2 Satz 2 **§ 31d** Abs. 1 **§ 69a** Abs. 5 Nr. 3		
199.1	bei Kraftfahrzeugen mit einem zulässigen Gesamtgewicht über 7,5 t oder Kraftfahrzeugen mit Anhängern, deren zulässiges Gesamtgewicht 2 t übersteigt		**Tabelle 3** Buchstabe a	–

Der Bußgeldkatalog

Lfd. Nr.	Tatbestand	Straßenverkehrs-Ordnung (StVO)	Regelsatz in Euro, Fahrverbot in Monaten	Punkte
199.2	bei anderen Kraftfahrzeugen bis 7,5 t zulässiges Gesamtgewicht		**Tabelle 3** Buchstabe b	
(200)	(aufgehoben)			

Besetzung von Kraftomnibussen

201	Kraftomnibus in Betrieb genommen und dabei mehr Personen oder Gepäck befördert, als in der Zulassungsbescheinigung Teil I Sitz- und Stehplätze eingetragen sind, und die Summe der im Fahrzeug angeschriebenen Fahrgastplätze sowie die Angaben für die Höchstmasse des Gepäcks ausweisen	§ 34a Abs. 1 § 69a Abs. 3 Nr. 5	60 €	1
202	Als Halter die Inbetriebnahme eines Kraftomnibusses angeordnet oder zugelassen, obwohl mehr Personen befördert wurden, als in der Zulassungsbescheinigung Teil I Plätze ausgewiesen waren	§ 31 Abs. 2 i. V. m. § 34a Abs. 1 § 69a Abs. 5 Nr. 3	75 €	1

Kindersitze

203	Kraftfahrzeug in Betrieb genommen unter Verstoß gegen			
203.1	Das Verbot der Anbringung von nach hinten gerichteten Kinderrückhalteeinrichtungen auf Beifahrerplätzen mit Airbag	§ 35a Abs. 8 Satz 1 § 69a Abs. 3 Nr. 7	25 €	–
203.2	die Pflicht zur Anbringung des Warnhinweises zur Verwendung von Kinderrückhalteeinrichtungen auf Beifahrerplätzen mit Airbag	§ 35a Abs. 8 Satz 2, 4 § 69a Abs. 3 Nr. 7	5 €	–
203.3	die Pflicht zur rückwärts oder seitlich gerichteten Anbringung von Rückhalteeinrichtungen für Kinder bis zu einem Alter von 15 Monaten	§ 35a Abs. 13 § 69a Abs. 3 Nr. 7	25 €	–

Lfd. Nr.	Tatbestand	Straßenverkehrs-Ordnung (StVO)	Regelsatz in Euro, Fahrverbot in Monaten	Punkte
	Feuerlöscher in Kraftomnibussen			
204	Kraftomnibus unter Verstoß gegen eine Vorschrift über mitzuführende Feuerlöscher in Betrieb genommen	§ 35g Abs. 1, 2 § 69a Abs. 3 Nr. 7c	15 €	–
205	(aufgehoben)			
	Erste-Hilfe-Material in Kraftfahrzeugen			
206	Unter Verstoß gegen eine Vorschrift über mitzuführendes Erste-Hilfe-Material	§ 34a Abs. 1 § 69a Abs. 3 Nr. 5		–
206.1	einen Kraftomnibus	§ 35h Abs. 1, 2 § 69a Abs. 3 Nr. 7c	15 €	–
206.2	ein anderes Kraftfahrzeug	§ 35h Abs. 3 § 69a Abs. 3 Nr. 7c	5 €	–
	in Betrieb genommen			
207	Als Halter die Inbetriebnahme unter Verstoß gegen eine Vorschrift über mitzuführendes Erste-Hilfe-Material			
207.1	eines Kraftomnibusses	§ 31 Abs. 2 i. V. m. § 35h Abs. 1, 2 § 69a Abs. 5 Nr. 3	25 €	–
207.2	eines anderen Kraftfahrzeugs	§ 31 Abs. 2 i. V. m. § 35h Abs. 3 § 69a Abs. 5 Nr. 3	10 €	–
	angeordnet oder zugelassen			
	Bereifung und Laufflächen			
208	Kraftfahrzeug oder Anhänger, die unzulässig mit Diagonal- und mit Radialreifen ausgerüstet waren, in Betrieb genommen	§ 36 Abs. 2a Satz 1,2 § 69a Abs. 3 Nr. 8	15 €	–

Der Bußgeldkatalog

Lfd. Nr.	Tatbestand	Straßenverkehrs-Ordnung (StVO)	Regelsatz in Euro, Fahrverbot in Monaten	Punkte
209	Als Halter die Inbetriebnahme eines Kraftfahrzeugs oder Anhängers, die unzulässig mit Diagonal- und mit Radialreifen ausgerüstet waren, angeordnet oder zugelassen	**§ 31** Abs. 2 i. V. m. **§ 36** Abs. 2a Satz 1, 2 **§ 69a** Abs. 5 Nr. 3	30 €	–
210	Mofa in Betrieb genommen, dessen Reifen keine ausreichenden Profilrillen oder Einschnitte oder keine ausreichende Profil- oder Einschnitttiefe besaß	**§ 36** Abs. 2 Satz 5 **§ 31d** Abs. 4 Satz 1 **§ 69a** Abs. 3 Nr. 1c, 8	25 €	–
211	Als Halter die Inbetriebnahme eines Mofas angeordnet oder zugelassen, dessen Reifen keine ausreichenden Profilrillen oder Einschnitte oder keine ausreichende Profil- oder Einschnitttiefe besaß	**§ 31** Abs. 2 i. V. m. **§ 36** Abs. 2 Satz 5 **§ 31d** Abs. 4 Satz 1 **§ 69a** Abs. 5 Nr. 3	35 €	–
212	Kraftfahrzeug (außer Mofa) oder Anhänger in Betrieb genommen, dessen Reifen keine ausreichenden Profilrillen oder Einschnitte oder keine ausreichende Profil- oder Einschnitttiefe besaß	**§ 36** Abs. 2 Satz 3 bis 5 **§ 31d** Abs. 4 Satz 1 **§ 69a** Abs. 3 Nr. 1c, 8	60 €	1
213	Als Halter die Inbetriebnahme eines Kraftfahrzeugs (außer Mofa) oder Anhängers angeordnet oder zugelassen, dessen Reifen keine ausreichenden Profilrillen oder Einschnitte oder keine ausreichende Profil- oder Einschnitttiefe besaß	**§ 31** Abs. 2 i. V. m. **§ 36** Abs. 2 Satz 3 bis 5 **§ 31d** Abs. 4 Satz 1 **§ 69a** Abs. 5 Nr. 3	75 €	1

Sonstige Pflichten für den verkehrssicheren Zustand des Fahrzeugs

Lfd. Nr.	Tatbestand	Straßenverkehrs-Ordnung (StVO)	Regelsatz in Euro, Fahrverbot in Monaten	Punkte
214	Kraftfahrzeug oder Kraftfahrzeug mit Anhänger in Betrieb genommen, das sich in einem Zustand befand, der die Verkehrssicherheit wesentlich beeinträchtigt	**§ 30** Abs. 1 **§ 69a** Abs. 3 Nr. 1		

Lfd. Nr.	Tatbestand	Straßenverkehrs-Ordnung (StVO)	Regelsatz in Euro, Fahrverbot in Monaten	Punkte
	insbesondere unter Verstoß gegen eine Vorschrift über Lenkeinrichtungen, Bremsen, Einrichtungen zur Verbindung von Fahrzeugen	**§ 38, § 41** Abs. 1 bis 12, 15 Satz 1, 3, 4, Abs. 16, 17 **§ 43** Abs. 1 Satz 1 bis 3, Abs. 4 Satz 1, 3 **§ 69a** Abs. 3 Nr. 3, 9, 13		–
214.1	bei Lastkraftwagen oder Kraftomnibussen bzw. ihren Anhängern		180 €	1
214.2	bei anderen als in Nr. 214.1 genannten Fahrzeugen		90 €	1
	Erlöschen der Betriebserlaubnis			
214a	Fahrzeug trotz erloschener Betriebserlaubnis in Betrieb genommen und dadurch die Verkehrssicherheit wesentlich beeinträchtigt	**§ 19** Abs. 5 Satz 1 **§ 69a** Abs. 2 Nr. 1a	35 €	–
214a.1	bei Lastkraftwagen oder Kraftomnibussen		180 €	1
214a.2	bei anderen als in Nr. 214b.1 genannten Fahrzeugen		90 €	1
214b	Fahrzeug trotz erloschener Betriebserlaubnis in Betrieb genommen und dadurch die Umwelt wesentlich beeinträchtig			
214b.1	bei Lastkraftwagen oder Kraftomnibussen		180 €	–
214b.2	bei anderen als in Nr. 214b.1 genannten Fahrzeugen		90 €	–
	Mitführen von Anhängern hinter Kraftrad oder Personenkraftwagen			
215	Kraftrad oder Personenkraftwagen unter Verstoß gegen eine Vorschrift über das Mitführen von Anhängern in Betrieb genommen	**§ 42** Abs. 2 Satz 1 **§ 69a** Abs. 3 Nr. 3	25 €	–

Lfd. Nr.	Tatbestand	Straßenverkehrs-Ordnung (StVO)	Regelsatz in Euro, Fahrverbot in Monaten	Punkte
	Einrichtungen zur Verbindung von Fahrzeugen			
216	Abschleppstange oder Abschleppseil nicht ausreichend erkennbar gemacht	**§ 43** Abs. 3 Satz 2 **§ 69a** Abs. 3 Nr. 3	5 €	–
	Stützlast			
217	Kraftfahrzeug mit einem einachsigen Anhänger in Betrieb genommen, dessen zulässige Stützlast um mehr als 50 % über- oder unterschritten wurde	**§ 44** Abs. 3 Satz 1 **§ 69a** Abs. 3 Nr. 3	60 €	1
(218)	(aufgehoben)			
	Geräuschentwicklung und Schalldämpferanlage			
219	Kraftfahrzeug, dessen Schalldämpferanlage defekt war, in Betrieb genommen	**§ 49** Abs. 1 **§ 69a** Abs. 3 Nr. 17	20 €	–
220	Weisung, den Schallpegel im Nahfeld feststellen zu lassen, nicht befolgt	**§ 49** Abs. 4 Satz 1 **§ 69a** Abs. 5 Nr. 5d	10 €	–
	Lichttechnische Einrichtungen			
221	Kraftfahrzeug oder Anhänger in Betrieb genommen	**§ 19** Abs. 5 Satz 1 **§ 69a** Abs. 2 Nr. 1a		–
221.1	unter Verstoß gegen eine allgemeine Vorschrift über lichttechnische Einrichtungen	**§ 49a** Abs. 1 bis 4, 5 Satz 1, Abs. 6, 8, 9 Satz 2, Abs. 9a, 10 Satz 1 **§ 69a** Abs. 3 Nr. 18	5 €	–
221.2	unter Verstoß gegen das Verbot zum Anbringen anderer als vorgeschriebener oder für zulässig erklärter lichttechnischer Einrichtungen	**§ 49a** Abs. 1 Satz 1 **§ 69a** Abs. 3 Nr. 18	20 €	–
222	Kraftfahrzeug oder Anhänger in Betrieb genommen unter Verstoß gegen eine Vorschrift über			–

Lfd. Nr.	Tatbestand	Straßenverkehrs-Ordnung (StVO)	Regelsatz in Euro, Fahrverbot in Monaten	Punkte
222.1	Scheinwerfer für Fern- oder Abblendlicht	**§ 50** Abs. 1, 2 Satz 1, 6 Halbsatz 2, Satz 7, Abs. 3 Satz 1, 2, Abs. 5, 6 Satz 1, 3, 4, 6, Abs. 6a Satz 2 bis 5, Abs. 9 **§ 69a** Abs. 3 Nr. 18a	15 €	–
222.2	Begrenzungsleuchten oder vordere Richtstrahler	**§ 51** Abs. 1 Satz 1, 4 bis 6, Abs. 2 Satz 1, 4, Abs. 3 **§ 69a** Abs. 3 Nr. 18b	15 €	–
222.3	seitliche Kenntlichmachung oder Umrissleuchten	**§ 51a** Abs. 1 Satz 1 bis 7, Abs. 3 Satz 1, Abs. 4 Satz 2, Abs. 6 Satz 1, Abs. 7 Satz 1, 3 **§ 51b** Abs. 2 Satz 1, 3, Abs. 5, 6 **§ 69a** Abs. 3 Nr. 18c	15 €	–
222.4	zusätzliche Scheinwerfer oder Leuchten	**§ 52** Abs. 1 Satz 2 bis 5, Abs. 2 Satz 2, 3, Abs. 5 Satz 2, Abs. 7 Satz 2, 4, Abs. 9 Satz 2 **§ 69a** Abs. 3 Nr. 18e	15 €	–
222.5	Schluss-, Nebelschluss-, Bremsleuchten oder Rückstrahler	**§ 53** Abs. 1 Satz 1, 3 bis 5, 7, Abs. 2 Satz 1, 2, 4 bis 6, Abs. 4 Satz 1 bis 4, 6, Abs. 5 Satz 1 bis 3, Abs. 6 Satz 2, Abs. 8, 9 Satz 1 **§ 53d** Abs. 2, 3 **§ 69a** Abs. 3 Nr. 18g, 19c	15 €	–
222.6	Warndreieck, Warnleuchte oder Warnblinkanlage	**§ 53a** Abs. 1, 2 Satz 1, Abs. 3 Satz 2, Abs. 4, 5 **§ 69a** Abs. 3 Nr. 19	15 €	–

Der Bußgeldkatalog

Lfd. Nr.	Tatbestand	Straßenverkehrs-Ordung (StVO)	Regelsatz in Euro, Fahrverbot in Monaten	Punkte
222.7	Ausrüstung oder Kenntlichmachung von Anbaugeräten oder Hubladebühnen	**§ 53b** Abs. 1 Satz 1 bis 3, 4 Halbsatz 2, Abs. 2 Satz 1 bis 3, 4 Halbsatz 2, Abs. 3 Satz 1, Abs. 4, 5 **§ 69a** Abs. 3 Nr. 19a	15 €	–

Arztschild

222a	Bescheinigung zur Berechtigung der Führung des Schildes „Arzt Notfalleinsatz" nicht mitgeführt oder zur Prüfung nicht ausgehändigt	**§ 52** Abs. 6 Satz 3 **§ 69a** Abs. 5 Nr. 5f	10 €	–

Geschwindigkeitsbegrenzer

223	Kraftfahrzeug in Betrieb genommen, das nicht mit dem vorgeschriebenen Geschwindigkeitsbegrenzer ausgerüstet war, oder den Geschwindigkeitsbegrenzer auf unzulässige Geschwindigkeit eingestellt oder nicht benutzt, auch wenn es sich um ein ausländisches Kfz handelt	**§ 57c** Abs. 2, 5 **§ 31d** Abs. 3 **§ 69a** Abs. 3 Nr. 1c, 25b	100 €	1
224	Als Halter die Inbetriebnahme eines Kraftfahrzeugs angeordnet oder zugelassen, das nicht mit dem vorgeschriebenen Geschwindigkeitsbegrenzer ausgerüstet war oder dessen Geschwindigkeitsbegrenzer auf eine unzulässige Geschwindigkeit eingestellt war oder nicht benutzt wurde	**§ 31** Abs. 2 i. V. m. **§ 57c** Abs. 2, 5 **§ 31d** Abs. 3 **§ 69a** Abs. 5 Nr. 3	150 €	1
225	Als Halter den Geschwindigkeitsbegrenzer in den vorgeschriebenen Fällen nicht prüfen lassen, wenn seit fällig gewordener Prüfung			
225.1	nicht mehr als ein Monat	**§ 57d** Abs. 2 Satz 1 **§ 69a** Abs. 5 Nr. 6d	25 €	–

Lfd. Nr.	Tatbestand	Straßenverkehrs-Ordnung (StVO)	Regelsatz in Euro, Fahrverbot in Monaten	Punkte
225.2	mehr als ein Monat	§ 57d Abs. 2 Satz 1 § 69a Abs. 5 Nr. 6d	40 €	–
	vergangen ist			
226	Bescheinigung über die Prüfung des Geschwindigkeitsbegrenzers nicht mitgeführt oder auf Verlangen nicht ausgehändigt	§ 57d Abs. 2 Satz 3 § 69a Abs. 5 Nr. 6e	10 €	–
(227)	(aufgehoben)			
(228)	(aufgehoben)			

Einrichtungen an Fahrrädern

Lfd. Nr.	Tatbestand	Straßenverkehrs-Ordnung (StVO)	Regelsatz in Euro, Fahrverbot in Monaten	Punkte
229	Fahrrad unter Verstoß gegen eine Vorschrift über die Einrichtungen für Schallzeichen in Betrieb genommen	§ 64a § 69a Abs. 4 Nr. 4	15 €	–
230	Fahrrad oder Fahrrad mit Beiwagen unter Verstoß gegen eine Vorschrift über nach vorn wirkende Scheinwerfer, Schlussleuchten oder Rückstrahler in Betrieb genommen	§ 67 Abs. 3, Abs. 4 Satz 1, 3 § 69a Abs. 4 Nr. 8	20 €	–

Ausnahmen

Lfd. Nr.	Tatbestand	Straßenverkehrs-Ordnung (StVO)	Regelsatz in Euro, Fahrverbot in Monaten	Punkte
231	Urkunde über eine Ausnahmegenehmigung nicht mitgeführt	§ 70 Abs. 3a Satz 1 § 69a Abs. 5 Nr. 7	10 €	–

Auflagen bei Ausnahmegenehmigungen

Lfd. Nr.	Tatbestand	Straßenverkehrs-Ordnung (StVO)	Regelsatz in Euro, Fahrverbot in Monaten	Punkte
232	Als Fahrzeugführer, ohne Halter zu sein, einer vollziehbaren Auflage einer Ausnahmegenehmigung nicht nachgekommen	§ 71 § 69a Abs. 5 Nr. 8	15 €	–
233	Als Halter einer vollziehbaren Auflage einer Ausnahmegenehmigung nicht nachgekommen	§ 71 § 69a Abs. 5 Nr. 8	70€	1
(234 bis 238)	(aufgehoben)			

Der Bußgeldkatalog

Lfd. Nr.	Tatbestand	Ferienreise-Verordnung	Regelsatz in Euro, Fahrverbot in Monaten	Punkte
	e) Ferienreise-Verordnung			
239	Kraftfahrzeug trotz eines Verkehrsverbots innerhalb der Verbotszeiten länger als 15 Minuten geführt	**§ 1** **§ 5** Nr. 1	60 €	–
240	Als Halter das Führen eines Kraftfahrzeugs trotz eines Verkehrsverbots innerhalb der Verbotszeiten länger als 15 Minuten zugelassen	**§ 1** **§ 5** Nr. 1	150 €	–

B. Zuwiderhandlungen gegen §§ 24a, 24c StVG

0,5-Promille-Grenze

Lfd. Nr.	Tatbestand	Straßenverkehrs-Zulassungs-Ordnung (StVZO)	Regelsatz in Euro, Fahrverbot in Monaten	Punkte
241	Kraftfahrzeug geführt mit einer Atemalkoholkonzentration von 0,25 mg/l oder mehr oder mit einer Blutalkoholkonzentration von 0,5 Promille oder mehr oder mit einer Alkoholmenge im Körper, die zu einer solchen Atem- oder Blutalkoholkonzentration führt	**§ 24a** Abs. 1	500 € Fahrverbot 1 Monat	2
241.1	bei Eintragung von bereits einer Entscheidung nach § 24a StVG, § 316 oder § 315c Abs. 1 Nr. 1 Buchstabe a StGB im Fahreignungsregister		1000 € Fahrverbot 3 Monate	2
241.2	bei Eintragung von bereits mehreren Entscheidungen nach § 24a StVG, § 316 oder § 315c Abs. 1 Nr. 1 Buchstabe a StGB im Fahreignungsregister		1500 € Fahrverbot 3 Monate	2
	Berauschende Mittel			
242	Kraftfahrzeug unter Wirkung eines in der Anlage zu § 24a Abs. 2 StVG genannten berauschenden Mittels geführt	**§ 24a** Abs. 2 Satz 1 i. V. m. Abs. 3	500 € Fahrverbot 1 Monat	2

Lfd. Nr.	Tatbestand	Straßenverkehrs-Ordnung (StVO)	Regelsatz in Euro, Fahrverbot in Monaten	Punkte
242.1	bei Eintragung von bereits einer Entscheidung nach § 24a StVG, § 316 oder § 315c Abs. 1 Nr. 1 Buchstabe a StGB im Fahreignungsregister		1000 € Fahrverbot 3 Monate	2
242.2	bei Eintragung von bereits mehreren Entscheidungen nach § 24a StVG, § 316 oder § 315c Abs. 1 Nr. 1 Buchstabe a StGB im Fahreignungsregister		1500 € Fahrverbot 3 Monate	–

Alkoholverbot für Fahranfänger und Fahranfängerinnen

243	In der Probezeit nach § 2a StVG oder vor Vollendung des 21. Lebensjahres als Führer eines Kraftfahrzeugs alkoholische Getränke zu sich genommen oder die Fahrt unter der Wirkung eines solchen Getränks angetreten	**§ 24c** Abs. 1, 2	250 €	1

Abschnitt II:
Vorsätzlich begangene Ordnungswidrigkeiten

C. Zuwiderhandlungen gegen § 24 StVG

a) Straßenverkehrs-Ordnung

Bahnübergänge

244	Beim Führen eines Kraftfahrzeugs Bahnübergang trotz geschlossener Schranke oder Halbschranke überquert	**§ 19** Abs. 2 Satz 1 Nr. 3 **§ 49** Abs. 1 Nr. 19 Buchstabe a	700 € Fahrverbot 3 Monate	2
245	Beim zu Fuß gehen, Rad fahren oder als andere nicht motorisierte am Verkehr teilnehmende Person Bahnübergang trotz geschlossener Schranke oder Halbschranke überquert	**§ 19** Abs. 2 Satz 1 Nr. 3 **§ 49** Abs. 1 Nr. 19 Buchstabe a	350 €	–

Der Bußgeldkatalog

Lfd. Nr.	Tatbestand	Straßenverkehrs-Ordnung (StVO)	Regelsatz in Euro, Fahrverbot in Monaten	Punkte
	Sonstige Pflichten von Fahrzeugführenden			
246	Mobil- oder Autotelefon verbotswidrig benutzt	**§ 23** Abs. 1a **§ 49** Abs. 1 Nr. 22		
246.1	beim Führen eines Fahrzeugs		60 €	1
246.2	beim Radfahren		25 €	–
247	Beim Führen eines Kraftfahrzeugs verbotswidrig ein technisches Gerät zur Feststellung von Verkehrsüberwachungsmaßnahmen betrieben oder betriebsbereit mitgeführt	**§ 23** Abs. 1b **§ 49** Abs. 1 Nr. 22	75 €	1
	Kraftfahrzeugrennen			
248	Beim Führen eines Kraftfahrzeugs an einem Kraftfahrzeugrennen teilgenommen	**§ 29** Abs. 1 **§ 49** Abs. 2 Nr. 5	400 € Fahrverbot 1 Monat	2
249	Als Veranstaltender ein Kraftfahrzeugrennen ohne Erlaubnis durchgeführt	**§ 29** Abs. 2 Satz 1 **§ 49** Abs. 2 Nr. 6	500 €	–
	Genehmigungs- oder Erlaubnisbescheid			
250	Genehmigungs- oder Erlaubnisbescheid auf Verlangen nicht ausgehändigt	**§ 46** Abs. 3 Satz 3 **§ 49** Abs. 4 Nr. 5	10 €	–
	b) Fahrerlaubnis-Verordnung			
	Aushändigen von Führerscheinen und Bescheinigungen			
251	Führerschein, Bescheinigung oder die Übersetzung des ausländischen Führerscheins auf Verlangen nicht ausgehändigt	**§ 4** Abs. 2 Satz 2, 3 **§ 5** Abs. 4 Satz 2, 3 **§ 48** Abs. 3 Satz 2 **§ 48a** Abs. 3 Satz 2 **§ 74** Abs. 4 Satz 2 **§ 75** Nr. 4 **§ 75** Nr. 13	10 €	–

Lfd. Nr.	Tatbestand	Straßenverkehrs-Ordnung (StVO)	Regelsatz in Euro, Fahrverbot in Monaten	Punkte
251a	Beim begleiteten Fahren ab 17 Jahren ein Kraftfahrzeug der Klasse B oder BE ohne Begleitung geführt	**§ 48a** Abs. 2 Satz 1 **§ 75** Nr. 15	70 €	–

c) Fahrzeug-Zulassungsverordnung

Aushändigen von Fahrzeugpapieren

252	Die Zulassungsbescheinigung Teil I oder sonstige Bescheinigung auf Verlangen nicht ausgehändigt	**§ 4** Abs. 5 Satz 1 **§ 11** Abs. 5 **§ 26** Abs. 1 Satz 6 **§ 48** Nr. 5	10 €	2

Betriebsverbot und Beschränkungen

253	Einem Verbot, ein Fahrzeug in Betrieb zu setzen, zuwidergehandelt oder Beschränkung nicht beachtet	**§ 5** Abs. 1 **§ 48** Nr. 7	70 €	2

d) Straßenverkehrs-Zulassungs-Ordnung

Achslast, Gesamtgewicht, Anhängelast hinter Kraftfahrzeugen

254	Gegen die Pflicht zur Feststellung der zugelassenen Achslasten oder Gesamtgewichte oder gegen Vorschriften über das Um- oder Entladen bei Überlastung verstoßen	**§ 31c** Satz 1, 4 Halbsatz 2 **§ 69a** Abs. 5 Nr. 4c	50 €	–

Ausnahmen

255	Urkunde über eine Ausnahmegenehmigung auf Verlangen nicht ausgehändigt	**§ 70** Abs. 3a Satz 1 **§ 69a** Abs. 5 Nr. 7	10 €	–

ANHANG TABELLEN

Tabelle 1

Geschwindigkeitsüberschreitungen

a) Kraftfahrzeuge der in § 3 Absatz 3 Nummer 2 Buchstaben a oder b StVO genannten Art

Lfd. Nr.	Überschreitung in km/h	Regelsatz in Euro bei Begehung		Punkte
		innerhalb	außerhalb	
		geschlossener Ortschaften (außer bei Überschreitung für mehr als 5 Minuten Dauer oder in mehr als zwei Fällen nach Fahrtantritt)		
11.1.1	bis 10	20	15	–
11.1.2	11 - 15	30	25	–

Lfd. Nr.	Überschreitung in km/h	Regelsatz in Euro bei Begehung		Fahrverbot in Monaten bei Begehung		Punkte
		innerhalb	außerhalb	innerhalb	außerhalb	
		geschlossener Ortschaften		geschlossener Ortschaften		
11.1.3	bis 15 für mehr als 5 Minuten Dauer oder in mehr als zwei Fällen nach Fahrtantritt	80	70	–	–	1
11.1.4	16 - 20	80	70	–	–	1
11.1.5	21 - 25	95	80	–	–	1
11.1.6	26 - 30	140	95	1 Monat 2 Punkte	–	1
11.1.7	31 - 40	200	160	1 Monat	1 Monat	2
11.1.8	41 - 50	280	240	2 Monate	1 Monat	2
11.1.9	51 - 60	480	440	3 Monate	2 Monate	2
11.1.10	über 60	680	600	3 Monate	3 Monate	2

b) kennzeichnungspflichtige Kraftfahrzeuge der in Buchstabe a genannten Art mit gefährlichen Gütern oder Kraftomnibusse mit Fahrgästen

Lfd. Nr.	Überschreitung in km/h	Regelsatz in Euro bei Begehung		Punkte
		innerhalb	außerhalb	
		geschlossener Ortschaften (außer bei Überschreitung für mehr als 5 Minuten Dauer oder in mehr als zwei Fällen nach Fahrtantritt)		
11.2.1	bis 10	35	30	–
11.2.2	11 - 15	60	35	–

Die nachfolgenden Regelsätze und Fahrverbote gelten auch für die Überschreitung der festgesetzten Höchstgeschwindigkeit bei Sichtweite unter 50 m durch Nebel, Schneefall oder Regen nach Nummer 9.2 der Anlage.

Lfd. Nr.	Überschreitung in km/h	Regelsatz in Euro bei Begehung		Fahrverbot in Monaten bei Begehung		Punkte
		innerhalb	außerhalb	innerhalb	außerhalb	
		geschlossener Ortschaften		geschlossener Ortschaften		
11.2.3	bis 15 für mehr als 5 Minuten Dauer oder in mehr als zwei Fällen nach Fahrtantritt	160	120	–	–	1
11.2.4	16 - 20	160	120	–	–	1
11.2.5	21 - 25	200	160	1 Monat 2 Punkte	–	1
11.2.6	26 - 30	280	240	1 Monat	1 Monat	2
11.2.7	31 - 40	360	320	2 Monate	1 Monat	2
11.2.8	41 - 50	480	400	3 Monate	2 Monate	2
11.2.9	51 - 60	600	560	3 Monate	3 Monate	2
11.2.10	über 60	760	680	3 Monate	3 Monate	2

c) andere als die in Buchstaben a oder b genannten Kraftfahrzeuge (Pkw, Motorrad)

Lfd. Nr.	Überschreitung in km/h	Regelsatz in Euro bei Begehung		Punkte
		innerhalb	außerhalb	
		geschlossener Ortschaften		
11.3.1	bis 10	15	10	–
11.3.2	11 - 15	25	20	–
11.3.3	16 - 20	35	30	–

Die nachfolgenden Regelsätze und Fahrverbote gelten auch für die Überschreitung der festgesetzten Höchstgeschwindigkeit bei Sichtweite unter 50 m durch Nebel, Schneefall oder Regen nach Nummer 9.3 der Anlage.

Lfd. Nr.	Überschreitung in km/h	Regelsatz in Euro bei Begehung		Fahrverbot in Monaten bei Begehung		Punkte
		innerhalb	außerhalb	innerhalb	außerhalb	
		geschlossener Ortschaften		geschlossener Ortschaften		
11.3.4	21 - 25	80	70	–	–	1
11.3.5	26 - 30	100	80	–	–	1
11.3.6	31 - 40	160	120	1 Monat 2 Punkte	–	1
11.3.7	41 - 50	200	160	1 Monat	1 Monat	2
11.3.8	51 - 60	280	240	2 Monate	1 Monat	2
11.3.9	61 - 70	480	440	3 Monate	2 Monate	2
11.3.10	über 70	680	600	3 Monate	3 Monate	2

Tabelle 2

Nichteinhalten des Abstandes von einem vorausfahrenden Fahrzeug

Lfd. Nr.	Tatbestand	Regelsatz in Euro	Fahrverbot	Punkte
	Der Abstand von einem vorausfahrenden Fahrzeug betrug in Metern			
12.5	**a) bei einer Geschwindigkeit von mehr als 80 km/h**	–		
12.5.1	weniger als $5/10$ des halben Tachowertes	75		1
12.5.2	weniger als $4/10$ des halben Tachowertes	100		1
12.5.3	weniger als $3/10$ des halben Tachowertes	160		1
12.5.4	weniger als $2/10$ des halben Tachowertes	240		1
12.5.5	weniger als $1/10$ des halben Tachowertes	320		1
12.6	**b) bei einer Geschwindigkeit von mehr als 100 km/h**	–		
12.6.1	weniger als $5/10$ des halben Tachowertes	75		1
12.6.2	weniger als $4/10$ des halben Tachowertes	100		1
12.6.3	weniger als $3/10$ des halben Tachowertes	160	1 Monat	2

Lfd. Nr.	Tatbestand	Regelsatz in Euro	Fahrverbot	Punkte
12.6.4	weniger als $^2/_{10}$ des halben Tachowertes	240	2 Monate	2
12.6.5	weniger als $^1/_{10}$ des halben Tachowertes	320	3 Monate	2
12.7	**c) bei einer Geschwindigkeit von mehr als 130 km/h**			
12.7.1	weniger als $^5/_{10}$ des halben Tachowertes	100		1
12.7.2	weniger als $^4/_{10}$ des halben Tachowertes	180		1
12.7.3	weniger als $^3/_{10}$ des halben Tachowertes	240	1 Monat	2
12.7.4	weniger als $^2/_{10}$ des halben Tachowertes	320	2 Monate	2
12.7.5	weniger als $^1/_{10}$ des halben Tachowertes	400	3 Monate	2

Tabelle 3

Überschreiten der zulässigen Achslast oder des zulässigen Gesamtgewichts von Kraftfahrzeugen, Anhängern, Fahrzeugkombinationen sowie der Anhängelast hinter Kraftfahrzeugen

a) bei Kraftfahrzeugen mit einem zulässigen Gesamtgewicht über 7,5 t sowie Kraftfahrzeugen mit Anhängern, deren zulässiges Gesamtgewicht 2 t übersteigt

Lfd. Nr.	Überschreitung in v. H.	Regelsatz in Euro	Punkte
198.1	**für Inbetriebnahme**		
198.1.1	2 bis 5	30	–
198.1.2	mehr als 5	80	1
198.1.3	mehr als 10	110	1
198.1.4	mehr als 15	140	1
198.1.5	mehr als 20	190	1
198.1.6	mehr als 25	285	1
198.1.7	mehr als 30	380	1
199.1	**für Anordnen oder Zulassen der Inbetriebnahme**		
199.1.1	2 bis 5	35	
199.1.2	mehr als 5	140	1
199.1.3	mehr als 10	235	1
199.1.4	mehr als 15	285	1
199.1.5	mehr als 20	380	1
199.1.6	mehr als 25	425	1

b) bei anderen Kraftfahrzeugen bis 7,5 t für Inbetriebnahme, Anordnen oder Zulassen der Inbetriebnahme

Lfd. Nr.	Überschreitung in v. H.	Regelsatz in Euro	Punkte
198.2.1 oder 199.2.1	mehr als 5 bis 10	10	–
198.2.2 oder 199.2.2	mehr als 10 bis 15	30	–
198.2.3 oder 199.2.3	mehr als 15 bis 20	35	–
198.2.4 oder 199.2.4	mehr als 20	95	1
198.2.5 oder 199.2.5	mehr als 25	140	1
198.2.6 oder 199.2.6	mehr als 30	235	1

Tabelle 4

Erhöhung der Regelsätze bei Hinzutreten einer Gefährdung oder Sachbeschädigung

Die im Bußgeldkatalog bestimmten Regelsätze, die einen Betrag von mehr als 55 Euro vorsehen, erhöhen sich beim Hinzutreten einer Gefährdung oder Sachbeschädigung, soweit diese Merkmale nicht bereits im Grundtatbestand enthalten sind, wie folgt:

Bei einem Regelsatz für den Grundtatbestand von Euro	mit Gefährdung auf Euro	mit Sachbeschädigung auf Euro
60	75	90
70	85	105
75	90	110
80	100	120
90	110	135
95	115	140
100	120	145
110	135	165
120	145	175
130	160	195
135	165	200
140	170	205
150	180	220
160	195	235
165	200	240
180	220	265
190	230	280
200	240	290
210	255	310
235	285	345

Anhang Tabellen

Bei einem Regelsatz für den Grund-tatbestand von Euro	mit Gefährdung auf Euro	mit Sachbeschädigung auf Euro
240	290	350
250	300	360
270	325	390
280	340	410
285	345	415
290	350	420
320	385	465
350	420	505
360	435	525
380	460	555
400	480	580
405	490	590
425	510	615
440	530	640
480	580	700
500	600	720
560	675	810
570	685	825
600	720	865
635	765	920
680	820	985
700	840	1 000
760	915	1 000

Enthält der Grundtatbestand bereits eine Gefährdung, führt
Sachbeschädigung zu folgender Erhöhung:

60	75	
70	85	
75	90	
80	100	
100	120	
150	180	

838 km
622 km
586 km

E41 E60 1 4
Bern
Flughafen ✈
Nordring-Zürich

↑ Gotthard
~~Interlaken~~
Luzern

↗ Zürich Chur
Zug Schwyz

Besondere Verkehrsregeln im Ausland

МОСКВА	758
КИЕВ	1340
МУРМАНСК	1455

E25 1
Zürich
Basel
Kirchberg ↙

E25 E27 1 6
Lausanne
Interlaken
Bern ↘

1500 m

Nordpol

800 m

CALIFORNIA US 66   INTERSTATE 93

E35 2
Zürich   194 km
Luzern   136 km
San Gottardo   65 km

E25 1
Bern

E35 2

neuchâtel

...no ⊙   ...00 km
...ano   27 km   ...verdon
...rno   23 km

Besondere Verkehrsregeln im Ausland

Land	Verkehrsregel
Belgien	• Soweit nichts anderes angeordnet wird, muss in blauen Zonen montags bis freitags von 9.00 bis 18.00 Uhr mit Parkscheibe geparkt werden. • Beim Abschleppen erlaubte Höchstgeschwindigkeit ist 25 km/h auch auf Autobahnen (Abfahren an nächster Ausfahrt!) • 0,5-Promille-Grenze
Bulgarien	• Vorsicht bei Fahrten in Dämmerung und Dunkelheit wegen unzureichend beleuchteter langsamer Fahrzeuge • 0,5-Promille-Grenze
Dänemark	• Meist sind Parkscheiben vorgeschrieben. • Parken in Kopenhagen ist montags ab 8.00 bis samstags 17.00 Uhr kostenpflichtig, nicht jedoch an Sonn- und Feiertagen. • 0,5-Promille-Grenze
Estland	• Bei Unfällen mit Personenschäden muss die Polizei, bei reinem Sachschaden kann sie benachrichtigt werden. • Überholen von haltenden Straßenbahnen, die Passagiere aus- und einsteigen lassen, ist verboten. • 0,0-Promille-Grenze
Finnland	• Parken in Helsinki ist in 3 Parkzonen von Montag bis Freitag zwischen 9.00 Uhr und 21.00 Uhr kostenpflichtig • 0,5-Promille-Grenze

Land	Verkehrsregel
Frankreich	• Parkverbot bei gelben durchbrochenen Streifen am Fahrbahnrand, durchgehende gelbe Linien verbieten auch das Halten. • Parken in der „zone bleue" nur mit Parkscheibe • In Paris ist das Parken in der Regel montags bis samstags von 9.00 bis 20.00 Uhr kostenpflichtig. Parkuhren können nur mit einer Paris Carte genutzt werden, die in Tabac-Läden erhältlich ist. Das Parken auf öffentlichen Straßen ist meist auf 2 Stunden limitiert. • Mitführen und Gebrauch von Radarwarnern sind verboten. • 0,5-Promille-Grenze; für Busfahrer sowie Fahranfänger (bis 3 Jahre) gilt 0,2 Promille.
Griechenland	• In Athen ist Parken in grünen Zonen nur an Parkuhren erlaubt. Es gibt spezielle Parkplätze für Touristen. • Das Parken ist innerhalb eines Abstandes von 3 m bei Feuerhydranten, von 5 m bei Stoppschildern oder Ampeln, von 15 m bei Bus- oder Straßenbahnhaltestellen verboten. • Übernachten auf Straßen und Parkplätzen ist nicht erlaubt. • 0,5-Promille-Grenze; für Fahranfänger (bis 2 Jahre), Motorradfahrer und Fahrer von gewerblichen Fahrzeugen oder Dienstwagen gilt 0,0 Promille.

Besondere Verkehrsregeln im Ausland

Land	Verkehrsregel
Großbritannien	<ul><li>Linksfahrgebot und Rechtsüberholen</li><li>Verkehr auf Hauptstraßen hat in der Regel Vorfahrt.</li><li>Straßenmarkierungen insbesondere an Kreuzungen sind zu beachten: Doppelte durchbrochene Linien signalisieren „Vorfahrt gewähren", doppelte durchgezogene Linien „Stopp"; so genannte „box junctions" – gekennzeichnet durch gekreuzte gelbe Linien – dürfen nur dann befahren werden, wenn die Kreuzung auch zügig wieder geräumt werden kann.</li><li>Bei Scheinwerfern mit asymmetrischem Licht muss der entsprechende Sektor abgeklebt werden (Head lamp beam converter).</li><li>Gelbe Linien am Fahrbahnrand bedeuten Parkverbot, hier ist auf die Zeitangaben auf kleinen rechteckigen Schildern zu achten.</li><li>Halte- und Parkverbot bei zwei roten Linien (Red Routes/London) am Fahrbahnrand (Abschleppgefahr hoch)</li><li>Bei einer roten mit zwei weißen Linien sind nur Absetzen und Aufnehmen von Passagieren erlaubt.</li><li>In den meisten Städten gilt auf Hauptdurchgangsstraßen zwischen 8.30 Uhr und 18.30 Uhr ein Halte- und Parkverbot.</li><li>Es gilt Recht-vor-Links im Kreisverkehr, der im Uhrzeigersinn befahren wird; vor der Ausfahrt links Blinken.</li><li>In manchen Städten werden Controlled Parking Zones (CPZ) durch weiße unterbrochene Linien angezeigt. Dort darf nur mit Erlaubnis oder mit besonderer Parkkarte geparkt werden.</li><li>0,8-Promille-Grenze (außer in Schottland: dort gilt 0,5 Promille)</li></ul>

Land	Verkehrsregel

Irland

- Linksfahrgebot und Rechtsüberholen

- Vorfahrt haben in der Regel die Fahrzeuge auf der Hauptstraße, bei gleichrangigen Straßen jene, die von rechts kommen oder im Kreisverkehr die Fahrzeuge, die bereits im Kreisverkehr sind (der Kreisverkehr ist im Uhrzeigersinn zu befahren).

- Parkverbot bei gelben Linien, bis zu 9 m vor einem Fußgängerüberweg oder einer Kreuzung

- Bei Scheinwerfern mit asymmetrischem Licht muss der entsprechende Sektor abgeklebt werden.

- 0,5-Promille-Grenze; für Berufskraftfahrer und Fahranfänger (bis 2 Jahre) gilt 0,2 Promille.

Island

- Parkverbot bei unterbrochener, Halteverbot bei durchgezogener gelber Linie am Fahrbahnrand

- Parkverbot 15 m vor und nach Bushaltestellen, 5 m vor und nach Straßeneinmündungen sowie vor Feuerhydranten

- 0,5-Promille-Grenze

Italien

- Nach hinten überstehende Ladung (bis max. 30 % der Fahrzeuglänge) muss auch bei ausländischen Fahrzeugen mit einer 50 cm x 50 cm großen rot-weiß schräg gestreiften Warntafel gekennzeichnet werden.

- Parkverbot bei schwarz-gelb markierten Bordsteinen sowie in Landschaftsschutzgebieten

- Bei blauen Streifen ist die Parkdauer limitiert.

- Kinder unter 4 Jahren dürfen auf Motorrädern nicht mitgenommen werden.

- Bei Fahren ohne Helm muss mit Beschlagnahme des Motorrads zusätzlich zum Bußgeld gerechnet werden.

Besondere Verkehrsregeln im Ausland

Land	Verkehrsregel
Italien	

- Für Bußgelder, die nicht an Ort und Stelle gezahlt werden, ist eine Sicherheit zu hinterlegen, andernfalls kann die Polizei das Fahrzeug konfiszieren (bei in der EU zugelassenen Fahrzeugen beträgt die Sicherheit ca. die Hälfte der maximalen Strafe).

- Linienbusse und größere Fahrzeuge haben auf Pass- und Bergstraßen Vorrang.

- Wenden, Rückwärtsfahren und Spurwechsel im Mautstellenbereich ist verboten. Bei falscher Einordnung ist es empfehlenswert, die Taste „Help" oder „Richiesta di Interveniento" oder „Assistenza" zu drücken und sich vom Kontrollpersonal einen Quittungsstreifen ausdrucken zu lassen, den man an der nächsten Mautstelle vorlegen kann, um gegebenenfalls offene Beträge zu klären.

- In vielen Stadtzentren sind so genannte Zone a traffico limitato (ZTL) eingerichtet und damit ganz oder tagsüber meist zwischen 8 Uhr und 18 Uhr für den Verkehr gesperrt worden. Auch für Fahrten zum Hotel in der ZTL muss vorher eine Ausnahmegenehmigung eingeholt werden.

- An der Amalfi-Küste auf der SS 163 südlich von Neapel dürfen zwischen Vietri sul Mare und Positano Gespanne zwischen 6.30 Uhr und Mitternacht nicht fahren.

- 0,5-Promille-Grenze; für Berufskraftfahrer und Fahranfänger (bis 3 Jahre) gilt 0,0 Promille.

Land	Verkehrsregel

Kanada

- Orangefarbene Schulbusse dürfen, wenn sie stoppen und bei rotem Blinklicht Kinder ein- und aussteigen lassen, nicht überholt und in einigen Regionen auch nicht vom Gegenverkehr passiert werden.

- An Ampeln darf auch bei Rot nach rechts abgebogen werden (außer in Québec).

- Nutzung und Mitführen von Radarwarnern sind verboten.

- Angebrochene Alkoholika dürfen allenfalls im Kofferraum transportiert werden.

- Gelbe Linien zeigen Parkverbote an.

- 0,5-Promille-Grenze; nur in der Provinz Quebec gelten 0,8 Promille; für junge Fahrer bis 21 Jahre und für Fahranfänger gilt 0,0 Promille.

Kroatien

- Schulbusse dürfen beim Ein- und Aussteigen der Fahrgäste nicht überholt werden.

- Ein Set Reservelampen ist mitzuführen (außer bei Xenon, LED oder ähnlichen Lampen).

- Es muss während des gesamten Überholvorganges geblinkt werden.

- 0,5-Promille-Grenze; für Fahrer von Fahrzeugen über 3,5 t zGG, Berufskraftfahrer und junge Fahrer bis 24 Jahre gilt 0,0 Promille.

Lettland

- Nach Unfall Polizei rufen

- 0,5-Promille-Grenze; für Fahranfänger bis 2 Jahre gilt 0,2 Promille.

Besondere Verkehrsregeln im Ausland

Land	Verkehrsregel
Litauen	• Bei Unfällen ist die Polizei zu verständigen, bei reinem Sachschaden reicht bei Einvernehmen das Ausfüllen des Europäischen Unfallberichtes aus. • Parkverbot innerhalb von 15 m bei Bushaltestellen, innerhalb von 5 m bei Kreuzungen • 0,4-Promille-Grenze; für Fahranfänger (bis 2 Jahre) gilt 0,2 Promille.
Luxemburg	• Kinder bis zum vollendeten 17. Lebensjahr, die nicht größer als 1,50 m sind, dürfen nur in einem entsprechenden Kindersitz transportiert werden. • Atemalkoholtest ist obligatorisch, bei Weigerung wird die vorgesehene Höchststrafe für das jeweilige Delikt verhängt. • Navigationsgeräte sollen, wenn sie an der Windschutzscheibe angebracht werden, das Sichtfeld des Fahrers nicht einschränken. • Anhänger dürfen auf öffentlichen Straßen nicht ohne Zugfahrzeug abgestellt werden. • Auf steilen Straßen haben bergauf fahrende Fahrzeuge Vorrang. • 0,5-Promille-Grenze; für Fahranfänger und Fahrer von gewerblichen Fahrzeugen und Taxis gilt 0,2 Promille.
Mazedonien	• Nach Unfall Polizei rufen • Kinder unter 12 Jahren dürfen nur auf den Rücksitzen mitgenommen werden, nur Kinder unter 2 Jahren dürfen in entsprechendem Kinderrückhaltesystem auch auf dem Beifahrersitz transportiert werden (Achtung! Airbag ausschalten bei Reboard-Systemen). • 0,5-Promille-Grenze; für Berufskraftfahrer und Fahranfänger (bis 2 Jahre) gilt 0,0 Promille.

Land	Verkehrsregel
Malta	• Linksverkehr und Rechtsüberholen • 0,8-Promille-Grenze
Montenegro	• Bei einem Unfall muss die Polizei gerufen werden; bei Ausreise muss der amtliche Unfallbericht vorgelegt werden. • 0,3-Promille-Grenze; für Berufskraftfahrer gilt 0,0 Promille.
Niederlande	• Parkverbot gilt an unterbrochenen gelben Linien, Halteverbot an durchgezogenen gelben Linien. • Überholen an Fußgängerüberwegen verboten • 0,5-Promille-Grenze, für Fahranfänger (bis 5 Jahre) und Moped-fahrer bis zu 24 Jahren gilt 0,2 Promille.
Norwegen	• Parkuhren wurden durch so genannte Parkmaschinen ersetzt, bei denen Parkzeit gekauft werden kann. In der Regel werden Münzen, Banknoten und die auf der Maschine angegebenen Kreditkarten als Zahlungsmittel akzeptiert. • Auf vielen Mautstraßen in Norwegen wird die Maut elektronisch erhoben, nur noch bei einigen Mautstellen kann bar bzw. manu-ell bezahlt werden. Empfehlenswert für ausländische Besucher ist es daher, sich vorab zu informieren und gegebenenfalls, um die Maut elektronisch zahlen zu können, eine so genannte AutoPASS-Kreditkartenvereinbarung abzuschließen oder einen AutoPASS-Chip zu erwerben. Ohne Autopass-Vereinbarung oder -Chip dürfen die besonderen Autopass-Fahrspuren nicht benutzt werden, ansonsten wird eine Strafgebühr erhoben; nach auto-matischen Mautstationen kann die Maut in der Regel in der Nähe des Mautterminals an Tankstellen, die mit dem Hinweis „kr-service" gekennzeichnet sind, innerhalb von drei Werktagen bezahlt werden; Einzelheiten zu Mautstrecken und -zahlung in deutscher Sprache sind unter www.autopass.no/de/autopass zu finden. • 0,2-Promille-Grenze

Besondere Verkehrsregeln im Ausland

Land	Verkehrsregel
Österreich	

Österreich

- Kinder unter 12 Jahren (in Niederösterreich unter 15 Jahre) müssen beim Radfahren einen Helm tragen.

- Bei einem Parkverbot-Schild darf in der Regel bis zu 10 min. gehalten werden.

- Parken in Kurzparkzonen (bis zu 2 Stunden) ist in den meisten Fällen gebührenpflichtig, Parkscheine können im „Trafik" erworben werden.

- An Schulbussen darf nicht vorbeigefahren werden, wenn die Warnblinkanlage und die gelb-roten Warnleuchten eingeschaltet sind.

- Wohnwagenanhänger dürfen nicht ohne Zugfahrzeug abgestellt werden.

- Unfallmeldegebühr („Blaulichtgebühr") von rund 36 € wird fällig, wenn bei Unfall die Polizei nur zur Beweissicherung gerufen wird, obwohl ein Austausch der Daten der Unfallbeteiligten möglich war und keine Personenverletzungen vorliegen.

- Unerlaubtes Parken auf Privatgrund kann mit Besitzstörungsklage (verbunden mit hohen Gerichts- und Anwaltskosten) geahndet werden.

- Vignetten, soweit erforderlich, dürfen nur auf der Windschutzscheibe aufgeklebt und nicht von Tönungsstreifen verdeckt werden. Bei Verstößen gegen diese Klebevorschrift droht Ersatzmaut. Nicht aufgeklebte oder manipulierte Vignetten werden mit Ersatzmaut oder Strafe geahndet.

- 0,49-Promille-Grenze; für Fahranfänger (bis 2 Jahre), Fahrer im öffentlichen Transport sowie von LKW gilt 0,1 Promille.

Polen

- Bei Parken an unbeleuchteten Straßen ist bei Dunkelheit das Park- oder Standlicht einzuschalten.

- Bei Unfällen ist grundsätzlich die Polizei zu holen.

- Bei Dunkelheit gilt: Vorsicht vor langsam fahrenden, unzureichend beleuchteten Fahrzeugen (Pferdefuhrwerk, Traktor etc.).

- Park- und teils Halteverbot z.B. 10 m vor Fußgängerüberwegen, vor Verkehrsschildern, falls diese verdeckt würden, oder bei weißer durchbrochener Linie am Fahrbahnrand

- Fahrer von im Ausland zugelassenen Fahrzeugen müssen eine auf sich ausgestellte Erlaubnis des Fahrzeughalters mitführen, wenn dieser nicht im Fahrzeug mitfährt.

- 0,5-Promille-Grenze

Portugal

- Parken ist außerorts auf Brücken, in Bereichen schlechter Sicht sowie innerhalb 20 m von Kreuzungen verboten.

- 0,5-Promille-Grenze, für Fahranfänger (bis 3 Jahre) und Berufskraftfahrer gilt 0,2 Promille.

Rumänien

- Besondere Vorsicht ist bei der Durchfahrt von ländlichen Ortschaften geboten sowie bei Fahrten in der Dunkelheit, da immer mit unbeleuchteten Fuhrwerken zu rechnen ist.

- Auf engen Bergstraßen haben bergauffahrende Fahrzeuge Vorfahrt.

- Bei Unfällen muss die Polizei verständigt werden. Kfz mit sichtbarem Karosserieschaden dürfen das Land nur mit polizeilicher Schadenbestätigung wieder verlassen. Falls Schäden bereits bei der Einreise vorhanden sind, ist dieses bei der Einreise am Grenzübergang bestätigen zu lassen.

- 0,0-Promille-Grenze

Besondere Verkehrsregeln im Ausland

Land	Verkehrsregel
Schweden	• Parkverbot auf Vorfahrtsstraßen (außerhalb gekennzeichneter Parkplätze), 30 m vor Eisenbahnübergang, 20 m vor und 5 m nach Bus- oder Straßenbahnhaltestellen. Zusatzschilder zu Parkverbotsschildern bedeuten: „Avgift" kostenpflichtiges Parken, „P-skiva" Parkscheibe muss ausgelegt werden, „Förhyrda platser" oder „Boende"besondere Parkerlaubnis ist erforderlich, „1 tim" Parken bis zu einer Stunde erlaubt.
	• In großen Städten gelten oft Sonderregelungen fürs Parken, die vor Ort geklärt werden müssen.
	• Unfälle mit Wild sind sofort zu melden.
	• Radfahrer bis 15 Jahre müssen Fahrradhelme tragen.
	• 0,2-Promille-Grenze
Schweiz	• Gelbe Linien am Fahrbahnrand bedeuten Halteverbot.
	• Gelbe Kreuze mit gelben Verbindungslinien am Fahrbahnrand zeigen Parkverbot an.
	• In Kurzparkzonen (blaue Zonen) ist das Parken nur mit Parkscheibe erlaubt.
	• Außerhalb von Ortschaften darf auf Hauptstraßen nicht geparkt werden.
	• Auf Bergstraßen muss erforderlichenfalls das abwärtsfahrende Kfz anhalten.
	• Kinder bis 6 Jahren dürfen auf Hauptstraßen nur in Begleitung einer Person über 16 Jahren Fahrrad fahren.
	• Verwendung und Mitführen von Radarwarnern sind verboten (auch GPS-Geräten mit Warn-POIs, Points of interest, die vor Messstellen mobiler oder fest installierter Geschwindigkeitsmessgeräte oder Rotlichtüberwachung warnen).
	• Bestimmte Verkehrsverstöße (z.B. Rasen, gefährliches Überholen oder illegale Rennen) können mit Freiheitsstrafe bis zu 4 Jahren und Fahrerlaubnisentzug für mindestens 2 Jahre geahndet werden; ausländischen Fahrzeugführern kann untersagt werden, in der Schweiz ein Fahrzeug zu führen, außerdem kann das Fahrzeug konfisziert werden.

Land	Verkehrsregel
	• 0,5-Promille-Grenze; für Lernfahrer, Fahrlehrer, begleitende Fahrer, Fahranfänger (bis 3 Jahre) und Berufskraftfahrer gilt 0,1 Promille.
Serbien	• Alkohol- und Drogentests können nicht abgelehnt werden.
	• Beim Radfahren dürfen keine Kopfhörer getragen werden.
	• Radarwarner sind verboten.
	• Kinder zwischen 3 und 12 Jahren dürfen nur auf den Kfz-Rücksitzen mitfahren.
	• Vor Schulen gilt Tempo 30.
	• 0,3-Promille-Grenze; für Berufskraftfahrer gilt 0,0 Promille; ist nachweisbar, dass auch bei geringerer Alkoholisierung Ausfall-erscheinungen auftreten, ist das Fahren ebenfalls strafbar.
Slowakei	• Bei weißen durchgehenden Linien am Fahrbahnrand besteht Parkverbot, bei unterbrochenen Linien Einschränkungen.
	• Park- und Halteverbot auf Brücken und neben Straßenbahn-schienen, wenn weniger als 3 m Fahrbahnbreite frei bleibt.
	• Busse, die sich von der Busspur auf allgemeine Fahrbahnen einordnen müssen, haben Vorrang.
	• In Bratislava dürfen Straßenbahnen nur rechts überholt werden.
	• In Bratislava bestehen zahlreiche Parkverbote bzw. Einschrän-kungen.
	• Bei Unfall mit Personenschaden muss die Polizei gerufen wer-den; ansonsten ist es empfehlenswert, da die polizeiliche Unfall-bescheinigung die Ausreise erleichtert.
	• Navigationsgeräte dürfen, wenn sie an der Windschutzscheibe angebracht werden, das Sichtfeld des Fahrers nicht einschrän-ken.
	• Für Radfahrer gilt außerorts Helmpflicht. Innerorts besteht diese Pflicht nur für Kinder bis zu 15 Jahren.
	• 0,0-Promille-Grenze

Besondere Verkehrsregeln im Ausland

Land	Verkehrsregel
Slowenien	• Schul- und Kinderbusse dürfen nicht überholt werden, wenn sie zum Ein- oder Aussteigen halten.
	• Parken in Stadtzentren: Bei weißen Linien ist das Parken für max. 2 Stunden und gegen Parkticket erlaubt.
	• Blaue Linien erlauben in der Regel freies Parken bis ca. 30 Minuten.
	• 0,5-Promille-Grenze, für Berufskraftfahrer und Fahranfänger (bis 2 Jahre) und junge Fahrer bis 21 Jahr gilt 0,0 Promille.
Spanien	• In Madrid kann in „SER"-Parkzonen (durch grüne oder blaue Linien gekennzeichnet) gebührenpflichtig 1 bis 2 Stunden lang geparkt werden.
	• Verbot von Radarwarngeräten
	• beim Tanken müssen Motor, Beleuchtung und elektrische/elektronische Geräte (Radio, Handy) ausgeschaltet sein.
	• Nach hinten überstehende Ladungen (max. 10 %) müssen bei PKW mit rot-weiß schraffierter Warntafel (50 cm x 50 cm) gekennzeichnet werden
	• 0,5-Promille-Grenze; für Fahranfänger (bis 2 Jahre) und Fahrer von LKW über 3,5 t, Schulbussen, von Sonder- oder Gefahrguttransporten oder öffentlichen und Notfallfahrzeugen, von Fahrzeugen mit mehr als 8 Beifahrersitzen gilt 0,3 Promille.
Tschechien	• Parkverbot bei durchgehenden und Halteverbot bei unterbrochenen gelben Streifen am Fahrbahnrand
	• In Prag gibt es viele Parkverbote, u.a. darf zwischen 8.00 Uhr und 18.00 Uhr in der orange markierten Zone max. 2 Stunden, in der grünen max. 6 Stunden geparkt werden. In der blauen Zone sind besondere Parkerlaubnisse erforderlich.
	• Neben einer Straßenbahnschiene darf nur geparkt werden, wenn 3,5 m Straßenbreite frei bleiben.

- An Bahnübergängen darf ab 50 m davor nur max. 30 km/h gefahren werden.

- Anwendung von Radarwarngeräten, die den Betrieb polizeilicher Radargeräte beeinträchtigen, ist verboten.

- Radfahrer unter 18 Jahre müssen Fahrradhelme tragen.

- Bei Unfall ist die Polizei zu benachrichtigen, ohne den Unfallort zu verändern (immer bei Personenschaden, ansonsten besteht die Pflicht erst ab sichtbarem Sachschaden von mehr als ca. 3700 Euro oder wenn das Eigentum Dritter beschädigt wurde; empfehlenswert bei unklarer Haftungslage).

- 0,0-Promille-Grenze

Türkei

- Beim Überholen und vor Kurven ist in der Regel zu hupen.

- Überholen ist an Bahnübergängen, in Kreuzungen und Kurven, auf Brücken und im Tunnel verboten.

- Bei Unfall mit Personenschaden Polizei benachrichtigen, bei reinem Sachschaden ist in jedem Fall ein von allen Beteiligten unterschriebener Unfallbericht zu erstellen.

- 0,5-Promille-Grenze gilt für Fahrer von Privatwagen (ohne Anhänger); ansonsten gilt 0,0 Promille.

Ungarn

- Überholverbot zwischen 6 Uhr bis 22 Uhr für LKW, Transporter über 7,5 t zGG und Lastzüge auf zweispurigen Autostraßen und Autobahnen

- Verkehrsverbote für Budapest bei Smogalarm werden mindestens 1 Tag vorher bekannt gegeben.

- In den Parkzonen von Budapest darf gebührenpflichtig nur 2-3 Stunden geparkt werden. Es ist deshalb empfehlenswert, P+R-Plätze zu nutzen.

- Autofahrer mit gültigem Behindertenausweis im Auto dürfen alle gebührenpflichtigen Parkflächen kostenlos und unbefristet benutzen.

Besondere Verkehrsregeln im Ausland

Land	Verkehrsregel
	• Halten ist an Bushaltestellen oder auf Busstreifen verboten.
	• Eine durchgehende weiße Linie auf dem Gehweg bedeutet, dass Fahrzeuge unter 1 t Achslast nicht auf der Straße, aber auf dem Gehweg halten dürfen.
	• In Einbahnstraßen dürfen Fahrradfahrer gegen die Fahrtrichtung fahren.
	• 0,0-Promille-Grenze
USA	• Unterschiedliche Verkehrsregeln in einzelnen Bundesstaaten möglich (müssen vor Ort erfragt werden)
	• Schulbusse mit eingeschaltetem Blinker dürfen nicht überholt werden.
	• Außerorts ist das Parken nur neben der Fahrbahn erlaubt.
	• Unfälle sind der Polizei anzuzeigen, auch bei reinen Sachschäden ist ein Unfallbericht abzugeben.
	• In den meisten Bundesstaaten ist das Transportieren von offenen alkoholischen Getränken im Fahrzeug verboten.
	• 0,8-Promille-Grenze; für Fahrer unter 21 Jahren gilt 0,0 Promille; für Berufskraftfahrer 0,4 Promille.
Zypern	• Linksverkehr
	• Rauchen im Fahrzeug, wenn Personen unter 16 Jahren mitfahren, ist verboten.
	• Parken ist in der Regel samstagnachmittags, sonntags und an Feiertagen kostenlos.
	• Bei durchgezogener gelber Linie am Bordstein besteht Parkverbot, bei zwei gelben Linien ist auch das Anhalten bzw. Warten verboten.
	• Essen und Trinken während der Fahrt sind verboten.
	• 0,5-Promille-Grenze

Tempoverstöße Ausland

Tempoverstöße Ausland

Land	Fahrzeugart	Innerorts	Land-/ Schnellstraße	Autobahn	Bußgeld bei 20 km/h über Limit
Australien	PKW	50 *	100 **	100 **	ca. 212 € (unterschiedlich je nach Region)
	PKW + Anhänger	60	100 **	100 **	

* Northern Territory: 60 km/h

** je nach Bundesstaat oder Territorium auch 110 km/h, auf Ausschilderung achten

Land	Fahrzeugart	Innerorts	Land-/ Schnellstraße	Autobahn	Bußgeld bei 20 km/h über Limit
Belgien	PKW	50	90	120 *	ab 100 € (sofortige Zahlung oder Hinterlegung einer Kaution)
	PKW + Anhänger	50	90	120 *	

* auf Autobahnen und auf 4-spurigen Straßen mit einem Mittelstreifen oder baulicher Abtrennung

Land	Fahrzeugart	Innerorts	Land-/ Schnellstraße	Autobahn	Bußgeld bei 20 km/h über Limit
Bosnien-Herzegowina	PKW	60	80	130	ab 15 €
	PKW + Anhänger	60	80	80	
Bulgarien	PKW	50	90	130	ab 20 €
	PKW + Anhänger	50	70	100	
Dänemark	PKW	50	80	110 / 130 *	bis 100 km/h: 135 €; über 100 km/h: ab 67 € (bei Gespannen ab 135 €); bei Tempo über 140 km/h wird die Geldbuße um 67 € erhöht
	PKW + Anhänger	50	70	80	

* bei Ausschilderung

Land	Fahrzeugart	Innerorts	Land-/ Schnellstraße	Autobahn	Bußgeld bei 20 km/h über Limit
Estland	PKW	50	90	110 *	bis 116 €
	PKW + Anhänger	50	90	90	

* 90 km/h für Fahranfänger

Land	Fahrzeugart	Innerorts	Land-/ Schnellstraße	Autobahn	Bußgeld bei 20 km/h über Limit
Tunesien	PKW	30 - 50 *	90 **	110 ***	zwischen 61 und 200 € sowie 1 - 6 Monate Fahrverbot
	PKW + Anhänger	30 - 50 *	90 **	110 ***	

    *   lokale Tempolimits bei 30 km/h; bei schlechter Sicht gilt Tempo 40 km/h

    ** in Djerba 70 km/h; bei schlechter Sicht wird Tempolimit jeweils um 20 km/h gesenkt

    *** bei schlechter Sicht wird Tempolimit jeweils um 20 km/h gesenkt

Land	Fahrzeugart	Innerorts	Land-/ Schnellstraße	Autobahn	Bußgeld bei 20 km/h über Limit
Ukraine	PKW	60	90 * / 110 *	130 *	Höhe nicht bekannt
	PKW + Anhänger	60	80 *	80 *	
Ungarn	PKW	50	90 / 110	130	bis 106 € (Zwischen 10 und 131 € bei Strafen vor Ort durch die Polizei)
	PKW + Anhänger	50	70	80	
USA	PKW	40 - 48	88 - 105	88 - 120	unterschiedlich, je nach Bundesstaat, auf Temposchilder achten, besonders langsam vor Schulen
	PKW + Anhänger	40 - 48	88 - 105	88 - 120	
Weißrussland	PKW	60	90 *	110 *	Höhe nicht bekannt
	PKW + Anhänger	60	70	90 *	

  * Fahranfänger: bis 2 Jahre max. 70 km/h

Land	Fahrzeugart	Innerorts	Land-/ Schnellstraße	Autobahn	Bußgeld bei 20 km/h über Limit
Zypern	PKW	50	65 / 80 *	100	Geldbuße: ca 0,59 € pro km/h über dem Tempolimit oder durch Gericht festgelegt
	PKW + Anhänger	50	80 *	100	

  * 65 km/h auf Straßen „zweiter Ordnung" (Landstraßen)

Angaben ohne Gewähr für Vollständigkeit und Richtigkeit

S...
seh...

Sie habe...
Verkehrsvors...
verstoßen.

Dieser Tatbestand...
automatisierten Verfa...

Ihnen bzw. der Halterin / dem Halter wird in Kürze ein B...
Einzelheiten von der Bußgeldstelle des Ordnungsamtes zugehe...

Aus technischen Gründen können Anfragen bis dahin...
werden.

Mit freundlichen Grüßen
Ihr Ordnungsamt

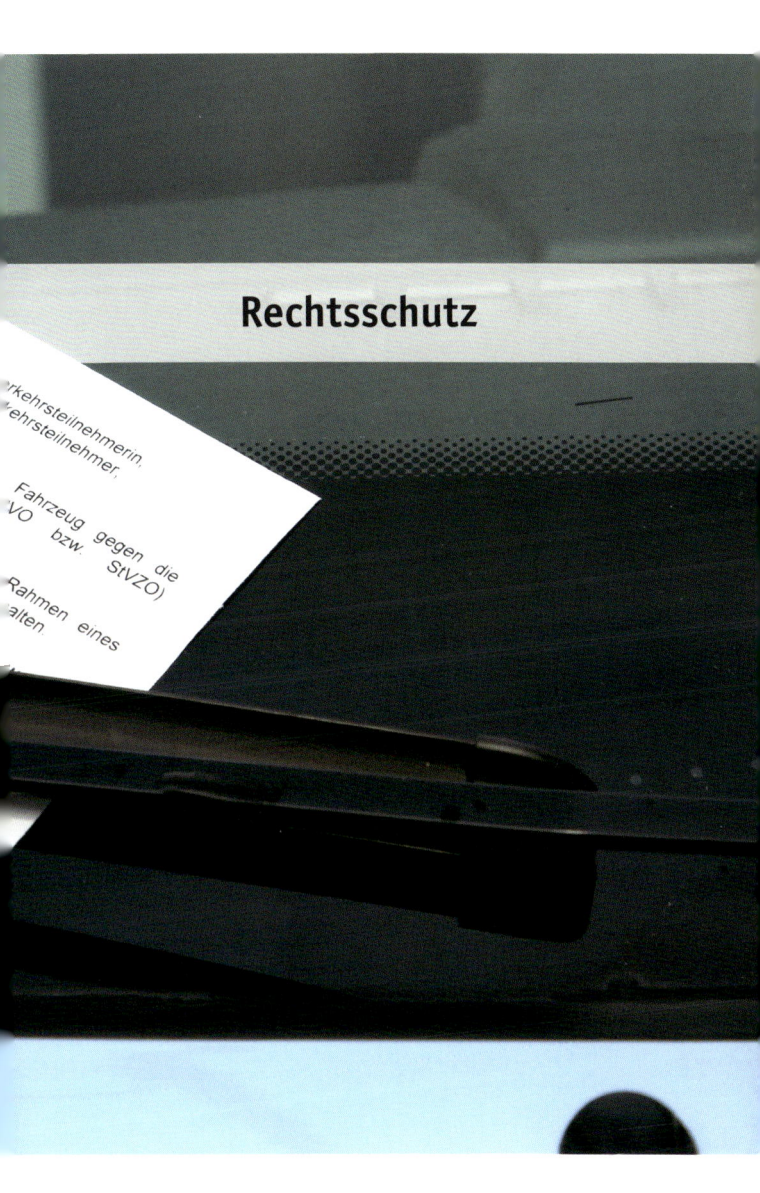

Rechtsschutz

rkehrsteilnehmerin,
ehrsteilnehmer,

Fahrzeug gegen die
VO bzw. StVZO)

Rahmen eines
alten.

Ganz gleich, ob ein Bußgeldbescheid droht oder eine Verkehrsstraftat vorgeworfen wird – man ist mit einer Verkehrsrechtsschutzversicherung stets auf der sicheren Seite. Sie ermöglicht, die Angelegenheit einem Rechtsanwalt zu übergeben, der die Interessen des Betroffenen – wenn es sein muss, auch vor Gericht – vertritt. Eine Verkehrsrechtsschutzversicherung klärt auch die Schuldfrage nach einem Unfall und hilft bei der Durchsetzung von Garantie- oder Gewährleistungsansprüchen.

Sowohl die üblichen Rechtsanwaltsgebühren als auch die Verfahrenskosten trägt Ihre Rechtsschutzversicherung. Und sogar erforderliche Gutachterkosten werden übernommen.

Anwaltliche Vertretung in Bußgeldsachen kann Gebühren von 300 Euro bis 500 Euro auslösen, je nach Verfahrensgang und Bedeutung der Sache. In Strafsachen können Gebühren in einer Höhe von bis zu 1000 Euro zusammenkommen. Der Betroffene ist ohne Rechtsschutzversicherung außer für Buße oder Geldstrafe auch für die Gebühren zahlungspflichtig. Lediglich bei einem Freispruch werden die anfallenden Kosten von der Staatskasse getragen.

Der AvD bietet seinen Mitgliedern eine Rechtsschutzversicherung bereits ab 48,47 € im Jahr an. Um den AvD-Mitgliedern optimalen Versicherungsschutz zu fairen Konditionen anbieten zu können, legt der Club bei der Auswahl der Angebote Wert darauf, dass sie von namhaften und verlässlichen Versicherungspartnern stammen. Nur so bleibt sichergestellt, dass im Fall des Falles keine bösen Überraschungen auftreten.

PANNENHILFE ÜBERALL.

JETZT AvD HELP PLUS MITGLIED WERDEN UND TOP-PRÄMIE SICHERN.

www.avd.de

Egal, wo Sie uns brauchen — wir helfen Ihnen weiter: schnell, kompetent und zuverlässig. Profitieren Sie von über 115 Jahren Erfahrung und durchdachten Service- und Vorteilsangeboten rund um Auto, Sicherheit und Reisen. Wir freuen uns auf Sie!

Automobilclub von Deutschland e. V.
60525 Frankfurt am Main

* Dieses Angebot gilt bei Abschluss einer AvD HELP PLUS Mitgliedschaft.

**Automobilclub
von Deutschland**

**PANNEN
HILFE**

☎ 069 6606-600

VIEL BUCH FÜR

256 Seiten · 700 farbige Abbildungen

ISBN: 978-3-86852-806-0

€ (D) 9,99

ISBN: 978-3-86852-694-3

€ (D) 9,99

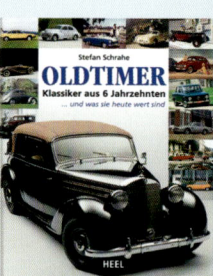

ISBN: 978-3-86852-634-9

€ (D) 9,99

ISBN: 978-3-95843-352-6

€ (D) 9,95

ISBN: 978-3-95843-353-3

€ (D) 9,99

ISBN: 978-3-86852-900-5

€ (D) 9,99

ISBN: 978-3-86852-474-1

€ (D) 9,99

ISBN: 978-3-86852-292-1

€ (D) 9,95

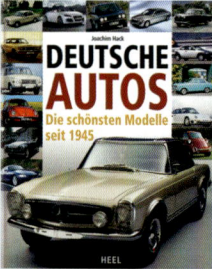

ISBN: 978-3-86852-177-1

€ (D) 9,95